A CASA DO ESTUDANTE DA PARAÍBA
UMA INSTITUIÇÃO PROMOTORA DE EDUCAÇÃO INFORMAL
(1963-1980)

Editora Appris Ltda.
1.ª Edição - Copyright© 2021 dos autores
Direitos de Edição Reservados à Editora Appris Ltda.

Nenhuma parte desta obra poderá ser utilizada indevidamente, sem estar de acordo com a Lei nº 9.610/98. Se incorreções forem encontradas, serão de exclusiva responsabilidade de seus organizadores. Foi realizado o Depósito Legal na Fundação Biblioteca Nacional, de acordo com as Leis nos 10.994, de 14/12/2004, e 12.192, de 14/01/2010.

Catalogação na Fonte
Elaborado por: Josefina A. S. Guedes
Bibliotecária CRB 9/870

B574c
2021
	Bezerra, Francisco Chaves
	    A casa do estudante da Paraíba: uma instituição promotora de educação informal (1963-1980) / Francisco Chaves Bezerra. - 1. ed. - Curitiba: Appris, 2021.
	    291 p. ; 23 cm. – (Educação, tecnologias e transdisciplinaridade).
	
	    Inclui bibliografia.
	    ISBN 978-65-250-0870-7
	
	    1. Estudantes - Paraíba. 2. Educação – Paraíba. I. Título. II. Série.
	
	    CDD – 370

Livro de acordo com a normalização técnica da ABNT

Editora e Livraria Appris Ltda.
Av. Manoel Ribas, 2265 – Mercês
Curitiba/PR – CEP: 80810-002
Tel. (41) 3156 - 4731
www.editoraappris.com.br

Printed in Brazil
Impresso no Brasil

Francisco Chaves Bezerra

A CASA DO ESTUDANTE DA PARAÍBA
UMA INSTITUIÇÃO PROMOTORA DE EDUCAÇÃO INFORMAL
(1963-1980)

FICHA TÉCNICA

EDITORIAL	Augusto V. de A. Coelho Marli Caetano Sara C. de Andrade Coelho
COMITÊ EDITORIAL	Andréa Barbosa Gouveia - UFPR Edmeire C. Pereira - UFPR Iraneide da Silva - UFC Jacques de Lima Ferreira - UP
ASSESSORIA EDITORIAL	Evelin Kolb
REVISÃO	Stephanie Ferreira Lima
PRODUÇÃO EDITORIAL	Lucielli Trevizan
DIAGRAMAÇÃO	Andrezza Libel
CAPA	Eneo Lage
COMUNICAÇÃO	Carlos Eduardo Pereira Débora Nazário Karla Pipolo Olegário
LIVRARIAS E EVENTOS	Estevão Misael
GERÊNCIA DE FINANÇAS	Selma Maria Fernandes do Valle

COMITÊ CIENTÍFICO DA COLEÇÃO EDUCAÇÃO, TECNOLOGIAS E TRANSDISCIPLINARIDADE

DIREÇÃO CIENTÍFICA Dr.ª Marilda A. Behrens (PUCPR)   Dr.ª Patrícia L. Torres (PUCPR)

CONSULTORES

Dr.ª Ademilde Silveira Sartori (Udesc)

Dr.ª Iara Cordeiro de Melo Franco (PUC Minas)

Dr. Ángel H. Facundo (Univ. Externado de Colômbia)

Dr. João Augusto Mattar Neto (PUC-SP)

Dr.ª Ariana Maria de Almeida Matos Cosme (Universidade do Porto/Portugal)

Dr. José Manuel Moran Costas (Universidade Anhembi Morumbi)

Dr. Artieres Estevão Romeiro (Universidade Técnica Particular de Loja-Equador)

Dr.ª Lúcia Amante (Univ. Aberta-Portugal)

Dr. Bento Duarte da Silva (Universidade do Minho/Portugal)

Dr.ª Lucia Maria Martins Giraffa (PUCRS)

Dr. Claudio Rama (Univ. de la Empresa-Uruguai)

Dr. Marco Antonio da Silva (Uerj)

Dr.ª Cristiane de Oliveira Busato Smith (Arizona State University /EUA)

Dr.ª Maria Altina da Silva Ramos (Universidade do Minho-Portugal)

Dr.ª Dulce Márcia Cruz (Ufsc)

Dr.ª Maria Joana Mader Joaquim (HC-UFPR)

Dr.ª Edméa Santos (Uerj)

Dr. Reginaldo Rodrigues da Costa (PUCPR)

Dr.ª Eliane Schlemmer (Unisinos)

Dr. Ricardo Antunes de Sá (UFPR)

Dr.ª Ercilia Maria Angeli Teixeira de Paula (UEM)

Dr.ª Romilda Teodora Ens (PUCPR)

Dr.ª Evelise Maria Labatut Portilho (PUCPR)

Dr. Rui Trindade (Univ. do Porto-Portugal)

Dr.ª Evelyn de Almeida Orlando (PUCPR)

Dr.ª Sonia Ana Charchut Leszczynski (UTFPR)

Dr. Francisco Antonio Pereira Fialho (Ufsc)

Dr.ª Vani Moreira Kenski (USP)

Dr.ª Fabiane Oliveira (PUCPR)

À minha mãe, Josefa Bezerra de Souza (In memoriam), *e ao meu pai, Manoel Chaves Costa, bases da minha história da educação informal, DEDICO!*

AGRADECIMENTOS

Agradecer é um ato de reconfortar a alma, com lembranças, com histórias e com momentos de aprendizagens. Certamente, o nascimento de uma obra desta natureza é resultado de um esforço que vai além do empenho e da dedicação individual do seu autor. Essa constatação dá-se por duas razões: em primeiro lugar, pelo reconhecimento de que nossas experiências são coletivas e, nesse sentido, social e culturalmente, somos serem compartilhados; por outro lado, toda sua construção é alinhavada por meio de uma ação que demanda o esforço de diferentes agentes, seja institucional, intelectual ou cultural. Dessa maneira, agradeço aos meus colaboradores, àqueles que contribuíram para que este trabalho pudesse ser construído.

Um agradecimento especialmente à orientadora Prof.ª Dr.ª Dadá Martins, pela amizade que construímos ao longo de nossa convivência, desde as primeiras experiências no Grupo de Pesquisa Ciência, Educação e Sociedade (GPCES), como também pelas considerações sempre pertinentes e sensatas que emitiu no desenvolvimento deste trabalho. Sem dúvida, tenho o reconhecimento de que parte considerável deste produto final é resultado de sua competência intelectual e pessoal.

Aos membros da banca de defesa da tese, as professoras Maria Lúcia da Silva Nunes e Vívia de Melo Silva, como também os professores Matheus da Cruz e Zica e Wojciech Andrzej Kulesza, responsáveis pela avaliação qualitativa e acadêmica deste trabalho.

Aos entrevistados que, empenhados na tarefa de rememorar as lembranças de suas experiências de estudantes, contribuíram para a identificação de práticas formativas a partir do cotidiano vivenciado na Casa do Estudante da Paraíba. Sem os seus relatos, este trabalho não teria alcançado a devida consistência histórica, a relevância social e o propósito acadêmico.

Ao Deus que sempre me fortalece nos momentos de solidão e angústia.

Prepare o seu coração
Pras coisas
Que eu vou contar
Eu venho lá do sertão
Eu venho lá do sertão
Eu venho lá do sertão
E posso não lhe agradar

Aprendi a dizer não
Ver a morte sem chorar
E a morte, o destino, tudo
A morte e o destino, tudo
Estava fora do lugar
Eu vivo pra consertar

Na boiada já fui boi
Mas um dia me montei
Não por um motivo meu
Ou de quem comigo houvesse
Que qualquer querer tivesse
[...]

Seguia como num sonho
E boiadeiro era um rei

Mas o mundo foi rodando
Nas patas do meu cavalo
E nos sonhos
Que fui sonhando
As visões se clareando
As visões se clareando
Até que um dia acordei

Então não pude seguir
Valente em lugar tenente
E dono de gado e gente
Porque gado a gente marca
Tange, ferra, engorda e mata
Mas com gente é diferente

[...]

Na boiada já fui boi
Boiadeiro já fui rei
Não por mim nem por ninguém
Que junto comigo houvesse
Que quisesse ou que pudesse
Por qualquer coisa de seu
Por qualquer coisa de seu
Querer ir mais longe
Do que eu

[...]

(Geraldo Vandré/Theo de Barros)

LISTA DE ABREVIATURAS E SIGLAS

AI	Ato Institucional
AL/PB	Assembleia Legislativa da Paraíba
ANL	Aliança Nacional Libertadora
ARENA	Aliança Renovadora Nacional
Assocene	Associação de Orientação às Cooperativas do Nordeste
CEB	Casa do Estudante do Brasil
CEB	Comunidade Eclesial de Base
CEE	Conselho Estadual de Educação
CEEP	Centro Estudantil do Estado da Paraíba
CEP	Casa do Estudante da Paraíba
CGT	Comando Geral dos Trabalhadores
CIPM	Centro de Instrução da Polícia Militar
CPM	Comando da Polícia Militar
CTN	Colégio Teotônio Neto
DCE	Diretório Central dos Estudantes
EaD	Educação a Distância
FGTS	Fundo de Garantia do Tempo de Serviço
FTD	Escola Estadual Felizardo Teotônio Dantas
Funecap	Fundação Casa do Estudante da Paraíba
Gaplan	Gabinete do Planejamento e Ação Governamental
GEFL	Grupo Escolar Felizardo Leite
GPCES	Grupo de Pesquisa Ciências, Educação e Sociedade
IBGE	Instituto Brasileiro de Geografia e Estatística
IDEME	Instituto de Desenvolvimento Municipal e Estadual

IHGB	Instituto Histórico e Geográfico Brasileiro
IHGP	Instituto Histórico e Geográfico da Paraíba
LDB	Lei de Diretrizes e Bases
MER	Movimento de Evangelização Rural
Mobral	Movimento Brasileiro de Alfabetização
PDS	Partido Democrático Social
PEZP	Projeto Escola Zé Peão
PFL	Partido da Frente Liberal
PPGE	Programa de Pós-Graduação em Educação
PSB	Partido Socialista Brasileiro
PT	Partido dos Trabalhadores
RU	Restaurante Universitário
Saelpa	Sociedade Anônima de Eletrificação da Paraíba
SEE	Secretaria de Educação do Estado
Sintricom	Sindicato dos Trabalhadores da Indústria da Construção e Mobiliário de João Pessoa/PB
Sudene	Superintendência para o Desenvolvimento do Nordeste
Suplan	Secretaria de Planejamento
TJ/PB	Tribunal de Justiça da Paraíba
UBES	União Brasileira dos Estudantes Secundaristas
UDN	União Democrática Nacional
UEPB	Universidade Estadual da Paraíba
UFMG	Universidade Federal de Minas Gerais
UFPB	Universidade Federal da Paraíba
UNE	União Nacional dos Estudantes
Unicamp	Universidade Estadual de Campinas
USP	Universidade de São Paulo

SUMÁRIO

1

A CONSTRUÇÃO DAS MEMÓRIAS DO LUGAR E SUA NARRATIVA HISTORIOGRÁFICA..15
1.1 MEMÓRIAS, HISTÓRIAS E DESAFIOS DA PESQUISA......................15
1.2 ESTUDO DA MEMÓRIA: ENTRE O INDIVÍDUO E A COLETIVIDADE.....29
1.3 UM OBJETO DE ESTUDO EM HISTÓRIA DA EDUCAÇÃO.................46

2

MEMÓRIAS DO SERTÃO: AS PRIMEIRAS EXPERIÊNCIAS EDUCATIVAS...67
2.1 PRÓLOGO DE UMA HISTÓRIA..67
2.2 CONSTRUÇÃO DAS REPRESENTAÇÕES DO LUGAR SOCIAL.............70
2.3 OS DIFERENTES SENTIDOS DE UMA NARRATIVA HISTORIOGRÁFICA HEGEMÔNICA...84
2.4 O COTIDIANO EDUCACIONAL DE UM LUGAR ONDE PREVALECEM TRAÇOS DA CULTURA ORAL..114

3

A CASA DO ESTUDANTE DA PARAÍBA: PRÁTICAS FORMATIVAS DE UMA EDUCAÇÃO INFORMAL...145
3.1 A INSTITUCIONALIZAÇÃO DE PRÁTICAS POLÍTICAS CONSERVADORAS..145
3.2 A CONSTRUÇÃO DE UMA NARRATIVA ENALTECEDORA...............161
3.3 CRISE SOCIAL E FALÊNCIA INSTITUCIONAL NOS TEMPOS DA DITADURA MILITAR...174

4

AS PRÁTICAS FORMATIVAS NA CASA DO ESTUDANTE DA PARAÍBA...203
4.1 IDENTIFICANDO ASPECTOS DA FORMAÇÃO............................204
4.2 NARRATIVA DE AFIRMAÇÃO DAS TRADIÇÕES DA CASA DO ESTUDANTE DA PARAÍBA...209
4.3 ENTRAR E SAIR DA CASA DO ESTUDANTE: NORMAS, PRÁTICAS E COSTUMES QUE VALIDAM UMA FORMA DE CONVIVÊNCIA COLETIVA...221
4.4 POLÍTICA NA CASA DO ESTUDANTE DA PARAÍBA: AUTORITARISMO, ARTICULAÇÕES E DEPENDÊNCIA QUE GARANTEM PRIVILÉGIOS DE MANDO...235

4.5 DIFERENTES FORMAS DE APRENDER E ENSINAR NA CASA DO
ESTUDANTE DA PARAÍBA..252

CONSIDERAÇÕES FINAIS..269

REFERÊNCIAS 279
Orais...279
Sonoras:...279
Filmes: 279
Impressos 280
  Jornal *A União*...280
  Jornal *Correia da Paraíba* 280
  Jornal *O Norte*...281
Referências Bibliográficas..281

A CONSTRUÇÃO DAS MEMÓRIAS DO LUGAR E SUA NARRATIVA HISTORIOGRÁFICA

São conhecidas as artimanhas da memória. Imersa no presente, preocupada com o futuro, quando suscitada, a memória é sempre seletiva. Provocada, revela, mas também silencia. Não raro, é arbitrária, oculta evidências relevantes, e se compraz em alterar e modificar acontecimentos e fatos cruciais. Acuada, dissimula, manhosa, ou engana, traiçoeira. Não se trata de afirmar que há memórias autênticas ou mentirosas. Às vezes, é certo, é possível flagrar um propósito consciente de falsificar o passado, mas mesmo neste caso o exercício não perde o valor porque a falsificação pode oferecer interessantes pistas de compreensão do narrador, de sua trajetória e do objeto recordado. Por outro lado, e mais frequentemente, embora querendo ser sincera, a memória, de modo solerte, ou inconsciente, desliza, e se faz e se refaz de nova interpelações, ou inquietações e vivências, novos achados e ângulos de abordagem.

(Daniel Arão Reis)

1.1 MEMÓRIAS, HISTÓRIAS E DESAFIOS DA PESQUISA

Entre tantas leituras e avaliações a respeito da imprecisão da memória como instrumento de objetivação, penso que as considerações recortadas como epígrafe deste capítulo sintetizam muito bem o meu sentimento ao longo do desenvolvimento desta pesquisa, uma vez que fora fundamental manter-se vigilante quanto à sua incompletude, como também ter o entendimento de que as experiências do passado não podem ser memorizadas, conservadas e recuperadas ao bel prazer dos sujeitos mnemônicos, sejam entrevistados ou pesquisador. Esse diálogo com os autores fez-me compreender a memória mais como um enquadramento do que um conteúdo, uma pretensão alcançável, um conjunto de estratégias a serviço de um conhecimento objetivável. Conduzir uma pesquisa acadêmica que vislumbra um estudo substanciado pelo uso da memória exige-nos, portanto, a compreensão de sua fluidez e artimanhas.

Sendo a memória pródiga em dissimulações, pois aumenta e oculta fatos muitas vezes essenciais para a construção do trabalho historiográfico e traiçoeira nas formas de aparecer, mesmo assim esta não invalida a autenticidade da pesquisa científica, pois mesmo quando se apresenta de forma mentirosa, há de se discutir o propósito da falsificação, já que esta pode evidenciar pistas da trajetória do sujeito inquirido. Os deslizes são cometidos mesmo quando a memória imagina estar sendo sincera, sua maior riqueza é usar do artifício de fazer e refazer-se nas vivências dos entrevistados e do próprio pesquisador que assume a viabilidade de um estudo em permanente construção.[1] Entre aparições dissimuladas, falsidades verdadeiras e sinceridades destoantes, novos dados são evidenciados e a diversidade de ângulos revelados, configurando, assim, numa abordagem singular que assume feições de ineditismo na produção de um conhecimento científico em permanente elaboração.

Seguindo o esteio dessas ambiguidades, ora muito nítidas, ora tão incertas, não é possível afirmar quando despertei o gosto pela história, muito menos, que já nasci inclinado a tal área. Quando me questiono a respeito do momento em que decidi ser historiador, penso que provavelmente as primeiras influências vieram de minha mãe, Josefa Bezerra de Souza, e de meu avô materno, Carlos Bezerra da Costa. Na intimidade do lar, aquela sempre teve um cuidado em relatar a história de familiares, apontando de onde vinha nosso parentesco mais próximo. E, entre tantas recordações recheadas de lugares, personagens e situações impressionavam-me os relatos sobre um primo paterno, Nivan Bezerra da Costa, que, em fins dos anos de 1940, trabalhava o dia inteiro na roça (sítio Varginha) e, no final da tarde, punha a sela no lombo do cavalo e deslocava-se 8 km até a sede do então distrito de Piancó – Santana dos Garrotes[2] – para estudar. Esse caso prendia a minha atenção em detrimento dos demais pelo fato desse jovem ter dado continuidade aos estudos na capital João Pessoa e, posteriormente, alcançando a formação superior no curso de Direito, inclusive, tornando-se o primeiro advogado nascido em território santanense.

---

[1] REIS, Daniel; RIDENTI, Marcelo; MOTTA, Rodrigo Patto Sá (org.). **O golpe e a ditadura militar:** quarenta anos depois (1964-2004). Bauru: Edusc 2004.

[2] A cidade encontra-se localizada no sertão do estado da Paraíba, na mesorregião do Vale do Piancó, a 423 km da capital João Pessoa, sendo ladeada pelos municípios de Olho D'água, Piancó, Itaporanga, Pedra Branca, Nova Olinda e Juru. De acordo com o censo de 2010, Santana dos Garrotes possui uma população de 7.266 habitantes, densidade demográfica de 20,54 hab./km, amplo predomínio da religião católica. Apenas 6,8% da população é ocupada, com salário médio mensal de 1.600 reais; na economia destacam-se atividades como o comércio, agricultura de subsistência e pecuária (bovino, caprino, ovino, suíno etc.) (CIDADES – IBGE).

Meu avô Carlos Bezerra, por sua vez, era muito afeito a contar histórias na calçada (alta e com bancos de madeiras rústicas) de sua casa, onde reunia os netos em noites escuras e estreladas. Não se sabe ao certo como fora alfabetizado, é de conhecimento de todos, entretanto, que se tornou professor alfabetizador de muitas crianças daquela localidade rural e adjacências – inclusive, do sobrinho Nivan – sendo reconhecido como dotado de boa caligrafia, leitura desenvolta e apreço aos cordéis. O ofício de professor encerrou-se aos 37 anos de idade quando decidiu se casar, tanto que a alfabetização de seus filhos (13 no total) ficou a cargo de uma sobrinha, Guiomar Bezerra (inclusive, a alfabetização de minha mãe). É possível que ambos (mãe e avô) tenham despertado, e certamente despertaram, as minhas primeiras curiosidades sobre o passado e a educação, sobre o desejo de conhecer e, acima de tudo, começar a perceber que os livros e as pessoas contavam histórias, sobre pessoas, lugares e coisas. Ao remeterem-se aos seus antecedentes, simultaneamente, olhavam para o passado, para o interior da genealogia familiar e, sem saber, despertava em mim o interesse em aprender/conhecer/abstrair.

São lembranças de infância ainda muito ativas na minha memória. Ao superar a barreira do esquecimento, lá estão os caminhos e descaminhos, os sujeitos e as histórias que vivenciei na comunidade rural ou sítio (como ainda hoje a nominamos) Poço Novo, onde nasci. Localizada a 6 km da sede urbana do município. Na atualidade, é um lugar onde residem poucas famílias, em virtude da construção do açude queimadas (1985), dentro do Projeto Canaã[3] do governo Wilson Leite Braga (1983-1986), acontecimento que apressou, inclusive, a migração de minha família à cidade, em 1987. A essência do argumento era a mesma apresentada por Eliane Caffé[4] em os "Narradores de Javé", sacrificar uma minoria para beneficiar a maioria. Ou seja, tratava-se de uma obra importante para resolver o problema de abastecimento de água da cidade e, com isso, restaram apenas às terras mais

---

[3] Este projeto era uma espécie de vitrine do governo Wilson Braga e abrangia investimentos em obras de abastecimento de água, irrigação, eletrificação, construção de estradas, entre outros. Dentre a diversidade de prioridades, destacou-se a construção de açudes que tinham como objetivo minimizar os efeitos da seca no sertão e, assim, acabar com a miséria sertaneja causada pela estiagem e suas consequentes frentes de trabalho emergencial (REVISTA FISCO, 1986). Apesar da maciça propaganda nos veículos de comunicação, no Vale do Piancó, o Projeto Canaã não passou da construção dos reservatórios de água, não ocorrendo as desapropriações de terras para a implantação do sistema de irrigação, como também o devido acompanhamento técnico prometido inicialmente pelo Governo. De fato, posteriormente à execução das obras, construtores e Governo foram acusados de vultosos desvios de verbas denunciados pela mídia nacional, com destaque para a *Barragem do Saco* em Nova Olinda (maior barragem de concreto armado do Nordeste), somente finalizada no governo de Tarcísio de Miranda Burity (1987-1991).

[4] Narradores de Javé. Produção de Vania Catani/Direção de Eliane Caffé. Rio de Janeiro: Bananeira filmes, 2003. https://www.youtube.com/narradoresdejave

altas e menos produtivas para relocar as poucas casas ainda habitadas por algumas famílias e que persistiam em permanecer naquela localidade rural, enquanto que a maior parte da comunidade se sentiu forçada a migrar para outros lugares, tendo como destinos mais procurados a sede do município, Brasília e São Paulo, respectivamente.

As conversas com os da família não eram simplesmente um despertar do passado em si mesmo, contudo, traziam-me a possibilidade de melhor entender o presente parental, o que me deixava mais confortável na comunidade onde nasci. Não posso negar o encantamento pelo passado, mas um passado que interessa à compreensão do presente e dá sentido à minha condição de inserção no mundo, sentimento cada vez mais fortalecido pela leitura de Bloch[5] em sua *Apologia da história*. Mesmo que, inconscientemente, essa experiência de ouvir os relatos de família seguramente tenha contribuído para que me tornasse historiador. Ouvir falar de pessoas que estudavam logo cedo e, posteriormente, da minha preferência pela carreira profissional de professor fez com que mantivesse uma ligação estreita com a educação, sendo a história da educação um ambiente de confortável interesse para o desenvolvimento desta pesquisa.

Compreender melhor o presente é uma espécie de desejo incontido que carrego desde muito cedo, mas que somente foi ampliado com a formação em História, ou seja, com a maturidade pessoal e intelectual. Era preciso entender como se dava a inserção em um lugar social contraditório, excludente e de poucas oportunidades para os que nascem nas pequenas cidades do interior/semiárido paraibano. Acrescento a esses elementos já mencionados, a influência significativa dos professores de história que tive ao longo do ensino primário, mesmo tendo como principal recurso didático-metodológico o ensino fundamentado na transmissão de conteúdos e explorando do aluno a memorização do conhecimento para o cumprimento de suas obrigações na prova escrita ou oral. A curiosidade em conhecer melhor o passado foi conduzida e alimentada por esses professores, um mergulho no tempo que ainda precisava ser mais bem resolvido em minha cabeça/mente e, consequentemente, responder melhor as inquietações do presente. Por tais razões, o contemporâneo tem sido foco de minhas pesquisas, no mestrado e, agora, no doutorado.

Se o sangue materno me fazia olhar para o passado (e eu olhava), meu pai operava no sentido de direcionar-me para o futuro (e com o meu futuro) que para ele estava nos estudos. Nos momentos mais oportunos (nas

---

[5] BLOCH, Marc. **A apologia da história, ou, o ofício do historiador**. Tradução de André Telles. Rio de Janeiro: Zahar, 2001.

atividades da roça, por exemplo) repetia como um mantra: isso aqui não dá futuro pra ninguém, se vocês quiserem uma vida melhor, devem estudar. Em suas observações, deixava claro que o caminho já estava traçado: seria apenas estudar para ser aprovado nas séries do 1º grau, ou seja, passar de ano na escola (não importando em que condições de aprendizagem), ir para João Pessoa cursar o 2º grau e morar na Casa do Estudante como fizeram outros filhos da terra. Na Casa, seria possível uma dedicação mais efetiva aos estudos e, assim, preparar melhor para o vestibular ou para um concurso público (o ideal seria a formatura em primeiro lugar). Seguindo esses passos, haveria a possibilidade de uma vida melhor, diferentemente daquela que nós tínhamos na roça.

Foi dessa forma que a Casa do Estudante da Paraíba (CEP) adentrou na minha vida. Torná-la objeto de pesquisa do doutoramento foi, em certo sentido, uma necessidade de compreender a minha história, a história da educação de Santana dos Garrotes-PB e a trajetória de seus estudantes que, para conseguir concluir os estudos, aventuravam-se à capital, a enfrentar as dificuldades de moradia na Casa e as deficiências de preparação para o vestibular. Sem dúvida, é uma proposta de estudos que transita por lugares, memórias, instituições escolares, não escolares e histórias de vida. Nesses termos, corroboro com Duby ao afirmar que a história que "interessa é aquela que não cessa de pôr questões à própria vida".[6]

A Casa do Estudante (assim os residentes e ex-residentes costumam tratá-la) encontra-se localizada na Rua da Areia, n.º 567, Centro, João Pessoa-PB, e permanece no mesmo endereço desde a sua criação, em 1937. O governo de Argemiro de Figueiredo (1935-1945) atendeu a reivindicação de um grupo de onze estudantes do Liceu Paraibano, sob a liderança do jovem Damásio Barbosa da Franca, posteriormente chegou a exercer o cargo de prefeito de João Pessoa (nomeado pelo o governo militar) por dois mandatos, entre 1966-1971 e 1979-1983. O propósito de sua criação era dispor de uma instituição com a finalidade de acolher estudantes do interior que não dispunham de ensino secundário em seus municípios, ou seja, quase todos.

Em meados da década de 1960, chegou a contar com aproximadamente 400 sócios fixos, mais um terço de sócios que faziam apenas refeições, porém, dormiam em república estudantil, pensão, casa alugada ou residência própria. No início da década de 1980, no governo de Tarcísio de Miranda Burity (1979-1983), foi realizada uma profunda reforma que, entre outras

---

[6] DUBY, Georges. O prazer do historiador. *In:* NORA, Pierre (org.). **Ensaios de ego-história**. Tradução de Ana Cristina Cunha. Lisboa: Edições 70, 1989. p. 109-138.

alterações, limitou o número de vagas a 96 estudantes que deixaram de ser tratados por sócios (pagavam uma mensalidade simbólica) e passaram a ser denominados de residentes (com gratuidade total). Todos cursando o nível secundário, comendo e dormindo no próprio recinto, deixando de existir o grupo dos que apenas se alimentavam na Casa. Ainda hoje continua em funcionamento, contudo, em virtude da falta de demanda, recebe ou acolhe somente a metade de sua capacidade, inclusive alguns universitários que fazem curso superior na Universidade Estadual da Paraíba (UEPB), ou em faculdades privadas.[7]

A CEP povoa as memórias de santanenses desde a década de 1960 que, para alguns, já se apresenta na tenra infância pelo fato de familiares e conterrâneos terem passado por lá, estabelecido relações e compartilhado suas experiências. Antes mesmo de chegar a João Pessoa, portanto, já me perguntava a respeito desse lugar.

Afinal, quando surgiu a Casa do Estudante? Quem foram os pioneiros que lutaram por moradia estudantil na paraíba? Que condições políticas e estruturais foram determinantes para a sua criação? Qual a participação efetiva do governo na manutenção dessa instituição? Por que tantas persona-lidades da política, da cultura, da educação moraram nessa instituição? Por que certos personagens que residiram na Casa são tão evidenciados pelos memorialistas? Será que todos que passaram por lá foram bem sucedidos pessoal e profissionalmente? Não haveria espaço para o fracasso, o conflito e a desobediência coletiva? Como seria a convivência em um ambiente de tamanha diversidade comportamental e territorial? Seria possível confiar no que se dizia a respeito da Casa?

Como se vê, trata-se de uma infinidade de questionamentos que me instigava desde cedo, sem contar os lapsos da memória que não me permitem recobrar o completo teor dessas interrogações. Entretanto, após ter experimentado o cotidiano de residente da CEP (1992-1994), os caminhos percorridos no processo de formação de professor/historiador (1996-2000) e certa experiência em sala de aula, em variadas instituições escolares (nas modalidades de ensino fundamental e médio, nas esferas pública e privada), comecei a direcionar um olhar diferente sobre a Casa do

---

[7] Credito a diminuição na procura por vagas na CEP à criação de escolas de ensino médio em todos os muni-cípios da Paraíba, como também a proliferação do ensino superior no interior, a partir de 2003 com o governo Lula (2003-2010), destacando a criação de universidades, campus universitários, institutos federais de educação superior, Educação à Distância (EaD) e a própria expansão das instituições privadas de ensino superior por meio de programas de financiamentos fomentados pelo Governo.

Estudante, percebendo que essa instituição exercia uma função bem mais ampla na própria formação dos que ali residiam, indo além de um espaço de moradia, mesmo não sendo uma instituição escolar, embora não houvesse como desvencilhá-la do escolar.

Tenho o entendimento, portanto, que, apesar de não ser uma instituição de educação formal, a CEP exerceu (e exerce) papel preponderante na formação educacional e pessoal de estudantes oriundos de Santana dos Garrotes - PB e de outros municípios do interior paraibano. Afirmação que se justifica por algumas hipóteses: a construção e propagação de uma narrativa mnemônica pautada no argumento de que as dificuldades enfrentadas por aqueles que moraram na CEP não os faziam desistir do propósito de estudar, sendo assim, a grande maioria conseguiu ingressar em curso superior e concluí-lo, simultaneamente associado à propagação de um discurso positivo sobre a educação tomada como instrumento de ascensão social, pois, ainda que não fosse possível a aprovação no vestibular, seguiam nos estudos à procura da realização de concursos públicos e, assim, garantindo o sonho da estabilidade; o domínio de práticas que se impunham como elemento de convivência e sobrevivência no interior da Casa, evidenciados por meio de mecanismos que garantiam o acesso e o controle do poder administrativo na instituição, inclusive reproduzindo determinadas formas de negociações que se alinhavavam à política de compadrio; por fim, as diferentes formas de aprender (estudos em grupo, leituras, conversas etc.) vivenciadas no cotidiano dos estudantes naquele espaço.

Morar na Casa do Estudante, em João Pessoa, era algo muito presente na memória de crianças e adolescentes que estudavam em escolas de ensino básico em Santana dos Garrotes, seja morador da cidade ou do meio rural. Durante o período que abrange esta pesquisa, um considerável número de jovens fez esse caminho de desbravamento invertido do território. As histórias da capital – uma casa onde moravam somente estudantes, o dia exclusivo para se dedicar aos estudos, assistir à aula no Liceu Paraibano, a possibilidade de fazer um curso universitário – alimentavam o desejo de muitos santanenses. A minha história, assim como as dos demais jovens que vieram à CEP, seguia esse mesmo enredo, cada vez mais fortalecido pela vinda de tios, primos e conhecidos que falavam das dificuldades, mas também das possíveis recompensas (um curso superior, um concurso público etc.) e, dessa forma, a década de 1980 era trilhada ouvindo alguém proferir a frase: estude para ir morar na Casa do Estudante em João Pessoa e passar no vestibular.

O tempo passou rapidamente e, quando dei por mim, já estava no ônibus da viação Transparaíba em direção a João Pessoa. Refiro-me a 1992, ano de agitações políticas e, mais ainda, de muitas dificuldades econômicas. Os meios de comunicação começaram a divulgar – no caso da Rede Globo de Televisão de forma incipiente (e constrangida), num primeiro momento, porque dava amplo apoio ao governo – um engenhoso esquema de corrupção no governo Fernando Collor de Melo (1990-1992), comandado pelo seu tesoureiro de campanha Paulo César Farias. Mediante a gravidade dos fatos, a população, em especial a juventude, de cara pintada, ganhou às ruas, exigindo a renúncia do governo corrompido. Em João Pessoa, acontecia uma eleição acirrada para prefeito numa disputa entre dois Chicos (Franca versus Lopes), a primeira vez que um candidato do Partido dos Trabalhadores (PT) chegava a um segundo turno na capital.

Nessas condições, adentrei na Casa do Estudante com todo um imaginário a seu respeito que povoava minhas memórias e, na época, começava a ser reforçado, ao mesmo tempo, reconstruído. Nesse espaço, as histórias se multiplicavam a respeito do seu passado, pois a memória da Casa era fortalecida, evocando o nome daqueles que a dignificavam por suas trajetórias de meninos do interior que vieram estudar e vencer na vida. Sem dúvida, um exemplo ilustrativo de um trabalho de enquadramento da memória, uma vez que, alimentando-se do material fornecido pela história, pela instituição e pelos sujeitos em ação, esse trabalho de interpretação do passado pode ocorrer incessantemente em função dos interesses e combates do presente. Logo, o grupo veicula seu próprio passado e a imagem que ele forjou para si mesmo.[8]

São elementos históricos que se somam, experiências que se cruzam e o passado bate à porta do presente que, por sua vez, quer uma investigação mais apurada desse passado que fervilha nas lembranças dos que constituíram a memória da instituição e do lugar, numa trajetória própria do movimento histórico. Essas memórias e esses caminhos me levaram ao curso de História da Universidade Federal da Paraíba (UFPB). Com a formação de historiador, o interesse por esse passado tinha motivações muito presentes: a Paraíba contemporânea, especialmente, o fim da década de 1950 (os antecedentes do golpe de 1964); destoando dos demais colegas de graduação que se interessavam por períodos longínquos do passado (civilizações antigas, período medieval, civilizações pré-colombianas, colonização da américa portuguesa etc.).

---

[8] POLLACK, Michael. Memória, esquecimento, silêncio. **Revista Estudos Históricos**, Rio de Janeiro, v. 2, n. 3, p. 03-15, 1989.

Se Rémond está com a razão em afirmar que "o nosso tempo dá mais atenção aos começos do que aos fins"[9] é possível supor que os interessados em fazer a história do presente podem não receber a devida atenção das instituições que controlam as pesquisas históricas. Além das questões da confraria, há o fato de que escrever sobre o homem em movimento não é uma das tarefas mais confortáveis para os historiadores, sujeitos acostumados a tratar do passado distante e adeptos de modelos teleológicos que cativam uma história das origens que por si explicaria a trajetória da humanidade por meio de uma causa primeira. Mas, como já foi mencionado, há elementos que vão além do interesse acadêmico na escolha desse objeto[10] de pesquisa e da temporalidade histórica.

Além dessas preocupações de ordem institucional, a aproximação do tempo histórico traz algumas inquietações a mim enquanto historiador[11] de ordem metodológica, pois se depara com a realidade que o vivencia e que será por ele estudada. Essa cada vez mais acelerada e imediatista estimula a necessidade de dar sentido ao presente quando não mais se acredita no progresso linear, ou seja, é o presente ativo na construção do contemporâneo, colocando em evidência a necessidade do historiador de explicar os elementos à sua volta.[12]

Também não é fácil escrever sobre o presente na medida em que sou parte dessas experiências humanas ainda em construção, convivo com os agentes históricos da trama estudada e, portanto, uma das preocupações é que "nem todos querem falar, os silêncios podem dificultar a reconstrução histórica. O que escreve, mexe com as pessoas mais diretamente,"[13] todavia,

---

[9] RÉMOND, René (org.). **Por uma história política.** Tradução de Dora Rocha. Rio de Janeiro: Editora UFRJ, 1996.

[10] Para os positivistas da história metódica, o objeto de estudo era determinante para uma área de conhecimento ser reconhecida como Ciência. A história logo se apropriou do passado como objeto de estudo dotado de suposta neutralidade e o historiador seria um observador imparcial que, por meio do documento escrito, narrava a História verdadeira. Aqui uso o termo objeto sem a ilusão da neutralidade histórica, mas como resultado da elaboração do historiador que interroga suas fontes a partir de um lugar social e institucional (CERTEAU, 2002).

[11] Ranço de uma historiografia tradicional que entendia o presente como o momento dos acontecimentos e, sendo assim, como o historiador vivenciava o momento dos fatos, ele não conseguia descrevê-los de maneira isenta "como aconteceu", comprometendo, assim, a sua neutralidade. O presente seria mais adequado ao trabalho de jornalistas que se preocupavam com o calor dos fatos. Ao historiador, caberia deixá-los "esfriar" para produzir um conhecimento verdadeiro. Por outro lado, Rémond (1996) afirma que a tradição dos *Annales* também tratou o indivíduo e a política com certo preconceito em virtude de ser objeto de interesse dos cientificistas. Somente a partir da década de 1960, o político ganha novos contornos e é retomado.

[12] RIOUX, Jean-Pierre. Pode fazer uma história do presente? *In*: CHAUVEAU, Agnes; TÉTARD, Philippe (org.). **Questões para a história do presente**. Tradução de Ilka Stern Cohen. Bauru: Edusc, 1999. p. 39-50.

[13] SILVEIRA, Rosa Maria Godoy. A formação do Profissional de História para o século XXI. *In*: ENCONTRO ESTADUAL DOS PROFESSORES DE HISTÓRIA, 11., 2004, Campina Grande. **Anais** [...]. Campina Grande: Associação Nacional de História, Núcleo Paraíba, 2004.

veremos, mais a diante, que meu desafio foi duplo: dá-lhe com os que não se dispunham a contribuir com a pesquisa, como também evitar os excessos de falas. As experiências históricas do tempo presente, portanto, tem-se mostrado bastante dinâmica e com muitos fragmentos a serem recuperados dessa memória que ainda tenta se colocar na duração. Sua proximidade temporal ainda provoca inquietudes e controvérsias dos sujeitos que tiveram participação nos acontecimentos (independente do posicionamento adotado), como também lançando desafios aos pesquisadores que pretendem investigá-lo criticamente.

O início da década de 1990, portanto, foi o momento de minha inserção efetiva na CEP, ou seja, estava na condição de residente. Ela que, desde muito cedo, povoava meu horizonte de expectativas de estudante do interior que desejava continuar os estudos na capital. Mais de 20 anos depois, agora na condição de pesquisador, curiosamente meu interesse não estava nesse período de tamanha ebulição (para o país e, principalmente, para mim), mas voltava-se para as décadas de 1960-1970, tempos de instabilidades no país e na Casa.

Momento esse que tem propiciado fecundas interpretações, controvertidas opiniões e, acima de tudo, a necessidade de conhecê-lo mais apropriadamente e, assim, não deixar que as atrocidades cometidas pela repressão sejam apagadas ou manipuladas da memória do povo brasileiro. Então, minhas motivações são provenientes da necessidade de compreender a CEP nesse contexto político, social e cultural que não deixava ninguém imune aos seus tentáculos (tanto na perseguição de amplos segmentos sociais quanto na proteção de setores conservadores privilegiados), mas também adentrar no interior daquele cotidiano estudantil, vislumbrando suas táticas de convivência com as determinações do sistema dominante, suas necessidades de sobrevivência e a definição de práticas de aprendizagem.

Sendo assim, compreendo que não é possível a existência de lugares, grupos e indivíduos no Brasil/Paraíba (mesmo nos lugares mais remotos do território nacional) que estejam alheios a esses acontecimentos que, certamente, podem ter dimensionado a postura ideológica e, até mesmo, a formação pessoal e profissional dos jovens que vinham de regiões mais afastadas da cidade grande. Por ser um momento de convulsão político social, logo se imagina que se trata de uma coletividade estudantil engajada nas manifestações políticas de resistência ao regime, contudo, as coisas não são arrumadas de acordo com convenções estereotipadas. Veremos que o contexto histórico se apresenta em retalhos a esses jovens e que o engajamento ocorre com maior afinco em defesa dos interesses da própria Casa, enquanto o envolvimento com as manifestações conjunturais fora bem mais superficial ou circunstancial. Certamente eram munidos por metas individuais e não coletivas, tendo como prioridade prestar contas aos pais, ser destaque em sua terra e garantir alocação profissional.

Onde situar, portanto, essa conversa cujas palavras ainda ouço? Não pretendo escrever um *Ensaio de Ego-história* como propôs Nora,[14] no final da década de 1980, mas levo em consideração algumas observações mencionadas naquela obra. Uma delas é a preocupação dos historiadores com o presente. Equivocadamente, durante algum tempo, os historiadores procuraram camuflar-se em suas pesquisas ou na escrita dos seus textos com a pretensa ilusão de produzir uma verdade histórica imparcial. Mas os tempos são outros e:

> O historiador dos dias de hoje está pronto, ao contrário dos seus antecessores, a confessar a ligação estreita, íntima e pessoal que mantém com o seu trabalho. Ninguém ignora que um interesse confessado e elucidado oferece um abrigo mais seguro do que vagos projectos de objetividade. O obstáculo transforma-se em vantagem.[15]

Não é tentando me afastar do momento histórico pesquisado, portanto, que posso construir uma verdade inquestionável e, como sabemos, ela não é possível. Como fugir de um discurso superficial e panfletário e garantir a cientificidade do trabalho? Recorrendo aos instrumentos conceituais e metodológicos próprios do uso do historiador na operação historiográfica que consiste em expor com clareza os caminhos traçados pela pesquisa, os quais vão desde o levantamento e interrogação dos testemunhos da pesquisa e passam pela problematização que consiste na explicação e compreensão do objeto, culminando com a escrita do trabalho ou com a construção narrativa do texto. Toda essa caminhada deve estar disposta a não se eximir da sua fragilidade, porém, é a partir dessa clareza que se garante a racionalidade do historiador.[16]

Nesse caso, portanto, há duas verdades: a verdade dos fatos e o compromisso do indivíduo que se falta com a verdade dos fatos não é de forma deliberada, mas assume o compromisso de narrar suas memórias com a sinceridade de quem viveu uma época afastada e que o tempo e outras expe-

---

[14] NORA, Pierre (org.). **Ensaios de ego-história**. Tradução de Ana Cristina Cunha. Lisboa: Edições 70, 1989.

[15] NORA, 1989. p. 10.

[16] CERTEAU, Michel de. **A escrita da história**. Tradução de Maria de Lourdes Menezes. 2. ed. Rio de Janeiro: Forense Universitária, 2002.

riências impedirão trazê-la tal qual aconteceu. Nesses termos, a escrita de si assume a subjetividade de seu autor. Em síntese, é a busca de um efeito de verdade na singularidade de cada indivíduo. Aqui, o que interessa é a ótica assumida dentro da singularidade de cada narrativa traçada pelo autor, o que ele viu, sentiu e experimentou sobre o período, os acontecimentos, os lugares, as pessoas e as instituições relatadas.[17]

Partilho desse entendimento que a escrita de si é um conceito significativo para discutir esse objeto de estudo, sendo fundamental esclarecer uma questão que considero crucial: afinal, a inserção desse estudo na escrita de si se dá porque estou inserido ou faço parte do objeto (seja pela origem social, a instituição que residi, a formação escolar etc.), ou pelo fato de ter como fonte de pesquisa relatos de memórias, pois os sujeitos abordados narram suas trajetórias pessoais de um determinado tempo de suas vidas.

Entendo que, diante das feições que se apresenta o objeto desta pesquisa, permite-me dizer que são as duas coisas. Como indivíduo, dotado de sentimentos e emoções, não é possível apagar minha experiência de filho de Santana dos Garrotes, ex-residente da Casa do Estudante e aluno de escola pública, mesmo que o recorte temporal da pesquisa não compreenda o período que morei na Casa. Por outro lado, há de se levar em consideração que um aspecto importante da escrita de si é o tratamento dos relatos de memória que, no caso específico, são entrevistados, procurando recobrar suas lembranças de um período mais afastado de suas vidas, não devendo esquecer da intencionalidade das falas, pois "[...] os indivíduos e os grupos evidenciam a relevância de dotar o mundo que os rodeia de significados especiais, relacionados com suas próprias vidas, que de forma alguma precisam ter qualquer característica excepcional para serem dignas de serem lembradas"[18].

Trato de uma memória individual, mas, ao mesmo tempo, coletiva, pois o indivíduo narra sua trajetória recorrendo ao coletivo, ao lembrar-se da relação com os outros estudantes, de momentos vividos com certos colegas, dos companheiros que dividiram quarto e das relações que vão se ampliando na medida em que há contatos com jovens de outras regiões do estado. Quando se reportam aos que fizeram a história da Casa, vem à memória a inserção na luta por melhores condições de moradia e a luta estudantil, enfim, fala-se de um eu-sujeito, nunca de um eu-recluso, inerte, pacífico. O eu dessa trama é evidenciado nas relações estabelecidas ou

---

[17] GOMES, Ângela de Castro (org.). **A escrita de si, a escrita da história.** Rio de Janeiro: FGV Editora, 2004.
[18] GOMES, 2004. p. 11.

construídas na coletividade. E o assunto que o envolve é digno a partir de uma narração que pode ser resultado do que sobrevive ao tempo nas suas memórias e dos que fizeram parte do mesmo período e da instituição. Em síntese, há de se considerar todas as relações do indivíduo, sejam de ordem sociais e coletivas, de tempo e espaço, práticas e simbólicas. É preciso compreender o campo onde as ações se desenvolveram, o conjunto de posições simultaneamente ocupadas nos diferentes campos.[19]

E esse indivíduo que busca construir uma identidade para si não precisa ser mais uma notável personalidade política, mas sim um homem anônimo ou comum que compartilha fragmentos de um cotidiano ordinário que supostamente poderia ser desprovido de importância histórica. Sua narrativa, no entanto, procura dar sentido à sua história, inserindo-a numa coletividade. Uma identidade que não pode ser manipulada como um modelo preestabelecido, mas como um processo em construção, uma convenção essencialmente necessária, uma tarefa a ser realizada diversas vezes, portanto, inacabada. Por fim, uma identidade melhor expressada no plural, pois:

> As 'identidades' flutuam no ar, algumas de nossa própria escolha, mas outras infladas e lançadas pelas pessoas em nossa volta, e é preciso estar em alerta constante para defender as primeiras em relação às últimas. Há uma ampla probabilidade de desentendimento, e o resultado da negociação permanece eternamente pendente. [20]

Essa relação indivíduo-sociedade, coletividade-indivíduo é bastante tênue, porque, concordando com Gomes,[21] trata-se de uma sociedade cuja cultura importa aos indivíduos sobreviver na memória dos outros, uma vez que a vida individual tem valor e autonomia em relação ao todo, pois é dos indivíduos que nasce a organização social e não o inverso, conclui a autora.

Penso o indivíduo como sujeito ativo que se movimenta em múltiplas direções e carrega inúmeros interesses. Ele jamais é apenas uma individualidade nem tão só produto de uma coletividade que determina todos os seus passos à marionete. Não é um papel em branco onde o historiador ou qualquer pesquisador poderá inscrever suas intenções e imprimi-las nas memórias como se os narradores professassem um material bruto a ser processado por um intelectual que detém a autoridade de proferir uma

---

[19] BOURDIEU, Pierre. **Esboço de auto-análise.** Tradução de Sergio Miceli. São Paulo: Companhia das Letras, 2005.

[20] BAUMAN, Zygmunt. **Identidade:** entrevista a Benedetto Vecchi. Tradução de Carlos Alberto Medeiros. Rio de Janeiro: Zahar, 2005. p. 19.

[21] GOMES, 2004.

verdade sobre o passado. Estou ciente de que os relatos de memórias por mim problematizados trazem elementos ou vestígios de experiências de vida, de um tempo histórico e de um lugar social e institucional que permite a construção de uma narrativa de verossimilhança sobre um grupo de estudantes residentes e suas trajetórias de vida.

De certa forma, trata-se de um emaranhado, em que o sujeito se coloca como condutor de sua trajetória, recorrendo às suas memórias e a dos outros para construir a sua narrativa que é individual e, ao mesmo tempo, coletiva. Por essa razão, na escrita de si, o indivíduo constrói "para si mesmo uma identidade dotada de continuidade e estabilidade através do tempo".[22] Ao mesmo tempo, são memórias em ritmos diferenciados e que, por isso, seus conteúdos não obedecem a uma sequência, linearidade, única e progressiva.

A escrita de si já tem sido bastante utilizada pela história da educação com estudos de cartas e diários pessoais de professores e alunos.[23] No meu caso, a preocupação ou interesse voltam-se às memórias recentes de estudantes, sua produção memorialista, além de recorrer ao uso de fontes orais obtidas por meio de entrevistas. Não é exagerado afirmar que um trabalho dessa natureza se torna mais confortável mediante as transformações trazidas pela nova história cultural que proporcionou a investigação histórica dos chamados homens comuns, com novas possibilidades metodológicas no tratamento de novos objetos e de ampliação de fontes.[24]

Posso dizer que é um cruzamento de histórias, aparentemente sem conexão, mas que estão conectadas pelo mesmo objetivo desses sujeitos em buscar, nos estudos, a possibilidade de mudar de vida, ou seja, deixar a vida da roça, destoar dos que seguiam para os grandes centros urbanos do país à procura de trabalho em funções degradantes e apostar em uma possível carreira profissional que dependesse de um conhecimento elaborado ou dos estudos como muitos se referiam. Na verdade, trata-se de instrumentos de vontades paternas e expectativas dos sujeitos que são as da sobrevivência. Tenho o entendimento que o propósito é "encontrar uma escrita que busque cobrir um período de tempo ordinário em suas múlti-

---

[22] GOMES, 2004. p. 17.

[23] O Programa de Pós-Graduação em Educação (PPGE/UFPB) conta com um Grupo de Pesquisa liderado pelo professor Charlton Machado e pela professora Maria Lúcia Nunes, ambos da linha de Pesquisa em História da Educação, os quais vêm trabalhando com estudos biográficos, (auto)biográficos e escritas de si.

[24] BURKE, Peter. **O que é história cultural?** Tradução de Sérgio Goes de Paula. Rio de Janeiro: Jorge Zahar, 2005.

plas temporalidades,"[25] o tempo do trabalho no campo, das tarefas de casa, das exigências escolares, dos sentimentos íntimos, do lazer e do cotidiano. Logo, a escrita de si é uma forma de produção de memória que merece ser lembrada e transformada em história.

Assim como enunciei o capítulo, chego ao seu crepúsculo reconhecendo que a memória é pródiga em nos trair, mesmo quando nos revela algo, sendo este acompanhado de silêncios e que não interessa aqui o que me parece autêntico. Ao lidar com as memórias, esta pesquisa adota como postura crítica o não falseamento deliberado ou consciente do passado, embora saiba que não é incomum o seu deslize, mesmo querendo ser sincera, como bem se posicionou.[26]

O estudo em construção não pode ser tomado dentro do enquadramento clássico da história da Paraíba, penso ser esta uma narrativa que procura navegar em um movimento em sentido duplo: Santana dos Garrotes-João Pessoa/João Pessoa-Santana dos Garrotes. Sua condução não se limita ao deslocamento por meio do transporte mecânico (Transparaíba, caronas etc.) que os estudantes utilizam para percorrer o trajeto, mas, especialmente, suas memórias que, ao fazer esse percurso, constroem-se e reconstroem-se de forma permanente. Seguindo o movimento inverso ao dos bandeirantes, ou seja, do interior ao litoral, o desafio é dar sentido narrativo ao deslocamento migratório de estudantes à capital com o objetivo de complementar seus estudos, especialmente para obter a formação em nível de ensino superior.

1.2 ESTUDO DA MEMÓRIA: ENTRE O INDIVÍDUO E A COLETIVIDADE

Corroboro com o entendimento de que somos herdeiros de uma tradição científica que desconfia da subjetividade. Um dos desafios deste estudo é enfrentar a pluralidade de vozes dos testemunhos,[27] colocados em situação de recordação das suas memórias de um passado muito

---

[25] GOMES, 2004. p. 18.

[26] REIS, Daniel Aarão. **Ditadura e democracia no Brasil**: do golpe de 1964 à constituição de 1988. Rio de Janeiro: Zahar, 2014.

[27] Sei da amplitude do termo testemunhos. Bloch (2001, p. 79) descreveu que "a diversidade dos testemunhos históricos é quase infinita. Tudo que o homem diz ou escreve, tudo que fabrica, tudo que toca pode e deve informar sobre ele". De forma que a proximidade com as épocas recentes, nem é mais, nem é menos imperioso os cuidados com a documentação. O importante é compreender que o testemunho não é uma fonte no sentido de prova, mas tomada como monumento a ser esfacelado e reconstruído.

recente historicamente. É uma memória do passado, mas que sai com burburinhos do presente, porque o indivíduo está vivo. É o historiador que escreve sobre o seu tempo sem o sonhado conforto do arquivo de papel. É um exercício, portanto, de enfrentar a precariedade da recordação e a fragilidade do testemunho. [28]

O percurso desta pesquisa não pode deixar de considerar alguns referenciais de memória, denominados por Nora[29] de lugares de memória, pois são lugares transitados e habitados pelos sujeitos em estudo e que são aportes de memória. Santana dos Garrotes, o município de origem onde esse grupo de estudantes adquiriu suas primeiras experiências de vida, de cultura e de educação. João Pessoa, uma cidade onde novas representações começaram a ser elaboradas, novos elementos começaram a constituir um novo sujeito que não era inteiramente novo, porque uma memória anterior não queria e não poderia ser apagada. A Casa do Estudante, espaço de novas relações de convivência, de um fazer diferente que se definia na relação com a instituição, com os outros estudantes oriundos de outros municípios e com os da própria cidade. Por fim, as escolas frequentadas durante todo itinerário estudantil e, em especial, a preparação para o vestibular que acontecia em vários espaços que iam muito além da escola (biblioteca, em casa, casa de amigos, cursinho pré-vestibular e assim por diante).

Obviamente que o despertar para o estudo dessas memórias justificava-se nas peculiaridades de minha história de vida, todavia, traz também uma relevância de ordem histórico-social-cultural que pode apresentar, inclusive, uma possibilidade diferente de se contar a história da Paraíba – do interior ao litoral –, como também a oportunidade de compreender um tema que não chama atenção dos historiadores da história da educação e, destaco ainda, o fato de tratar de um grupo de estudantes que, na sua maioria, eram filhos de agricultores analfabetos ou semianalfabetos, nascidos em um pequeno município do interior da Paraíba, que não dispunham de condições educacionais para continuar os seus estudos no lugar e com amplo predomínio de uma cultura oral.

Perante essas circunstâncias, vale ressaltar que, por mais que a origem desses estudantes seja de um lugar onde a escrita e os impressos são relegados a espaços restritos – escolas, administração pública e algumas anotações no comércio – ainda assim, não se pode tratar aqui de uma ora-

---

[28] RÉMOND, 1996.

[29] NORA, Pierre. Entre memória e história. Tradução de Yara Aun Khoury. **Revista Projeto História**, São Paulo, n. 10, p. 7-28, dez. 1993.

lidade primária ou primitiva. Na verdade, tal situação só é possível quando os ensinamentos do passado são transmitidos exclusivamente por via oral. De fato, trata-se de um lugar cultural onde há um domínio de oralidade secundária ou derivada, pois já é possível identificar a interferência dos meios de comunicação que veiculam e inserem informações adicionais ao cotidiano das pessoas, além da presença de pessoas com um pequeno grau de instrução, sendo responsáveis pela alfabetização de muitos. Não ficando, portanto, restrito ao conhecimento exclusivo da própria comunidade.[30]

O fato de não dominarem a escrita, não os tornam indivíduos sem valor histórico e cultural. Afinal, onde está a sabedoria ou a capacidade de leitura de um homem que vive num mundo de cultura oral? Na leitura das horas pela sombra das árvores, acordar com o raiar do dia e o canto dos pássaros, a posição das estrelas ou da lua levam-no à constatação se o momento é de chuva ou de estiagem. Reconhece que os mundos escritos e não escritos não se esclarecem mutuamente, pois "o homem que não dominava a leitura podia ver e escutar muitas coisas que hoje não somos capazes de perceber."[31] A consagrada afirmação de Paulo Freire de que a leitura do mundo precede a leitura da palavra, constrói relações e dar sentido a uma existência social. É possível que um dos intentos deste estudo seja procurar recuperar, sob forma de escrita, um mundo sensitivo de infância que tem perdido a força. O anseio em escrever algo que me escapa, que sinto necessidade de dominá-lo ou recolocá-lo à cena. Pode ser que meu intuito seja dar ao mundo não escrito uma oportunidade de expressar-se por meio desse grupo.[32]

Esses elementos são essenciais para o entendimento das condições culturais em que se insere o grupo em estudo, assim como a necessidade de compreender como crianças e jovens, oriundos do meio rural, o que forçava o deslocamento diário à sede do município para assistir aula nas escolas da cidade, utilizando animais de tração como meio de transporte (burro, jumento, cavalo) ou caminhando a pé; enfrentaram essas dificuldades e decidiram estudar. Diante desse cenário, havia ainda certa pressão para que seguissem o caminho natural de muitos outros jovens do município e da própria família que migraram para outras regiões do estado, ou para as áreas de atração migratórias, tais como o Sudeste do país, especialmente, São

---

[30] CALVINO, Ítalo. A palavra escrita e a não-escrita. *In:* AMADO, Janaina; FERREIRA, Marieta (org.). **Usos e abusos da história oral.** 8. ed. Rio de Janeiro: Editora FGV, 2006. p. 139-147.

[31] CALVINO, 2006. p. 144.

[32] CALVINO, 2006.

Paulo e Rio de Janeiro, em busca de melhores condições de sobrevivência em setores como construção civil, comércio ambulante, vigilância, serviços gerais, corte da cana, colheita do café e outros.

Para Certeau,[33] essa é a essência do segundo momento da operação historiográfica: explicar por que aconteceu dessa maneira e não de outra. Para investigar essa questão, é preciso considerar que ninguém escapa às especificidades do lugar de onde fala, quer dizer, é preciso buscar essas respostas a partir do lugar social e cultural dos estudantes, em um município predominantemente rural, de escolarização precária, de forte migração para outras regiões do país, até seu estabelecimento na capital do estado para sequenciar os estudos.

A vida na Casa do Estudante é outro momento fundamental para compreender essa caminhada em busca da formação educacional. É adentrando nas memórias desse lugar que se conhece outro momento dessa trajetória dos estudantes e da própria instituição, suas práticas e normas, o ambiente social em que se encontrava inserida, as relações de convivências com jovens de várias regiões do estado, a inserção (ou não) no movimento político estudantil etc., são elementos indispensáveis para a própria reflexão a respeito dos caminhos que foram traçados e as escolhas seguidas que contribuíram para a formação desses sujeitos, assim como dos personagens que constituem a memória dessa instituição.

Como a palavra memória tem sido bradada aos quatro ventos, já posso assegurar que seu entendimento é fundamental para a realização deste estudo, devendo ser necessário esclarecer de que memória estou tratando. A que me acosto para tratar de um conceito tão diversificado e complexo que leva pensadores a terem opiniões, muitas vezes, opostas? A memória aqui é pensada como um fenômeno individual ou um ato coletivo definido socialmente?

Admito uma inclinação em compreender a memória como fenômeno social e coletivo, adquirida a partir dos estudos de Halbwachs.[34] Como a questão do espaço/lugares é basilar para a compreensão desse objeto de estudo, logo me senti seduzido à afirmação do autor que um contexto espacial ocupado e transitado várias vezes como instrumento do pensamento e sendo capaz de reconstituir a qualquer instante por ser carregado de significados, constitui a memória coletiva. Os lugares abordados neste estudo não dei-

---

[33] CERTEAU, 2002.

[34] HALBWACHS, Maurice. **Memória coletiva.** Tradução de Beatriz Sidou. São Paulo: Centauro, 2003.

xam de ser fomentadores de memória e da própria consciência histórica do grupo. Esse raciocínio leva em consideração que as recordações de um indivíduo são acompanhadas da presença do outro na cena lembrada. Lembrar implica na existência de outros que não são esquecidos no momento do acontecido. Em síntese, não se pode pensar o indivíduo fora do seu espaço e da coletividade, portanto, a memória é coletiva.

A pesquisa avança e as leituras são ampliadas. Foi tateando em busca de uma compreensão da memória que me encontrei com o texto de Ricoeur.[35] Para esse autor, cada indivíduo tem uma forma particular de lembrar o passado, e essa singularidade faz de cada memória uma instância única nesse conjunto no qual se encontra inserido socialmente. O esforço de uma leitura densa foi recompensado, notadamente, no instante em que o autor traz Halbwachs[36] para a conversa. Assim, pude compreender que o estudo da memória transita entre duas correntes: a fenomenologia individual da memória e a sociologia coletiva da memória. Ricoeur[37] alerta que as posições extremadas empobrecem o uso da memória como instrumento teórico e metodológico, por essa razão procura fazer confluir elementos das duas correntes, partindo da recordação como uma busca particular que não pode se eximir da sua inserção social.

No instante que me deparei com o entrevistado ou colaborador, percebi um sujeito que se coloca na primeira pessoa, mas, ao mesmo tempo, remete-se a outros sujeitos, inserindo-os na cena do passado histórico. Nesse sentido, as contribuições de Ricoeur[38] são esclarecedoras, na medida em que percebe e traz o indivíduo ao foco da cena, pois é ele quem recobra o passado, porém, as situações vividas acontecem em um palco com outros sujeitos, sendo impossível, portanto, lembrar o passado fora da coletividade. O indivíduo não se desvencilha do coletivo, porque (inclusive) é responsável pela sua constituição.

Os indivíduos se colocam como condutores do percurso histórico ao narrar suas memórias, porque imaginam ser donos de suas opiniões, crenças e atitudes; no entanto, quando nos posicionamos contrários ou a favor de certas posições ideológicas ou discursivas, achamos que temos autonomia de pensamento, mas, na verdade, não conseguimos perceber que essa pos-

---

[35] RICOEUR, Paul. **A memória, a história, o esquecimento.** Tradução de Alain François. Campinas: Editora Unicamp, 2007.

[36] HALBWACHS, 2003.

[37] RICOEUR, 2007.

[38] RICOEUR, 2007.

tura faz parte de um conjunto e ela só foi possível porque estava inserida no lugar social e cultural que aconteceu. É no ato pessoal da recordação que encontramos as marcas do social, pois "são indivíduos que se lembram enquanto membros do grupo"[39].

O indivíduo também é coletivo porque tem como especificidade a capacidade de manter relações, de maneira que os seus atos parecem mais significativos nos momentos quando se estabelecem esses encontros relacionais. Isso nos remete a pensar que não há ato de lembrar sem a presença do outro que está na cena relatada, mas recordar é um ato de lembrar de si mesmo. Ao mesmo tempo, é a imaginação afetiva pela qual nos projetamos na vida de outrem. Nesses termos,

> Acreditamos na existência de outrem porque agimos com ele e sobre ele e somos afetados por sua ação. É assim que a fenomenologia do mundo social penetra sem dificuldades no regime do viver juntos, no qual os sujeitos ativos e passivos são de imediato membros de uma comunidade ou de uma coletividade.[40]

É nesse jogo de lidar com os aparentemente contrários que o autor encontra uma saída, apostando numa relação entre a memória individual e a memória coletiva, afastando-se, então, de uma postura extremada. Assim conclui, "agrada-nos dizer que cada memória individual é um ponto de vista sobre a memória coletiva, que esse ponto de vista muda segundo o lugar que nele ocupo, por sua vez, esse lugar muda segundo as relações que mantenho com os outros meios [...]"[41] de convivência social (no interior da Casa, nos espaços urbanos do centro da capital, nas relações com o Governo do Estado, na vida boemia etc.).

Uma situação que atesta bem essa argumentação, pois é o momento em que os estudantes recordam das instituições escolares por onde passaram. Até conhecer as escolas em João Pessoa, as experiências em Santana eram tomadas como as melhores possíveis, ou seja, mesmo saindo do seu lugar de origem, essas memórias não foram apagadas ou suplantadas imediatamente, o indivíduo continua com suas experiências de memória do lugar, entretanto, novos elementos serão incorporados a esse cabedal proporcionados pelas novas experiências, de um novo lugar e de novos sujeitos. O desafio dessa investigação é procurar identificar em que medida esses estudantes foram transformados do ponto de vista da formação intelectual, cultural, dentre outros aspectos.

---

[39] RICOEUR, 2007. p. 133.
[40] RICOEUR, 2007. p. 139.
[41] RICOEUR, 2007. p. 133-134.

Foi tateando por esses meandros que o percurso teórico-metodológico da pesquisa foi tecido, procurando corroborar com uma visão de pluralidade e de caminhos alternativos como possibilidade de investigação histórica que não é uma atividade puramente retórica ou estética, mas busca uma descrição objetivável do comportamento humano, entendendo que a ação social, as formas de pensar e a sensibilidade cultural acontecem em uma arena de "constante negociação, manipulação, escolhas e decisões do indivíduo, diante de uma realidade normativa que, embora difusa, não obstante oferece muitas possibilidades de interpretações e liberdades pessoais". [42]

É preciso perceber as brechas derivadas da liberdade do ser humano diante do sistema normativo,[43] ou intuir as táticas a que recorrem os sujeitos ordinários para burlar as estratégias impostas pelo sistema de controle social, cultural e institucional.[44] Dessa forma, estratégia e tática são conceitos fundamentais para a investigação desse objeto, Certeau assim os descrevem:

> Chamo de estratégia o cálculo (ou a manipulação) das relações de força que se torna possível a partir do momento em que um sujeito de querer e poder (uma empresa, um exército, uma cidade, uma instituição científica) pode ser isolado. [...] Chamo de tática a ação calculada que é determinada pela a ausência de um próprio. Então nenhuma delimitação de fora lhe fornece a condição de autonomia. A tática não tem por lugar se não o do outro. E por isso deve jogar com o terreno que lhe é imposto tal como o organiza a lei de uma força estranha. Não tem meios para se manter em si mesma, à distância, numa posição recuada, de previsão e convocação própria: a tática é movimento "dentro do campo de visão do inimigo", como dizia von Bullow, e no espaço por ele controlado.[45]

Numa investigação dessa natureza, o que interessa não é simplesmente a interpretação dos significados aparentes dos relatos de memória, mas desvendar as ambiguidades do mundo simbólico, lembrando que não há como escapar da pluralidade das interpretações do objeto que tem sua dinâmica, seu movimento, suas lutas que se colocam em torno de recursos simbólicos e de recursos materiais. [46]

---

[42] LEVI, Giovanni. Sobre micro-história. *In:* BURKE, Peter (org.). **A escrita da história:** novas perspectivas. Tradução de Magda Lopes. São Paulo: Editora Unesp, 1992, p. 135.

[43] LEVI, 1992.

[44] CERTEAU, Michel de. **A invenção do cotidiano:** 1. Artes de fazer. Tradução de Ephraim Ferreira Alves. 22. ed. Petrópolis: Vozes, 2014.

[45] CERTEAU, 2014, p. 93-95.

[46] LEVI, 1992, p. 136.

A construção de uma pesquisa acadêmica passa necessariamente pelo tratamento de suas fontes, desde que existam, e elas existem. Com propriedade, Dosse[47] demonstra, a partir do movimento dos Annales (1929), que a percepção sobre as fontes históricas e seu tratamento metodológico foi bastante ampliada, abandonando a exclusividade dos documentos escritos mais convencionais produzidos pelas instituições oficiais (Estado, Igreja, Exército etc.) e alargando para todos os registros e vestígios deixados pelo homem ao longo do tempo.

No caso desta pesquisa, as fontes documentais oriundas da administração a respeito dos lugares (Santana dos Garrotes e a Casa do Estudante) ou sobre a vida dos sujeitos (preservação de arquivos pessoais) investigados são escassas. Não dispondo dos documentos de arquivos, recorri às fontes orais (entrevistas), livros e textos de memórias, livros de poesia (ambientados em Santana ou na Casa), jornais da capital "Jornal A União", "Jornal Correio da Paraíba" e "Jornal O Norte" e outros; poucos documentos que os denomino de avulsos (encarte sobre os 100 anos de fundação da Paróquia Nossa Senhora Sant'Ana, Plano de Trabalho do Colégio Teotônio Neto, Resoluções de Criação das Escolas em Funcionamento no Município, entre outros).

A incipiente documentação pode ser justificada por duas questões em especial: a primeira se dá pelo fato de Santana dos Garrotes ser um município marcadamente pautado pela cultura da oralidade (para se ter dimensão, em Santana não há vestígios de que se tenha produzido algum jornal, informativo, revista ou algo do gênero); a segunda questão pode ser atribuída à falta de consciência de preservação da memória institucional, tanto dos administrativos locais, quanto, principalmente, dos que conduziram a CEP nessas duas últimas décadas.

Como cheguei a essa constatação? A partir das especificidades do objeto, pois em visita ao Arquivo Público de Santana dos Garrotes, constatei que são guardados apenas os documentos da administração recente. Do período que trata a pesquisa, nada foi preservado. Devo destacar ainda que se trata de um lugar onde os índices de analfabetismo eram bastante elevados.[48] Em certo sentido, até início da década de 1990, prevaleceu um cotidiano caracterizado por uma cultura oral, como já destaquei no tópico anterior. Na ausência da predominância de uma cultura escrita, a oralidade torna-se um instrumento muito recorrente. Manter a memória ativa é uma

---

[47] DOSSE, François. **A história em migalhas:** dos Annales à nova história. Tradução de Dulce Oliveira Amarante dos Santos. Bauru: Edusc, 2003.

[48] Dados oficiais apontam que analfabetismo, entre as décadas de 1960-1970, passava dos 80% da população, que não dominava a leitura e a escrita. De acordo com o Censo de 2010, essa situação se alterou bastante. Na atualidade, os índices de escolaridade, entre 6 e 14 anos, passam de 90%.

forma de preservar e conhecer as histórias da família, narrar versões dos acontecimentos do lugar, usando de um artifício muito comum que garante uma configuração de comunicação baseada na transmissão das informações do cotidiano, conhecido por todos do lugar como recado.

Sem dúvida, trato de um lugar e de um tempo onde as conversas e as histórias tinham maior força do que a leitura e a escrita. São estudantes oriundos do meio rural (sítio) e o bate-papo à boca da noite nas calçadas eram conduzidos pelos mais velhos que construíam narrativas fantásticas arranjadas a partir de elementos da realidade cotidiana, fomentada por misticismo religioso híbrido e pelas experiências de toda uma vida. Esses dois mundos estão tão imbrincados que não há como distinguir entre o que é razão e imaginação, ou seja, constitui a cultura da própria comunidade. Essas histórias (com sotaques e exclamações) têm o poder de alimentar a imaginação dos que as escutam, uma viagem a mundos extraordinários que despertam desejos e curiosidades em conhecer outros lugares.

Toda sociedade tem o encargo da transmissão entre gerações daquilo que considera bravuras e conquistas sociais do grupo. A contação de histórias, as cantorias, os ditados escolares, as chamadas de aritmética nos dias de sextas-feiras, são exercícios de memorização. O decorado é um exercício da memória ou uma memória exercitada. Nesse caso, a importância do uso pedagógico ganha força com a declinação da vida rural e das histórias dos avós. São práticas e gestos de exercícios da memória que viabilizam seu uso e, por sua vez, comportam possibilidades de abusos.[49] Ricoeur afirma que há duas possibilidades de abusos de memória: por excesso, que afeta a memória artificial, e por falta (esquecimento), que prejudica a memória natural. Conclui fazendo a defesa de uma justa memória, que não é manipulada pela autoridade ideológica, pois o abuso é capaz de ameaçar a busca da veracidade (jamais alcançará na sua integralidade) por meio da memória.

Quanto à Casa do Estudante, da mesma forma que em Santana dos Garrotes, a preservação documental também não é algo que pode ser mencionado como exemplo de cuidados com a memória, sendo que nenhum responsável (seja funcionário ou administração) sabe informar o paradeiro dos documentos,[50] o que evidencia um abuso de memória por esquecimento, ou a tentativa de silenciar as vozes do passado.

---

[49] RICOEUR, 2007.

[50] Há informações, ou melhor, boatos de que um dos diretores que conduziu a instituição na primeira década do século XXI mandou queimar a documentação existente, adotando como justificativa a falta de espaço físico para guardá-la. Como não há documento no arquivo da instituição e em nenhum outro lugar, o boato ganha contornos de verdade. Obviamente, as pessoas não se propõem a mencionar o nome do "diretor incendiário".

Não é fácil, entretanto, constatar que vasta documentação tenha sido criminosamente destruída de forma sorrateira, tendo em vista que se trata de um arquivo que dispunha de um acervo bastante diversificado, não somente do ponto de vista administrativo (com toda documentação pessoal, atestado de antecedentes criminais e comprovante de renda), mas também pelo fato de dispor de fichas e relatórios produzidos pelos setores de assistência social, psicologia e educação física que traçavam, com riqueza de detalhes, o perfil de desempenho físico e condições psicológicas de cada residente. Outro documento importante era o livro de recorte de jornais, no qual todas as notícias veiculadas a respeito da Casa, na imprensa, eram recortadas e coladas. Existia, ainda, um conjunto de fotografias que mantinha viva diferentes momentos de sua trajetória. O que resta, de fato, dessa documentação mais antiga é o livro de lançamentos da relação de matrículas dos associados da Casa (de 1950 à década de 1980) que foi preservado em bom estado de conservação, sendo possível identificar o nome completo do estudante, os nomes dos pais, a naturalidade, a escola que estudava, a série que se encontrava matriculado, além das diferentes modalidades de sócios que são apresentados como: pensionista, mensalista e agregado.

Calar o passado não é uma tarefa simples. A documentação oficial não existe mais, todavia, não conseguiram destruir o espaço físico da instituição: os sujeitos continuam lembrando e contando suas histórias por onde passam – basta debruçar sobre os livros de memórias de dois ex-residentes, ou pequenos textos publicados nas comemorações dos quatrocentos anos da cidade João Pessoa. Qualquer um que por ali passou, nem precisa adentrá-la para que as recordações e as lembranças de situações, de pessoas e dos momentos vividos reapareçam na memória. Por si, a instituição é um lugar de memória no seu conjunto, porém, há especificidades como as fotografias expostas em paredes ou guardadas em gavetas empoeiradas (também restaram poucas), os funcionários que, na sua maioria, ainda permanecem em suas funções há mais de três décadas. Todos esses elementos remetem ao passado e à própria trajetória da instituição e dos que por ali passaram.

A falta de documentos oficiais, em Santana dos Garrotes e na Casa do Estudante, entretanto, não impediu a curiosidade que, desde cedo, alimenta as reminiscências deste pesquisador, ou seja, não foi impedimento para que alternativas outras pudessem viabilizar esse estudo. O primeiro movimento foi pensar os estudantes como um grupo constituído por individualidades mnemônicas, porém, portadores de experiências diversas em virtude da própria condição de sujeitos que transitam por espaços dinâmicos de produção de conhecimento (escolas), de ambiente de ação política (a sobrevivência da Casa exigia essa postura), preparação para o vestibular (que não se dá somente dentro da Casa) e, principalmente, espaço de formação e socialização de cultura (que conduz o indivíduo a outros caminhos).

A segunda atitude de pesquisador em busca de testemunhos foi perceber esses estudantes como sujeitos, com uma trajetória que se apresenta permeada de contrastes geográficos, do interior ao litoral; diversidade de elementos educativos, não só as diferentes escolas, mas também com relação às formas de aprender utilizadas dento da Casa; divergências político-ideológicas (conservadores, militantes, conciliadores), que, em Santana, dividem-se entre situação e oposição, porém, ao chegar à CEP, as circunstâncias eram bastante díspares, porque havia os filhos de proprietários de terras, comerciantes, funcionários públicos, agricultores, entre outros. Foram inseridos, portanto, numa multiplicidade de lugares e espaços de atividades diversas e de interesses distintos. Mediante tamanha complexidade, era necessário acomodar, numa narrativa histórica, as configurações sociais e conceituais próprias do tempo (o período estudado) e dos lugares transitados pelos sujeitos da abordagem.

Diante do cenário que se apresenta, compreendi que era preciso ir além de simples visitas à Casa do Estudante, sentia a urgência de lançar novos olhares à instituição, conversar com pessoas (funcionários e os residentes que por ali passaram), ler os livros de memórias de ex-residentes, ouvir mais e confrontar todo arsenal de lembranças que carrego às outras representações, e assim o fiz. Imediatamente, uma enxurrada de falas queria contar suas experiências vivenciadas na Casa e em outros espaços transitados na época de estudante.

Se os abusos de memória ocorrem por esquecimento ou por excesso, penso que para suprir essa tentativa de silenciamento voluntário (no caso da residência) e involuntário (a tradição oral do interior), era imprescindível trabalhar com testemunhos da memória, por meio da produção de fontes orais, usando como artifício a realização de entrevistas gravadas. A ausência de uma política e de uma consciência de preservação da memória, assim como a escassez de documentos públicos e privados, levaram-me a propor o uso da história oral como modalidade principal (juntamente com os jornais) de fonte para esta investigação (sem desmerecer as demais). Foram, portanto, as particularidades do objeto – ausência de um arquivo preservado e, por outro lado, a disposição dos sujeitos em narrar suas experiências, que me conduziram às fontes orais, partindo do pressuposto de que "só a análise do documento enquanto monumento permite à memória coletiva recuperá-lo e ao historiador usá-lo cientificamente, isto é, com pleno conhecimento de causa"[51].

Se o esquecimento preocupa, o excesso de falas pode trazer maiores problemas em virtude das distorções, das experiências e dos fatos relatados. Uma peculiaridade desse objeto de pesquisa é que uma parte considerável mostrou-se disposta a falar, sendo atenciosos ao serem indagados sobre o passado. Tanto quando se refere ao lugar de suas origens familiar onde cada esquina diz algo a respeito de uma situação vivenciada, individual ou coletivamente, bem como sobre a CEP.

Nesse caso, está evidente a estreita relação mnemônica de afetividade dos ex-residentes com aquele lugar. Comumente atribuem um papel decisivo na formação da grande maioria (e a si próprio) dos que passaram por ali, como também na gênese da postura dos que se tornaram personalidades significativas na política, na cultura e na intelectualidade paraibana. Lembrando grandes nomes da política que deram partida às suas carreiras na militância estudantil ainda quando residentes da Casa. Os estudantes de Santana dos Garrotes (definidos como os sujeitos a serem inquiridos na pesquisa) estão à margem desse grupo proeminente, e é na condição de sujeito ordinário que se pretende problematizar a narrativa dominante nos livros de memória.

Foi preciso adentrar na seara dos sujeitos, dos lugares e da instituição para tomar decisões, fazer escolhas e definir que os estudos da memória e o uso de fontes orais são fundamentais para a construção teórico-metodológica deste estudo. Esse entendimento só foi alcançado após a identificação dos traços específicos do objeto (sujeitos, lugares, instituição) da pesquisa a partir do seu lugar social e institucional. Sendo assim, a memória torna-se matéria prima nas mãos desse artesão em seu ateliê. É preciso, no entanto, desprender-se de atitudes pretenciosas quando a construção da narrativa histórica tem como substância basilar a memória, pois esta não é um produto acabado (não é estática), mas um processo criador, uma reconstrução feita a partir de experiências passadas, jamais uma memorização direta do acontecido, sendo considerados elementos como a interpretação, a imaginação, novas informações acrescidas e a seleção de sentido ocorrida a partir do momento histórico do evocador.[52]

---

[51] LE GOFF, Jacques. **História e memória.** Tradução de Bernardo Leitão. 4. ed. Campinas: Editora Unicamp, 1996, p. 545.

[52] CANDAU, Joel. **Antropologia da memória.** Tradução de Miriam Lopes. Lisboa: Instituto Piaget, 2005.

Como chegar até essas memórias? Pode ser uma improvisação quaisquer, mediante conversas informais, ou respostas de e-mails bastam? Não foram esses caminhos que segui. Adotei a história oral como viabilizadora dessas fontes de memória. A história oral aqui é entendida como uma metodologia de pesquisa. Não cheguei a tais convicções por acaso, autores importantes auxiliaram-me para que eu tomasse o rumo por essas veredas. A primeira contribuição veio da leitura de Thompson[53] que manifesta uma preocupação social na preservação da memória para justificar o uso da história oral. Para ele, informações valiosas podem se perder com o informante, assim, a história oral ganha relevância como produtora de fontes.

A segunda contribuição faz ponderações no sentido dos cuidados que devemos tomar ao adotar essa metodologia, porquanto tratar da história dos vivos, o que deixa o pesquisador sob vigilância permanente, visto que este se encontra engajado nas experiências do momento estudado. Por isso, torna-se necessário "reconhecer que as subjetividades, as distorções dos depoimentos e a falta de veracidade a eles imputada podem ser encaradas de uma nova maneira, não como uma desqualificação, mas como uma fonte adicional para a pesquisa"[54]. Em vez de representar um ponto de contestação, portanto, os relatos orais passam a ser elementos de ampliação da interpretação histórica, embora não se bastem por si só.

E, por fim, a história oral não pode ser algo isolado, mas um conjunto de procedimentos que o pesquisador deve seguir em todas as etapas, sob pena de limitar-se a colher depoimentos sem qualquer significado. Esta pesquisa procurou acompanhar a orientação a seguir, assim anunciada:

> História oral é um conjunto de procedimentos que se inicia com a elaboração de um projeto e que continua com o estabelecimento de um grupo de pessoas a serem entrevistadas. O projeto prevê: planejamento da condução das gravações com definição de locais, tempo de duração e demais fatores ambientais; transcrição e estabelecimento de textos; conferência do produto escrito; autorização para o uso; arquivamento e, sempre que possível, a publicação dos resultados que devem, em primeiro lugar, voltar ao grupo que gerou as entrevistas[55].

---

[53] THOMPSON, Paul. **A voz do passado:** história oral. Tradução de Lólio Lourenço de Oliveira. 3. ed. Rio de Janeiro: Paz e Terra, 1992.

[54] FERREIRA, Marieta de Moraes. História oral e tempo presente. *In:* MEIHY, José Carlos Sebe Bom (org.). **(Re)Introduzindo a história oral.** São Paulo: Xamã, 1996, p. 16.

[55] MEIHY, José Carlos Sebe Bom; HOLANDA, Fabíola. **História oral:** como fazer, como pensar. 2. ed. São Paulo: Contexto, 2015, p. 15.

O que me interessa é a evidência do indivíduo inserido em suas experiências coletivas; por essa razão, entendo que a perspectiva da história oral temática torna-se relevante, pois propõe-se a compreensão do indivíduo inserido em um cenário que envolve lugares, sujeitos e representações[56], e não somente os relatos individualizados. O que torna um estudo dessa natureza importante é a possibilidade de "Conhecer as versões opostas, os detalhes menos revelados e até imaginar situações que mereçam ser questionadas é parte da preparação de roteiros investigados".[57]

Então, percebi que a palavra dita não pode ser tomada isoladamente do cenário social e cultural, pois o documento está inserido no contexto social. É necessário estar atento para as expressões, os gestos e os silêncios que, somente durante a gravação presencial, é passível de registro, uma vez que diferentes sentimentos não são expressos no material gravado e

> [...] muito do que é verbalizado ou integrado à oralidade, como gesto, lágrima, riso, silêncios, pausas, interjeições ou mesmo as expressões faciais – que na maioria das vezes não têm registros verbais garantidos em gravações –, pode integrar os discursos que devem ser trabalhados para dar dimensão física ao que foi expresso em uma entrevista de história oral.[58]

Nessa ocasião, o documento é tomado como monumento, ou seja, como resultado do esforço das sociedades para impor historicamente às gerações vindouras determinada imagem de si próprias (pode ser voluntário e involuntariamente). Em que pese as melhores intenções dos que se foram em deixar seus feitos com a maior fidedignidade possível, não existe um documento-verdade e as fontes orais não podem ser tomadas de forma diferente. Mais uma vez, cabe ao historiador/pesquisador não fazer papel de ingênuo, porque "um monumento é em primeiro lugar uma roupagem, uma aparência enganadora, uma montagem. É preciso começar por desmontar, demolir essa montagem, desestruturar essa construção e analisar as condições de produção dos documentos-monumentos".[59]

---

[56] Com a formulação desse conceito, em meados da década de 1980, traduzido para a língua portuguesa em 1988, Roger Chartier propunha um modelo de análise historiográfico que procura superar as duas formas explicativas que dominavam a história cultural: a *história das mentalidades* e a *história quantitativa*. As noções de *representação*, *práticas* e *apropriações* vislumbrava uma aproximação entre as duas vertentes aparentemente opostas, mas que, na verdade, eram peças da mesma engrenagem. Sua atenção voltava-se para "[...] os gestos e os comportamentos, e não apenas para as ideias e os discursos [...]". Nesse caso, as representações não eram tomadas "[...] como simples reflexos verdadeiros ou falsos da realidade, mas como entidades que vão construindo as próprias divisões do mundo social." (CHARTIER, 2016, p. 07).

[57] MEIHY; HOLANDA, 2015. p. 39.

[58] MEIHY; HOLANDA, 2015. p. 14.

[59] LE GOFF, 1996. p. 547-448.

Já instrumentalizado para lidar com a análise das fontes orais, logo entendi que não há verdade dada (como qualquer outro documento) e que não sou apenas um mediador neutro que colhe informações da documentação para descrever meu trabalho. A própria metodologia da história oral possibilita o conhecimento de realidades sociais distintas que, mediante histórias que se entrecruzam, trazem informações sobre o passado. São relatos inseridos em uma grande narrativa de história de vida.[60] O lugar de onde partem os pequenos relatos e condensam-se na grande narrativa é a cidade de Santana dos Garrotes; enquanto as instituições, a Casa do Estudante e as instituições escolares são os lugares de memória que alimentam as memórias dos indivíduos. E, assim, a falta de documento escrito não foi um obstáculo intransponível à construção desta narrativa historiográfica.

A entrevista de história oral (lembrando que a problematização do objeto passa por esse momento) exige um melhor esclarecimento, pois não se trata apenas de um depoimento jornalístico ou de um relato de experiências na qual o sujeito narra suas experiências mnemônicas aleatoriamente. O que a diferencia de outras modalidades de entrevistas é um conjunto de elementos que a constitui: sua inserção em um projeto de pesquisa, sua realização no tempo presente, o uso de aparelho eletrônico para gravar as falas, os colaboradores são pessoas vivas, colocadas em situação de diálogo e, por fim, apela à memória para narrar os fatos. É uma ocasião em que acontece uma relação dialógica, pois demanda a existência de pelo menos duas pessoas na cena, uma situação programada para as gravações. Os contatos premeditados com os indivíduos a serem entrevistados tornam-se imprescindíveis à elaboração da história oral. "Não se produz, contudo, história oral por vias indiretas, como por telefone ou Internet, por exemplo. O contato direto, de pessoa a pessoa, interfere de maneira absoluta nas formas de exposição das narrações".[61]

A escolha dos entrevistados ou colaboradores deu-se de maneira gradual, o grupo foi se ampliando à medida que as primeiras conversas foram acontecendo, de tal modo que novos personagens foram surgindo e a relação dos estudantes de Santana que haviam morado da Casa foi aumentando rapidamente. Numa investigação mais apurada, percebi que a totalidade dos estudantes poderia ser fracionada em contingentes mais específicos, porque nem todos poderiam colaborar com a pesquisa. Alguns

---

[60] ALBERTI, Verena. Possibilidades das fontes orais: um exemplo de pesquisa. **Revista Anos 90**, Porto Alegre, v. 15, n. 28, p. 78-98, dez. 2008.

[61] MEIHY, 2015. p. 19.

já falecidos; outros com perda de memória; uma parte considerável reside há muitos anos em outros estados e, de certa forma, perderam os laços com os familiares, sem qualquer possibilidade aparente de manter contato (a realização das entrevistas gravadas só é possível frente a frente) e, por fim, os que não se dispuseram a falar.

Esses segmentos compostos por falecidos, incapacitados e inacessíveis representam uma parcela considerável, entretanto, o fato de não os ter à disposição, não impossibilitou o desenvolvimento da pesquisa que contou com a contribuição dos que se dispuseram a falar. Isso significa que ainda havia um contingente apreciável a ser explorado nas entrevistas, todavia, como selecionar os ex-residentes que pudessem atender as demandas da pesquisa? Pelos próprios limites operacionais impostos pelos procedimentos da história oral (selecionar, gravar, transcrever, devolver, corrigir, textualizar, entre outros). Pude compreender que a quantidade de entrevistados não é o mais representativo em um trabalho desta natureza, mas a qualificação da amostragem, que deve levar em consideração a disposição dos entrevistados em falar, a distribuição dos sujeitos ao longo do período abordado (1963-1980), assim como enfatizar as variáveis do grupo (classe social, etnia racial, diferença de gerações, origem rural/urbana e outros).

Como mencionei, nem todos estão dispostos a colaborar. Sendo curioso, no entanto, o fato de que, nos primeiros contatos, todos pareciam dispostos a contribuir, trazendo informações e apontando alguns colegas da época que também poderiam cooperar com a pesquisa. Aprendi, porém, que a colaboração só acontece, de fato, quando a entrevista estiver gravada e a transcrição autorizada. Chegado o momento de marcar a entrevista, vieram muitas justificativas, pois eram os horários que não se adequavam, ou achavam por bem apontar um contemporâneo daqueles tempos, porque supostamente teria mais perfil para falar a respeito da CEP, entre outros empecilhos. Com essas questões definidas, ainda era preciso fazer a seleção dos colaboradores (sete entrevistados) que gravariam as entrevistas a serem usadas como fontes da pesquisa.

Não é imperativo que as entrevistas sejam realizadas obedecendo a uma ordem cronológica. O que define o ponto zero ou a primeira entrevista são as conversas com os sujeitos da trama, as leituras qualitativas que dão embasamento metodológico e o indivíduo que se mostra mais empenhado a trazer situações, histórias e nomes de pessoas que poderiam contribuir. A postura ideológica não foi determinante à escolha dos que seriam entrevistados, obviamente que foi importante como elemento constituinte das memórias dos sujeitos inqueridos e, portanto, passível da avaliação crítica, assim como qualquer posicionamento do entrevistado.

Os colaboradores foram entrevistados apenas uma vez. Segui um roteiro central,[62] mas com algumas variações que são inevitáveis em virtude do perfil de cada entrevistado e da própria dinâmica da pesquisa que levou a novos questionamentos, porque, a cada entrevista, surgem novos elementos, as leituras também são ampliadas e, até mesmo, o fluxo da memória que não para sua atividade, fazendo com que novas lembranças tragam à baila novos fatos. É uma pesquisa que acontece em um movimento permanente; falas que se cruzam, divergem e convergem; situações que são confirmadas com toda certeza, mas que já mostra incoerência quando confrontadas com a cronologia dos fatos da grande história. Esse dinamismo é previsto na elaboração do projeto e, em hipótese alguma, pode deixar de considerar o momento da construção da narrativa como parte essencial da operação historiográfica.

Recorri ainda aos jornais com o intuito de adentrar em outras fissuras do objeto, ou seja, pelos interditos, ou pelas zonas de silêncio que se evidenciam no diálogo entre as fontes memorialistas, as entrevistas e a própria historiografia do período, procurando me esquivar dos riscos de se buscar nos periódicos o que previamente queremos confirmar. Neste caso específico, o objetivo é colocar à mesa outra versão narrativa do movimento dos residentes, portanto, trata-se de confrontar o já dito, ou seja, não o tomar como verdade acabada. Sem esquecer que, assim como outras fontes, os jornais não são apenas veículos ingênuos, transmissores de informação imparcial e neutra, comumente funcionam como instrumentos de manipulação de interesses e com interferência na vida social.[63]

Além da importante possibilidade de confrontar diferentes versões discursivas, quando se trata da CEP, entretanto, a relação dos estudantes residentes era bastante aproximada com a imprensa, pois considerável parcela daquele cotidiano estudantil fora exibida nas páginas dos jornais

---

[62] Esse foi pensado e estruturado a partir de três momentos da vida desses estudantes: as experiências em Santana dos Garrotes, as práticas cotidianas no interior da Casa do Estudante da Paraíba e as vivências nos espaços escolares e urbanos de João Pessoa. Lembrando que, de maneira nenhuma, esses momentos foram tratados de forma estanques, sendo norteadores desse processo os elementos sensíveis à formação, tanto os passos da trajetória escolar e seus constituintes, como e, principalmente, as formas de aprendizagem percebidas e vivenciadas a partir da condição de morador da CEP.

[63] LUCA, Tania Regina de. História dos, nos e por meio dos periódicos. *In:* PINSKY, Carla Bassanesi (org.). **Fontes históricas.** 3. ed. São Paulo: Contexto, 2011.

"A União", "O Norte" e "Correio da Paraíba", especialmente as décadas de 1960, 1970 e 1980.[64] Em seus relatos, os ex-residentes deixam manifesto que essa relação intensificava-se nos momentos de crises financeiras, na evidência das dificuldades estruturais, no permanente estado de tensão que os colava em situações de conflitos e a constante relação com os órgãos governamentais em busca de verbas.

Sendo assim, as conversas com os entrevistados foram determinantes para que esses periódicos fossem investigados. No Arquivo do Instituto Histórico e Geográfico da Paraíba (IHGP) encontrei um acervo organizado, onde os jornais encontram-se encadernados e com profissional acessibilidade para os pesquisadores que necessitem consultá-los. Munido dos equipamentos adequados para manuseá-los (máscaras e luvas), fiz o levantamento de todos os artigos que mencionavam a CEP, que devidamente fotografados e, posteriormente, pude fazer a devida avaliação, o confronto com as demais fontes, o recorte de citações e, finalmente, dispondo à construção desta narrativa historiográfica.

Provido desse cabedal conceitual, procuro direcionar este estudo a descortinar os traços da cultura (aquilo que trata do simbólico) sem abrir mão dos rigores da crítica dos testemunhos, que também não são inocentes, assim como em outros domínios da história, a crítica documental é quem define o método histórico.[65] Esse alerta permite ao historiador da educação não perder de vista o questionamento de suas fontes e, mesmo trabalhando com a fluidez dos relatos de memória, é possível construir uma operação historiográfica que disponha de verdades.

1.3 UM OBJETO DE ESTUDO EM HISTÓRIA DA EDUCAÇÃO

A definição desta proposta de estudo transita por esses labirintos narrados até aqui. Certamente, as condições social, intelectual e profissional conduziram-me ao interesse em abordar os caminhos e descaminhos de um grupo de santanenses que tem trajetória similar a minha, notadamente: as influências da Casa estudantil na condução de nossos estudos. O empenho na investigação desses rastros levou-me a constatação de que

---

[64] Ao longo da pesquisa, senti a necessidade de retroceder na temporalidade histórica para investigar os antecedentes históricos da CEP, especialmente, o momento de sua criação e a década de 1950, em que a instituição teve notoriedade nos jornais. Nesse intervalo de tempo, a pesquisa foi realizada apenas no Jornal A União, em virtude da falta de cobertura nos outros periódicos citados.

[65] HUNT, Lynn. **A nova história cultural.** Tradução de Jefferson Luiz Camargo. 2. ed. São Paulo: Martins Fontes, 2001.

as fontes orais e os jornais seriam as melhores alternativas de acesso às memórias do grupo, porém, não eram as únicas. Mesmo não tendo uma organização espaço-temporal, outros fragmentos de memória também foram significativos para a formulação deste trabalho, especialmente, os livros de memória que me permitiram compreender o momento de construção de uma narrativa positiva (uma espécie de discurso de fundação) sobre a CEP.

Na delimitação do recorte temporal, considerei as especificidades do objeto, evitando, desse modo, os grandes marcos adotados pela historiografia hegemônica (acadêmica), pelos livros didáticos e pelo discurso oficial. A convenção temporal da pesquisa, entretanto, não impossibilitou que se tragam situações anteriores e posteriores, desde que sejam no sentido de fortalecer ou esclarecer os meus argumentos. Sendo assim, essa história tem como delimitação inicial o ano de 1963. Não seguindo os marcos tradicionais, defini, a partir dos relatos de memória de Baraúna,[66] primeiro santanense a morar na CEP, que pude traçar as linhas de construção desta narrativa, compreender a estrutura administrativa da Casa no começo dos anos de 1960 (algo bem diferente do que presenciei trinta anos depois) e compreender cenários do cotidiano da cidade de João Pessoa, nos tempos em que, no seu entendimento, a cidade resumia-se ao centro. Também importa o fato de Baraúna ser um personagem que se encontra em boas condições de saúde e disponibilidade para contar suas experiências.

Na verdade, até 1962, Santana dos Garrotes era distrito de Piancó, tornando aqueles que ali nasciam naturais de Piancó. Nessa condição de piancoense, mas nascidos em território do distrito santanense, identifiquei como residente mensalista efetivo da CEP: Nivan Bezerra da Costa (residente em 1951-1952), Oscar Nicolau (por volta de 1954-1955) e José Paulo Meira (por volta de 1958-1961), enquanto que, na condição de pensionista

---

[66] Todos os entrevistados permitiram uso de seus nomes, sem a necessidade de codinomes, de letras do alfabeto, de ordem numérica etc. Pensei inicialmente em trá-los como autores, entretanto, investigando os trabalhos que utilizam relatos de memória sob a forma de entrevista, percebi que a impessoalidade e o anonimato dos entrevistados é unanimidade, tendo como argumento mais frequente não colocar os personagens em condição de julgados ou julgadores e, assim, indispondo-os a dissabores e constrangimentos perante familiares, amigos, comunidade etc. Diante de tal constatação, tomei as iniciais do nome como uma possibilidade de identificação. Percebi, todavia, que esse mecanismo causava apenas um anonimato aparente, uma vez que são indivíduos oriundos de lugar muito pequeno, onde nomes, sobrenomes e apelidos das pessoas é do conhecimento de todos. Nessas condições, adotei cognomes de plantas arbóreas da vegetação da região. São denominações que podem estar associadas a diferentes elementos, tais como: nome da comunidade/sítio de origem ou da abundância da mesma na localidade, perfil do entrevistado associado às características da planta, um episódio que relacione o indivíduo com o arbóreo etc.

(apenas se alimentavam), foram os irmãos Clementino Teotônio, Wilson Teotônio e José Wilson Teotônio (segunda metade da década de 1950). As informações sobre a década de 1950 são raras e imprecisas, pois Nivan é o único que tem o seu nome mencionado no livro de registro de residentes da CEP (também o único documento preservado pela instituição). Oscar foi mencionado por entrevistados e em conversas informais com alguns pensionistas que conviveram na mesma época, porém, desde lá, que não mantém contatos com a cidade ou com os parentes.

A condição de residente de Zé Paulo foi apontada por um amigo da família que morou na CEP na mesma época, ou seja, nem mesmo a família mais próxima (esposa e filho) tinha conhecimento desse momento de sua vida estudantil. Meira tinha formação em Letras (sua área de vocação) e em Odontologia (profissão exercida nas horas vagas). Na sua trajetória estudantil, destacou-se como o primeiro diretor do Restaurante Universitário (RU), da Universidade Federal da Paraíba (UFPB), em 1962. Na época, o RU funcionava onde hoje é o Cassino da Lagoa (restaurante localizado no Parque Solon de Lucena, centro de João Pessoa) e seu representante administrativo era escolhido pelos próprios estudantes, e não nomeado pelo reitor, como é na atualidade. O professor Zé Paulo vai se destacar profissionalmente como diretor do Liceu Paraibano (início da década de 1980). Infelizmente, Dr. Zé Paulo, como é mais conhecido aqui em João Pessoa, não teve condições de saúde para gravar entrevistas, ele encontrava-se com uma doença degenerativa da memória (Alzheimer), inclusive vindo a falecer em 2017.

Quero lembrar, todavia, que em suas afirmações, Rémond[67] assegura que ninguém pode ser tomado como um começo. Bloch[68], por sua vez, alertou para os perigos da busca das origens pelo historiador, o que levaria ao empobrecimento da história, sob pena de ser tentado à descrição cronológica dos fatos por meio de causas e efeitos. Nesse sentido, não foi simplesmente identificando o primeiro residente santanense da CEP que teria resolvido todos os problemas temporais da pesquisa, mesmo porque procurei esclarecer que o primeiro não é bem o que antes de qualquer um nascido do território de Santana, mas o primeiro em condições de falar, na condição de natural do município emancipado e, acima de tudo, foi a partir dessa geração da década de 1960 que os estudantes passaram a dis-

---

[67] RÉMOND, René. O contemporâneo do contemporâneo. *In*: NORA, Pierre (org.). **Ensaios de ego-história.** Tradução de Ana Cristina Cunha. Lisboa: Edições 70, 1989. p. 287-341.
[68] BLOCH, 2001.

seminar a existência da CEP em Santana e a incentivar a vinda de outros conterrâneos. Até então, é possível que, sequer, a população tivesse ouvido falar em tal instituição.

O estudo estende-se até 1980, ano em que a instituição foi praticamente demolida pelo Governo do Estado para a execução de uma reforma que lhe garantiu uma nova estrutura física, contendo 48 quartos (cada quarto comportando dois residentes, ou seja, reduzindo a uma totalidade de 96 residentes), com área destinada ao setor administrativo (sala da direção, consultório odontológico, setor de assistência social e psicologia, refeitório, sala de televisão, biblioteca) e quadra esportiva. Essas consideráveis melhorias foram acompanhadas pelo controle do Estado que reassumiu a administração da instituição, retirando a autonomia dos estudantes que a conduziam desde o final da década de 1940. Tais transformações foram acompanhadas ainda pela elaboração de novos instrumentos normativos (Estatuto e Regimento Interno) que passaram a regulamentar as regras de controle e da convivência da coletividade.

As regras acadêmicas e o metier do historiador, no entanto, impõem-nos escolhas em que alguns elementos são aceitos e outros não. Portanto, o recorte temporal é sempre resultado de um olhar muito particular do pesquisador que, ao tomar a atitude de selecionar, inclui e exclui simultaneamente. A escolha da chegada do primeiro estudante de Santana à Casa do Estudante como marco inicial obedece a critérios teóricos e metodológicos que vão além simplesmente da busca por uma origem explicativa. Essa definição periódica passa pela suposta constituição de uma memória que está atrelada a lugares, sujeitos, falas e trajetórias que influenciaram nos caminhos desses jovens.

Assim como as datas anteriormente apresentadas não são inspiradas nos acontecimentos da grande história brasileira ou paraibana, também não leva em consideração a história cronológica da Casa do Estudante, pois foi fundada em 1937 e funciona até os dias atuais; mais, ainda, não representa marcos da história da educação brasileira que tem priorizado aspectos da legislação, história das instituições e medidas dos governantes voltadas à educação. Afinal, quais elementos foram levados em consideração ao definir os limites da pesquisa, uma vez que não se trata de aspectos mais generalizados da abrangência do objeto?

Em primeiro lugar, é importante dizer que é mais uma escolha que tomo como pesquisador e que outras podem certamente considerar referenciais distintos. Não se pode compreendê-la, no entanto, sem acompanhar o texto em construção, porque foi a partir de uma inserção nos ambientes de pesquisa – lugares, sujeitos e instituições – que as decisões foram sendo tomadas, inclusive, os limites temporais. Vale salientar que o recorte temporal foi reduzido em mais de uma década, pois a proposta inicial era prolongar a pesquisa até 1994, ano em que deixei de ser residente na Casa. Contudo, reconsiderei em virtude de possível superficialização na apreciação da documentação fadada a generalizações e a reprodução dos relatos dos entrevistados e das próprias narrativas memorialistas. Demandava, ainda, o aumento de tempo para a realização da pesquisa, já que seria necessário entrevistar mais indivíduos (correspondente às décadas de 1980 e 1990). Por fim, a necessidade em dispor de maior empenho na análise do conteúdo das entrevistas, visando perceber suas descontinuidades e permanências, coerências e ambiguidades, contextualizações e particularidades.

O objeto tem suas especificidades, portanto, ele se movimenta no interior de um lugar com feições social, cultural e institucional, com uma dinâmica própria, ou seja, não escapa às imposições e às estratégias desse lugar, mas que algumas situações fogem do padrão instituído para mostrar sua aparência por meio de táticas instigadoras de posturas adversas à normalidade da história visível. De forma que uma avaliação ou compreensão mais apressada desse estudo poderia nos conduzir a uma descrição geral da história da instituição, sua relação com o chamado contexto histórico nacional e estadual e a tentativa de colocar em evidência os personagens que se destacaram cultural e socialmente na condição de ex-residentes ilustres. Essa tem sido a representação mais propalada a respeito da CEP, tanto pelos memorialistas que escreveram suas recordações quanto pelos demais residentes (ou ao menos em sua ampla maioria) que se apropriam e a reproduz como narrativa verdadeira, ou a história única e inquestionável da Casa do Estudante.

A periodização procura adentrar nos caminhos específicos do objeto, mas não impede de tecer considerações a respeito do cenário histórico e cultural do período que, diga-se de passagem, fora bastante inquieto. Entre a emersão de João Goulart ao poder, em 1961, e a implantação da Lei da Anistia, em 1979, a história do Brasil vivenciou momentos de permanente instabilidade política, dificuldades econômicas e precariedade do sistema educacional que contribuíram para a redefinição de práticas sociais e valores culturais. São momentos de um percurso – o Golpe de 1964, a Ditadura Militar (imposto em 1964) e a luta pela redemocratização (iniciada em fins dos anos de 1970 e início da década de 1980) – que se relacionam intensamente, mas apresenta consideráveis variações nas ações e no comportamento das pessoas.[69]

De maneira que não se pode compreender a ditadura militar sem estabelecer as devidas relações com esse princípio da retomada democrática. É notório que há rupturas e continuidades desse decurso (próprio do movimento da história); não sendo a mudança entendida como algo absoluto, mas como uma transição lenta e conduzida; permanecendo elementos do momento em decadência naquele que emerge como novo. No caso específico da retomada democrática, a transformação será menos impactante possível, de modo que os resquícios da ditadura demoram a ser dissipados.[70]

O itinerário percorrido pelo sujeito começa a vir à tona no instante em que são colocados a rememorar; dessa forma, as teias do esquecimento começam a serem vasculhadas e as recordações chegam em retalhos, não se apresentando numa sequência cronológica e linear. Sendo assim, a descrição dos fatos não estão bem organizadas e com clareza de detalhes. O ato de reportar ao passado é cheio de nuances em que o percurso relembrado – a infância no interior com a família, em um cotidiano com características rurais, as experiências na Casa do Estudante como espaço de moradia e ambiente de estudos preparatórios para o vestibular, as instituições escolares onde cursam o 2º grau – apresenta-se cheio de significados e representações diversas.

Uma parcela considerável desses estudantes deu sequência aos estudos, fazendo o curso superior em instituições públicas de ensino, tais como a Universidade Federal da Paraíba (UFPB) e a Universidade Estadual da Paraíba (UEPB). Por outro lado, deve-se ressaltar que muitos desistiram dos estudos, voltando para o interior, outros permaneceram na capital apenas trabalhando ou migraram para outras cidades, além dos infortúnios da vida (falecimento, envolvimento com drogas, alcoolismo etc.). Não é fácil dimensionar um número preciso dos que não seguiram para uma

---

[69] O professor Carlos Fico (2016) traz uma abordagem bastante elucidativa a respeito do período da Ditadura Militar no Brasil. Problematiza as estratégias que o governo repressor adotou, elenca o uso de diferentes mecanismos de convencimento da população (promessas de crescimento econômico e combate a corrupção), expõe as ações de violência pautadas pelos órgãos de segurança que cuidavam da vigilância, violação e castigo da sociedade, todo esse aparato conduzido e disseminado por uma maciça propaganda ufanista. Mostra, ainda, a construção de uma teia de resistência e combate às arbitrariedades do regime constituídas pelo movimento estudantil, grupos políticos de esquerda e setores das artes e da cultura. Arremata, alertando para a disputa da memória (executores e apoiadores do regime X atores sociais da resistência) que se torna prisioneira de muitas polêmicas no presente.
[70] NUNES, Paulo Giovani A. **O Partido dos Trabalhadores e a política na Paraíba:** construção e trajetória do partido no estado. João Pessoa: Sal da Terra, 2004.

universidade, contudo, nas entrevistas, é comum a frase: muitos desistiram, e, assim, apontam para aspectos e situações como a saudade da família, a inadaptação aos hábitos de vida da cidade grande, a falta de bom desempenho nos estudos, a pouca determinação e, principalmente, a ausência de condições econômicas como possíveis condicionantes. O mais importante para este estudo, entretanto, não são somente as trajetórias de sucesso, mas as experiências coletivas configuradas a partir dos diferentes vivenciados no cotidiano da CEP. Ter essa postura requer uma investigação que se permita ir além do que está posto pelos relatos mnemônicos.

Afora os condicionantes históricos e as especificidades do objeto de estudo, neste caso, é preciso levar em consideração o a posteriori, pois a fonte oral é constituída depois do acontecimento e, portanto, incorpora tudo que foi dito e escrito no intervalo que separa o pesquisador do fato interrogado. O indivíduo:

> Pode resgatar lembranças involuntariamente equivocadas, lembranças transformadas em função dos acontecimentos posteriores, lembranças sobrepostas, lembranças transformadas deliberadamente para 'coincidir' com o que é pensado muitos anos mais tarde, lembranças transformadas simplesmente para justificar posições e atitudes posteriores.[71]

Nesse vai e vem do caminhar dos sujeitos e dos fatos da história, nada é estanque. São, na verdade, movimentos que acontecem em diferentes situações do tempo (décadas de 1960 e 1970) e do espaço (Santana dos Garrotes, João Pessoa, Casa do Estudante, instituições escolares etc.), mas que se relacionam por meio da memória daqueles (os estudantes) que transitaram por esses espaços. Não é diferente quando se trata dos acontecimentos da macro história (na instância de Brasil) e sua relação com o micro que são as experiências vivenciadas pelos indivíduos que constituem a teia dessa história.

Ao levar em consideração as experiências cotidianas dos sujeitos em diferentes momentos de suas vidas, assim como a relação com os espaços transitados, compreendo como fundamental analisar esse objeto de estudo, também, a partir da concepção conceitual da educação informal, sendo esta entendida como "um processo, que dura a vida inteira, em que as pessoas adquirem e acumulam conhecimentos, habilidades, atitudes e modos de discernimento por meio das experiências diárias e de sua relação com o

---

[71] BECKER, Jean-Jacques. O handicap do aposteriori. *In:* AMADO, Janaina; FERREIRA, Marieta (org.). **Usos e abusos da história oral.** 8. ed. Rio de Janeiro: Editora FGV, 2006. p. 28.

meio"[72]. O autor não deixa de assumir uma argumentação em favor da distinção das modalidades de educação formal e informal. A delimitação da fronteira entre ambas é estabelecida por meio do:

> Critério de diferenciação e de especificidade da função ou do processo educacional. Ou seja, estaríamos diante de um caso de educação informal quando o processo educacional ocorre indiferenciada e subordinadamente a outros processos sociais, quando aquele está indissociavelmente mesclado a outras realidades culturais, quando não emerge como algo diferente e predominante no curso geral da ação em que o processo se verifica, quando é imanente a outros propósitos, quando carece de um contorno nítido, quando se dá de maneira difusa (que é outra denominação da educação informal). [73]

Enquanto que a educação formal seria a escolar, e a não escolar, a não formal (intencional, especifica, diferenciada etc.). No que se refere à educação escolar (formal), uma série de determinações a caracterizam, tais como: forma coletiva e presencial de ensino e aprendizagem, um espaço próprio, definição de tempos predeterminados, papeis distintos e complementares entre professor/alunos, seleção de conteúdos na forma de currículo, a aprendizagem ocorre fora dos ambientes naturais de sua produção e aplicação. Por outro lado, a educação não escolar (não formal) é aquela que tem um lugar mediante procedimentos ou instâncias que rompem com alguma ou algumas dessas determinações que caracterizam a escola, tais como: o conjunto de processos, meios e instituições especifica e diferenciadamente concebidos em função de objetivos explícitos de formação ou instrução não diretamente voltados à outorga dos graus próprios do sistema educacional regrado, ou seja, está submetida a critérios e regras institucionais, seu processo é metodicamente conduzido e segue um planejamento previamente elaborado.[74]

Não tive dificuldades em compreender que esse objeto de estudo está inserido na linha de pesquisa de História da Educação, por tratar de estudantes, de instituições educacionais (formal e não formal) e de vida estudantil. Não é apenas pelo fato de certos temas e suas formas de abordagem permearem esta investigação que ela se constitui como história da

---

[72] TRILLA, Jaume; GANHEM, Elie; ARANTES, Valéria Amorim (org.). **Educação formal e não-formal:** pontos e contrapontos. São Paulo: Summus, 2008, p. 33.

[73] TRILLA; GANHEM, 2008. p. 37.

[74] TRILLA; GANHEM, 2008. p. 33.

educação, mas também por uma série de elementos que o define enquanto prática historiográfica, tratamento das fontes e sua problematização, a formação de uma mentalidade histórica, a atitude do historiador da educação e a constituição de um público leitor.[75]

As pesquisas, no campo da história da educação, têm sido majoritariamente voltadas a temas como instituições escolares, legislação, instrução, carreira docente, militância estudantil. O migalhamento da história, como bem trata Dosse,[76] teve seus impactos nesse campo que proporcionou a ampliação de seu universo de pesquisa. A abordagem de temas já consolidados ou tradicionais foi cedendo espaço para estudos biográficos, história de vida de educadoras/educadores e intelectuais, livro didático, entre outros. O alargamento das fontes de pesquisa é outro aspecto relevante e se estende à oralidade, à imprensa e aos objetos da cultura material e imaterial. Nessa perspectiva, as pesquisas que tratam de estudantes como tema principal ainda são incipientes. Basta observar alguns trabalhos como de Faria Filho[77] e Vidal[78], Araújo[79], Alves[80], autores que fizeram o levantamento da produção historiográfica em História da Educação (são trabalhos de abrangência nacional e regional), para constatar essa afirmação.

Não me contentando com o levantamento feito por esses autores, decidi adentrar nos sites[81] dos Programas de Pós Graduação em Educação da Universidade Estadual de Campinas (Unicamp), da Universidade de São Paulo (USP), da Universidade Federal de Minas Gerais (UFMG) e da Universidade Federal da Paraíba (UFPB). No Programa de Pós Graduação – PPGE/UFPB, como anuncia a professora Vivian Galdino Andrade em

---

[75] FARIA FILHO, Luciano Mendes de; VIDAL, Diana Gonçalves. **As lentes da história:** um estudo de história e historiografia de história da educação no Brasil. Campinas: Autores Associados, 2005.

[76] DOSSE, 2003.

[77] FARIA FILHO; VIDAL, 2005.

[78] VIDAL, Diana Gonçalves. Cultura e prática escolares: uma reflexão sobre documentos e arquivos escolares. *In:* SOUZA, Rosa de Fátima de; VALDEMARIM, Vera Teresa (org.). **A cultura escolar em debate:** questões conceituais, metodológicas e desafios para a pesquisa. Campinas: Autores Associados, 2005.

[79] ARAÚJO, Marta Maria de. A produção em história da educação nas regiões Nordeste e Norte: o estado do conhecimento. *In:* GONDRA, José Gonçalves (org.). **Pesquisa em história da educação no Brasil.** Rio de Janeiro: DP&A Editora, 2005.

[80] ALVES, Eva Maria Siqueira. O estado da arte da pesquisa em história da educação nas regiões Norte e Nordeste (2011-2013). *In:* GOMES, Alfredo; LEAL, Telma Ferraz (org.). Encontro de Pesquisa Educacional do Norte e Nordeste – EPENN, 21., 2013, Recife. **Anais** [...]. Recife: Centro de Educação/Universidade Federal de Pernambuco, 2013. Disponível em: http://www.epenn2013.com.br/Encomendados/GT02_TE_Eva_Alves_ESTADO_DA_ARTE_DA_PESQUISA_EM_HISTÓRIA_DA_EDUCAÇÃO_NAS_REGIÕES. pdf. **Acesso em:** 22 maio 2015.

[81] Não tive como me aprofundar na análise do conteúdo dessa produção, avaliando apenas os títulos e os resumos dos trabalhos.

seu levantamento da produção discente,[82] as investigações sobre as institui-ções escolares primárias e secundárias são amplas e diversificadas (carece de estudos sobre instituições de ensino profissional e ensino superior), contudo, encontrei somente um trabalho sobre instituição não escolar ou educação não formal: trata-se da dissertação *A comunidade Doce M*ãe de *Deus e sua contribuição para a educação formal e a educação não-formal,* por Maria Celene Almeida Leal,[83] sob a orientação do Prof. Dr. Wojciech Andrzej Kulesza. Nas demais universidades mencionadas, foi possível identificar algumas teses e dissertações a respeito do movimento estudantil engajado, com destaque para a tese de doutoramento (atualmente publicada em livro) do historiador da educação José Luís Sanfelice[84] referente ao movimento estudantil e à resistência da União Nacional dos Estudantes (UNE). Um dos aspectos a ser ressaltado é que a maioria dos trabalhos foi escrita por historiadores.

Mediante o pouco interesse do campo em temáticas como moradia estudantil e, até mesmo, educação informal, há de se questionar: qual a importância de uma pesquisa que se dispõe a investigar uma instituição de moradia estudantil para a história da educação no geral e da Paraíba, em particular? Acrescento ainda: qual a relevância dessa instituição na formação dos estudantes residentes e, portanto, de sua contribuição social e cultural?

No meu entendimento, um trabalho desta natureza torna-se funda-mental, não apenas pelo fato de temáticas como moradia estudantil e edu-cação informal não terem atraído a atenção dos historiadores da educação, mas, principalmente, por trazerem ao campo mais uma possibilidade de investigação (no que se refere à moradia estudantil), como também darem maior dimensão ao que acontece em outros espaços de formação que estão além ou aquém da escola e que, certamente, podem dialogar dialeticamente, complementarem-se de forma mútua (no caso da CEP essa interação com as escolas é bastante evidente) e, notadamente, direcionar novos olhares para o que acontece em outros espaços, de forma planejada ou mediante total informalidade.

---

[82] Os resultados parciais dessa pesquisa foram apresentados no Seminário do PPGE, em 03 de outubro de 2016, onde se discutiu a dimensão da temática *instituições escolares* na produção da linha de História da Educação do Programa. O texto, agora acabado (2017), ainda não foi publicado, sendo assim, contei com a boa vontade da professora para ter acesso a ele.

[83] LEAL, Maria Celene Almeida. **A comunidade doce mãe de deus e sua contribuição para a educação formal e a educação não-formal.** 2007. Dissertação (Mestrado em Educação) – Universidade Federal da Paraíba, João Pessoa, 2007. Digitalizada.

[84] SANFELICE, José Luís. **Movimento estudantil**: a UNE na resistência do Golpe de 64. São Paulo: Alínea, 1986.

Uma pesquisa, portanto, que tem como cerne de sua avaliação a identificação de práticas informais no interior de uma instituição que não se propõe, mas que pratica formação, certamente vislumbra a educação com feições bastante abrangentes, sendo assim, compreendida como um constructo humano instituído por comportamentos e valores, práticas e atitudes. Nesse caso, como anuncia Magalhães,[85] acima de tudo, trata-se de uma hermenêutica, de uma averiguação apurada e de uma construção de sentido (pensar, dizer, fazer e construir), culminado com a interação de elementos humanos, sociais, culturais (símbolos, imagens, códigos, hábitos etc.). De tal modo, é necessário considerar que "os fatores agregativos respeitam a uma multiplicidade de atividades e de olhares; trata-se de associações multissetoriais que delimitam um horizonte, dão significado a uma visão de mundo e constituem fator de identidade"[86].

Se até recentemente os pesquisadores da educação (educadores e historiadores da educação) não se mostraram interessados na educação não formal e informal, porque seus esforços estavam concentrados no interior dos muros da escola,[87] este estudo aqui apresentado torna-se mais intrigante ainda por não se tratar de uma instituição que atua com um planejamento formal, organizada e sistematizada para a aprendizagem (A exemplo do Projeto Escola Zé Peão[88] do Centro de Educação da UFPB). Diante dessas considerações, afirmo que a Casa do Estudante da Paraíba exerce uma função significativa na formação do indivíduo residente, pois mesmo não dispondo dos instrumentos pedagógicos convencionais (Projeto pedagógico, estrutura curricular e sistema de avaliação etc.) e não tendo a aprendizagem – mas sim a moradia – como objetivo prioritário. A partir dessa compreensão, assumo como desafio identificar os elementos formativos que influenciaram na trajetória dos sujeitos que ali residiram, tendo como foco central apontar quais as feições dessa formação e como ela acontece no âmbito de uma instituição educativa promotora de educação informal.

---

[85] MAGALHÃES, Justino Pereira de. **Tecendo nexos:** história das instituições educativas. Bragança Paulista: Editora Universitária São Francisco, 2004.

[86] MAGALHÃES, 2004, p. 53.

[87] GOHN, Maria da Glória. **Educação não formal e cultura política**: impactos sobre o associatismo do terceiro setor. 5. ed. São Paulo: Cortez, 2011.

[88] "Criado em 1990, PEZP caracteriza-se como um projeto de extensão desenvolvido através de uma parceria entre a UFPB e o Sindicato dos Trabalhadores da Indústria da Construção e Mobiliário de João Pessoa/PB – SINTRICOM. Como proposta educativa visa a contribuir com a alfabetização e a elevação da escolaridade do aluno trabalhador, utilizando próprio o local de trabalho (Canteiros de obra) como espaço para o desenvolvimento das atividades pedagógicas." (SANTOS, 2012, p. 24).

Não se trata do estudante engajado no movimento estudantil, mas de um estudante em movimento,[89] no sentido de deslocamento territorial, o qual se encontra na arena das operações com objetivos a serem perseguidos, da ação de sujeitos ordinários que deixam suas impressões como táticas, ou uso e situações dado a ler[90]. É esse estudante, carente de tratamento mais apurado no campo da história da educação, que precisa ser mais bem investigado e chamado à história. Há de se reconhecer que, naquele momento da história brasileira, décadas de 1960-1970, uma massa considerável de estudantes encontrava-se nas ruas, lutando por uma pauta de reivindicações que incluía não apenas a liberdade política e de expressão, mas também questões que estavam relacionadas à sua própria formação educacional, como a remuneração dos professores, a qualidade do ensino público, o preço do transporte e, até mesmo, por moradia.

E quem assegura que a luta estava apenas nas ruas? A resistência também pode ser silenciosa, no interior das instituições de educação formal e não formal. Será que os embates eram todos no sentido de enfrentar as forças repressivas aparadas pelo Estado ditatorial? Certamente, não. Penso que, apesar de também estar inserida nesse contexto, a Casa do Estudante da Paraíba caracteriza-se por meio dos seus sujeitos como uma instituição de traço particular, especialmente pelo fato da maioria de seus residentes estarem mais preocupados com a sobrevivência dos que ali moravam e, por conseguinte, da própria CEP. Tal constatação não permite afirmar que inexistia residente engajado na resistência ao regime militar, entretanto, os relatos mostraram-me que se tratava mais de intenções ou exemplos esparsos do que de uma participação efetiva.

Tomar a CEP como um espaço de subversão estudantil, a partir dos relatos de memória, é desconsiderar que, ao relatar sua trajetória, o indivíduo tenta construir uma biografia, o que nos conduz irresistivelmente à pulsão narcísica socialmente reforçada. Por traz do nome próprio, existe uma identidade social constante e durável que garante a identidade do indivíduo em todos os campos possíveis, em todas as suas histórias de vida possíveis. A essa imagem, ele não quer associar ações ou atitudes do passado que possam colocá-lo na condição coadjuvante da história no presente.[91]

---

[89] A utilização dessa expressão tem o propósito de ampliar a temática estudante, destacando, assim, não somente o estudante engajado no movimento estudantil organizado, mas quero me referir a todos os estudantes que, de uma maneira ou de outra, movimentam-se em busca de uma formação que envolveu a vinda para João Pessoa, a moradia da CEP, as escolas por eles frequentadas e a relação com os espaços públicos transitados.

[90] CERTEAU, 2014.

[91] BOURDIEU, Pierre. A ilusão biográfica. *In*: AMADO, Janaina; FERREIRA, Marieta (org.). **Usos e abusos da história oral**. 8. ed. Rio de Janeiro: Editora FGV, 2006.

É relevante, entretanto, perceber a instituição como agente histórico e cultural na formação de jovens estudantes, mas, principalmente, como elemento constitutivo da própria cultura histórica do lugar e de uma época. Como a Casa do Estudante propõe-se a atender um segmento da sociedade no processo de formação educacional, o estudo da memória social deve ser considerado como um dos meios fundamentais de abordar os problemas do tempo e da história, pois, relativamente, a memória está ora em retraimento, ora em transbordamento.[92]

No caso específico, posso assegurar que há um transbordamento de memória, pois a instituição alimenta-se de instrumentos (conversas com funcionários, orientação dos gestores etc.) que possibilitam a cada geração de residentes o acesso a um passado glorioso, sugerindo que todos devem buscar inspiração nos exemplos bem sucedidos. No processo de realização das entrevistas, esse excesso de memórias (mesmo considerando a escassez da documentação) transparece na euforia dos relatos dos sujeitos em suas experiências na Casa.

Ser do interior do estado, seguir os estudos, enfrentar a falta de recursos financeiros, as deficiências da escola pública (onde a maioria realizou seus estudos) e chegar à universidade, nem sempre tem sido uma tarefa fácil para filhos de famílias humildes (até mesmo para os mais abastados), seja no interior ou na capital. Em Santana, o estudante tinha que dividir o seu tempo entre a sala de aula, estudar em casa para a prova, o deslocamento da zona rural até a escola e as atividades do cotidiano rural de um filho de agricultor. Em João Pessoa, a maioria também estudou em instituições públicas.

Até o momento da reforma realizada a partir de 1980, era permitido morar na CEP e estudar em escolas privadas, geralmente acontecia quando se tinha emprego e podia pagar a mensalidade (da Casa e da escola), ou, principalmente, quando não se obtinha uma vaga no Liceu Paraibano. Contudo, entre os santanenses entrevistados, apenas Manga estudou em escola privada. Com a reabertura da CEP em 1984, as exigências ficaram mais restritas, tornando-se requisito obrigatório estudar em escola pública. Poderia, sim, em algumas situações, ter o auxílio de bolsa estudantil em cursinhos, visando uma melhor preparação para o vestibular. Essas bolsas poderiam ser uma concessão dos cursinhos à residência (mediada pela Secretaria de Educação do Estado), ou quando os estudantes procuravam os donos desses cursos e pediam para assistir a aula.

---

[92] LE GOFF, 1996.

Chegar à CEP era, em primeiro lugar, a conquista de uma espécie de indulto da vigilância dos pais e das atividades da roça (compromisso nas férias). Com isso, a dedicação era efetiva, seja para os estudos ou para o ócio. Além da sala de aula, os estudantes utilizavam-se de outros espaços de preparação, tais como as bibliotecas das escolas onde estudavam, a Biblioteca do Estado, os estudos na própria Casa e o uso de outros espaços no centro da cidade (parques, praças etc.). É importante considerar que, segundo os próprios relatos dos entrevistados, a vida de estudante, em João Pessoa, estava inserida em um ambiente social cheio de armadilhas. Quais os artifícios utilizados para manter o foco, evitando que outras questões, como festas, bebidas, envolvimentos amorosos, televisão, futebol, rodas de conversas etc., não interferissem na sequência dos estudos de preparação para o vestibular, por exemplo? Essa é uma questão a ser aprofundada em outro momento, mas os relatos das entrevistas permitem afirmar que o fato de morar na CEP foi determinante para os que decidiram continuar os estudos.

Parece contraditória, mas, ao vir morar na instituição, todos são colocados perante os perigos do mundo, porém, a necessidade de prestar contas aos pais, o incentivo de muitos colegas e a necessidade de ter uma formação que se adeque ao mercado de trabalho foram determinantes para que muitos indivíduos não desviassem da rota. E como isso foi possível? As respostas são as mais variadas, todavia, tendem a compor uma síntese constituída dos seguintes elementos argumentativos: o apego aos exemplos dos bem-sucedidos que por ali passaram,[93] a organização de grupos para estudar, a falta de recursos financeiros que pudessem dispender de mais atenção para o lazer, morar em um ambiente onde passar no vestibular era o objetivo primordial de uma parcela considerável. O exercício de recobrar da memória esse passado torna-se fundamental para a configuração de uma representação positiva da Casa (passada de geração a geração, dos veteranos para os novatos) e de seus residentes, principalmente, dos ex-residentes que estão inseridos socialmente.

---

[93] Remetem corriqueiramente aos nomes de personalidades da política, como Damásio Barbosa Franca (ex-prefeito de João Pessoa), Augusto Lucena (ex-prefeito de Recife), François Leite Chaves (ex-senador pelo estado do Paraná), Wilson Braga (ex-governador, senador, prefeito, deputado federal e estadual), Dorgival Terceiro Neto (ex-governador), José Soares Madruga (ex-deputado estadual), Judivan Cabral (ex-deputado estadual), Francisco Evangelista (deputado federal), José Lacerda Neto (ex-vice governador e ex-deputado estadual com maior número de legislatura do estado), Armando Abílio (deputado estadual e federal), Antônio Ivo (deputado estadual), Zenóbio Toscano (deputado estadual); também destacam outros proeminentes, como o economista e ex-ministro da Fazenda Maílson da Nóbrega, o cineasta Vladimir de Carvalho, os poetas Gonzaga Rodrigues e Jansen Filho, o crítico cultural Wills Leal, o compositor Luís Ramalho, os cantores Zé Ramalho e Chico César; além de um considerável número de juristas, médicos e empresários.

A operação historiográfica de Certeau[94] por se preocupar e dotar de significado o lugar social e cultural, os procedimentos de análise e a construção da narrativa têm grande relevância na construção desse objeto propriamente dito, não por questões de modismo intelectual, mas por suas características. É nessa perspectiva e na evidência cultural de investigação dos sujeitos abordados que os historiadores da educação têm-se articulado à procura de um referencial teórico de análise e de procedimentos de pesquisa, inclusive, com o uso de categorias como práticas, apropriação, e representação de Chartier.[95]

Nesse caso específico, essa preocupação é ampliada, já que se trata de um grupo de estudantes que transita permanentemente por vários espaços, que habita uma instituição permeada de vivências que certamente redefinem suas concepções, mas que também sofrem as influências desse grupo que, de maneira alguma, é passivo diante do cotidiano de convivência diária. É um conjunto de relações que contribuem para a formação de gerações e da cultura histórica de um tempo. Para isso, temos que perceber a constituição de uma mentalidade, entendida como o sistema de crenças, de valores e de representações próprios de uma época ou de um grupo social, ou seja, do cotidiano e do automático, é aquilo que se escapa aos sujeitos individuais porque revelador do conteúdo impessoal do seu pensamento.[96]

Um estudo, portanto, que se insere nas concepções da História Cultural. Os estudos culturais ganham notoriedade com a virada cultural que, como bem afirma Burke,[97] está em evidência a partir da redescoberta dos estudos culturais na década de 1970, dando um novo redirecionamento à pesquisa historiográfica que pode ser constatado com a ampliação de novas abordagens,[98] a incorporação de novos objetos e novas possibilidades de problematização que se torna instrumento de validação da história enquanto campo de produção de conhecimento científico.

Nessa perspectiva, a cultura sobrepõe outros domínios da história, como o político e o econômico, tendo contribuído, assim, para a aproximação da História com outros campos, como Sociologia, Antropologia, Semiótica,

---

[94] CERTEAU, 2002.

[95] VIDAL, 2005.

[96] CHARTIER, Roger. **História cultural**: entre práticas e representações. Tradução de Maria Manuela Galhardo. Lisboa: DIFEL, 1990.

[97] BURKE, 2005.

[98] Pinheiro (2011, p. 248) discuti como e em que condições "a palavra *abordagem* passou a fazer parte do universo dos historiadores e, mais particularmente, dos historiadores da educação", remetendo ao contexto historiográfico da publicação do livro *Faire de l'histoire* organizado por Jacques Le Goff e Pierre Nora. Sem dúvida, um acontecimento na investigação e na produção historiográfica.

Linguística, Etnografia e Educação. Tem-se firmado entre os historiadores que se interessam pela compreensão das sociedades históricas a partir da investigação dos seus discursos, das memórias e oralidades, das suas ideias, saberes, imagens, comportamentos, práticas e representações que integram a complexa e dinâmica investigação cultural.[99]

Para a estruturação deste trabalho, *A Casa do Estudante da Paraíba: uma instituição promotora de educação informal (1963-1980)*, recorro aos estudantes que vieram de Santana dos Garrotes como foco da amostragem, mesmo ciente de que toda escolha, em sua essência, é arbitrária, entretanto, não se trata de algo aleatório. Na verdade, por ter nascido nessa cidade e seguido para a CEP ainda na adolescência, certamente levou-me a optar por esse grupo (mesmo que não confessasse, não teria como negar essa ligação efetiva).

O que interessa, de fato, é a problemática que se coloca perante o objeto, apontando os elementos da formação como prioridade da investigação. Percebi, todavia, que, para adentrar no universo dessa teia formacional, era imperativo discutir a construção e a disseminação de uma representação dominante sobre a CEP, cunhada pelas narrativas de memória ao longo de sua existência, sendo importante, nesse caso, buscar os sujeitos ordinários da trama, aqueles que estão à margem dessa imagem imposta por quem controla esse discurso imagético. No sentido certeauniano, essa proposta propõe buscar aquilo que é diferente: o singular, o que está fora do estereó-tipo, o ausente no discurso dominante. A narrativa historiográfica deve ser impressa na ausência, pois é nesta que nos faz falar, que nos faz escrever, que nos faz fazer. É dar preferência ao pedestre, ao ordinário, ou seja, olhar a história a partir dos ordinários, dos abandonados e rejeitados pela ordem.[100]

Parafraseando Bourdieu,[101] determinadas posições assumidas, neste trabalho, são indubitavelmente motivadas pelas particularidades da minha origem. Sendo assim, assumi o desafio de aliar o interesse pessoal com a estratégia de desconstrução dessa representação única e dar vez aos que não tiveram oportunidade de falar. Todo esse itinerário de pesquisa caminha por especificidades próprias do objeto que passa pela compreensão do percurso desses estudantes em um movimento do interior à capital, que não se trata de um deslocamento territorial apenas, ou de um engajamento ideológico no sentido partidário, nem muito menos conceber como algo retilíneo; todavia, perceber na acepção de não estar parado, de buscar algo (muitas vezes não

---

[99] BURKE, 2005.

[100] CERTEAU, 2014.

[101] BOURDIEU, 2005.

se sabe ao certo do que se trata) onde for possível e permitido, articulado em várias direções e sentidos. Tenho como ofício, portanto, tentar captar esse movimento por meio de suas memórias e, a partir daí, compreender como se dá a formação dos sujeitos no interior da Casa.

A estrutura do texto foi pensada considerando as especificidades do próprio objeto, permitindo, assim, organizá-la a partir dos diferentes espaços de experiências vivenciados pelos estudantes. Para tentar compreender com maior propriedade a função da Casa do Estudante na formação desses sujeitos, esta investigação se apropriou dessas memórias nos seguintes momentos de suas trajetórias: Santana dos Garrotes, a Casa do Estudante e a vida estudantil em João Pessoa. Foi por meio desse formato que os capítulos foram pensados e estruturados.

No Capítulo I – *Construção das memórias do lugar e sua narrativa historiográfica* procuro esclarecer os passos e as escolhas da pesquisa, deixando explícito que os caminhos percorridos, enquanto sujeito pesquisador, de maneira alguma, não estão isentos das influências do lugar social e cultural em que estou inserido. As argumentações teóricas e conceituais foram definindo a construção do objeto por meio da problematização metodológica das fontes orais, impressas, memorialistas etc. Em síntese, tenho a preocupação em descrever as trilhas que me fizeram historiador e que me conduziram ao objeto, a opção por trabalhar com a memória, os usos de testemunhos orais, a inserção do objeto na linha de história de educação e sua estreita relação com os procedimentos teóricos e metodológicos da história cultural.

O Capítulo II – *Memórias do sertão: as primeiras experiências educativas* é o momento de apresentar Santana dos Garrotes inserida no sertão paraibano. O desafio é trazer as representações do lugar de origem dos estudantes tecidas por uma escrita historiográfica hegemônica sobre a Paraíba, que define o sertão e o sertanejo a partir de um olhar de traço colonizador (uma escrita conquistadora). A narrativa procura situar ainda os sujeitos da pesquisa no lugar de suas primeiras experiências do cotidiano privado e da vida escolar. Trata-se de um momento em que os familiares desses indivíduos (em alguns casos eles próprios) tiveram que tomar uma dupla decisão: estudar e não continuar analfabetos como a maioria da população; seguir com os estudos e não migrar para outras regiões em busca de trabalho. Aos olhos do presente, dar continuidade aos estudos parece a escolha mais natural e coerente, porém, entre as décadas de 1960-1970, as outras possibilidades eram muito presentes; afinal, a tendência é que a instrução escolar, em um espaço predominantemente de analfabetos, não é algo prioritário, mas não deixemos de reconhecer também as consideráveis deficiências de estrutura escolar, a falta de uma política educacional para a maioria e o interesse das forças produtivas que se beneficiavam dessa situação, pois mantendo essas condições, garantia mão de obra barata, dependente e desinformada.

No Capítulo III – *A Casa do Estudante da Paraíba: as práticas formativas de uma educação informal*, o maior desafio é revirar os escombros das memórias e identificar as marcas da instituição nos indivíduos que por ela transitaram, advertindo que, no sentido mnemônico, é sempre um espaço em construção, as lembranças vêm, os esquecimentos apagam e, ao retornarem, já não se apresentam com as mesmas configurações de outrora. Está em evidência, no referido capítulo, a trajetória histórica da CEP, evidenciando três momentos (que não são estanques): a sua criação no final da década de 1930 (sujeitos, interesses e motivações), a autonomia administrativa em princípio da década de 1950 (estratégias de afirmação institucional) e a crise institucional (precariedade física, decadência financeira e desvio moral), que principia na década de 1960 e tem seu aprofundamento na década de 1970, portanto, um período de efervescência dos acontecimentos históricos, amplo movimento na imprensa e a crise de identidade que impulsiona o retorno ao passado glorioso. Simultaneamente, as aventuras no centro histórico da cidade/capital e as novas imagens de um cotidiano urbano novo que se apresenta como contraste à vida pacata ainda definidora das práticas e dos gestos mesmos de transeuntes de uma nova arena (um verdadeiro mergulho no desconhecido). São situações que demandam novas atribuições e cobram do indivíduo uma postura diferente do que estava habituado. Mas o indivíduo não é simplesmente passividade, pelo contrário, ele também é portador de necessidades, de sentimentos, de experiências e de vontades; por isso, realimenta a memória e a história da Casa do Estudante.

No último capítulo, o Capítulo IV – *As práticas formativas na Casa do Estudante da Paraíba*, a preocupação é recuperar vestígios mnemônicos no percurso de preparação dos estudantes para o vestibular, até porque, mesmo os que não conseguiram ingressar à universidade, em sua maioria, enfrentaram uma preparação para o vestibular e fizeram a seleção. Ao menos em suas narrativas de memória, a possibilidade de mudar de vida ou de ascender socialmente por meio dos estudos era uma das motivações de saída do grupo para capital. A reconstrução desse caminho é possível rastreando os espaços de aprendizagens, quais sejam: as instituições escolares e as salas de aula que frequentavam como aluno regular; os cursinhos pré-vestibulares, os quais procuravam suprir carências do ensino público regular, em decadência a partir da década de 1970, e, principalmente, os estudos no interior da Casa do Estudante, onde a dedicação era permanente (sozinho no quarto ou em grupo de estudos, com livros ou material didático alternativo). Esse movimento não é isolado do que acontece nas ruas, sendo assim, dou destaque às experiências dos estudantes com a política dentro e fora da Casa (a partir do acesso, os processos de eleições, a articulação com o Governo do Estado, a interação com as manifestações estudantis etc.), a convivência com os espaços públicos da cidade como ambiente de aprendizagem (na vida noturna, festas, passeios etc.), as suas relações com a sociedade (especialmente o apelo a ações filantrópicas), a conciliação do trabalho com os estudos, entre outros.

As memórias dos indivíduos são constituídas a partir de suas experiências particulares do lugar por onde transitam, assim como pelas relações que se dão no cotidiano e com outros indivíduos: pelo dito, pelo não revelado explicitamente, pelo lido nos livros e impressos; pelo ouvido no bate-papo com a família, nas conversas e flertes na praça, nas celebrações da igreja e em qualquer roda de conversa que se forma; pelo sentido na intimidade subjetiva de cada indivíduo que não escapa dos códigos e costumes do lugar. São representações construídas por sujeitos que formulam suas próprias leituras de vida, de relações e de mundo.

A condução deste estudo é formulada a partir de uma operação historiográfica que tem como teia condutora a construção de uma narrativa de memórias de estudantes. Não se adota, aqui, aquela postura metodológica em que o esboço teórico é definido a priori e, posteriormente, toda sequência acontece em forma de um encaixe determinista, ou seja, o arcabouço teórico determina um levantamento bibliográfico (estado da arte sobre o objeto), e, por fim, a análise dos dados recolhidos das fontes é feita não pela problematização destas, mas para atender as exigências da teoria. Compreendendo a partir de Certeau,[102] o primeiro passo foi o levantamento e seleção das fontes por meio das entrevistas e da investigação nos jornais; em seguida, a análise das fontes, culminando com a escrita do trabalho que um elemento de cientificidade constituinte da operação historiográfica.

Quando se procede dessa maneira, os resultados vão sendo construídos e não estabelecidos previamente no capítulo teórico que, indubitavelmente, vem como introdução do trabalho. A pretensão dessa proposta, por conseguinte, é convidá-los a dialogar permanentemente: as fontes falam quando

---

[102] CERTEAU, 2002.

bem indagadas e o objeto vai se configurando, enquanto a imaginação do autor com a conivência dos seus confrades (teóricos) junta-se em forma de discurso para tecer a narrativa. Os teóricos não são assumidos como inquestionáveis, mas como aportes que juntamente com os textos historiográficos (tomados como fontes), os livros de memórias, os relatos das entrevistas e o material dos jornais são chamados a serem confrontados, a terem seus discursos revistos, desconstruídos e redirecionados.

Até aqui nada foi feito sem a conjunção desses elementos. Então, agora, vamos ao sertão nos enveredar pelos labirintos das memórias dos estudantes de Santana dos Garrotes e vislumbrar como as coisas aconteceram, ou como dizem que aconteceram.

2

MEMÓRIAS DO SERTÃO: AS PRIMEIRAS EXPERIÊNCIAS EDUCATIVAS

> *Era uma vez um homem e o seu tempo*
> *Botas de sangue nas roupas de lorca*
> *Olho de frente a cara do presente e sei*
> *Que vou ouvir a mesma história porca. [...]*
> *Não! Você não me impediu de ser feliz!*
> *Nunca jamais bateu a porta em meu nariz!*
> *Ninguém é gente!*
> *Nordeste é uma ficção! Nordeste nunca houve!*
> *Não! Eu não sou do lugar dos esquecidos!*
> *Não sou da nação dos condenados!*
> *Não sou do sertão dos ofendidos!*
> *Você sabe bem: Conheço o meu lugar!*

> *(Belchior)*

2.1 PRÓLOGO DE UMA HISTÓRIA

É chegado o momento de chamar o feito à ordem, trazendo uma narrativa que procura superar as imagens estereotipadas de um sertão evidenciado como o lugar dos esquecidos, dos condenados e dos ofendidos; afinal de contas, é preciso deixar as memórias dos sujeitos da fala se reconhecerem enquanto atores sociais e culturais do seu lugar na história do lugar. Nesse sentido, como afirma o poeta Belchior, ninguém é gente, e Nordeste é uma ficção, portanto, é preciso questionar essa narrativa dominante uniformizadora que despreza os sujeitos do lugar, construindo distorcidamente um diversificado espaço de convivência humana.

Nesse caso, fora preciso ter o entendimento de que o fervilhar da memória viva precisa ser arrumado numa exibição historiadora (história escrita), a representação no presente das coisas de um passado que já não se encontra mais.[103] O sentido espacial da narrativa segue uma lógica inversa

---

[103] RICOEUR, 2007.

(do sertão ao litoral) àquela que costumeiramente é alinhavada pela historiografia acadêmica e os livros didáticos (do litoral ao sertão). Não devendo esquecer que fomos produtos de uma colonização não apenas econômica e política, mas também cultural, que implica a imposição de uma linguagem, de uma escrita, de ver e falar do outro e adequá-lo às suas experiências e aos seus conceitos.[104]

Os sujeitos avaliados iniciam sua caminhada no sertão, tomam decisões não habituais de continuar os estudos na capital, onde assumem uma postura ativa no sentido de enfrentar os perigos, as incertezas, as oportunidades e as vantagens do lugar grande. As incertezas de quem tenta a sorte num cenário desconhecido, ainda essencialmente vinculado às origens, com segurança e apego ao que ficou para trás, um forte sentimento de pertencimento ao lugar onde estão fincadas as suas raízes pessoais e familiares, sensoriais e afetivas. E, assim, muitos pensavam em voltar para o seio familiar e reassumir o cotidiano deixado para trás, porém, a desistência não era voluntária ou premeditada, *"era uma desistência com saudade da terra, a gente ia dormir, pensava no galo cantar, pensava nas vacas em casa. A gente quando chegava* [em Santana], *ia caçar muito de baleeira".*[105]

Da mesma forma que sentem fortalecidos por bases identitárias fortes, demoram a sentir-se parte do movimento cotidiano de um não lugar, sem referências, pois não há significados para as suas memórias. Os hábitos são diferentes e os olhares atravessados denunciam a postura estranha do forasteiro, que carrega, no vestir e no falar, no jeito e nos trejeitos as marcas do diferente. É inútil tentar esconder: os traços falam, os estereótipos[106] apressam e desvirtuam a avaliação. É lugar comum as investidas de estranhamento perante esse migrante-estudante (você é do sertão? Percebi na sua fala! Lugar de gente valente, né? Como vocês aguentam aquela seca com aquele calor? Você é de Santana dos Garrotes? Vixe, como é longe! Fica onde?). É perceptível que as inquirições sobre o sertão e sua gente são uniformizadas, as pessoas já construíram uma representação a priori, ou seja, possuem uma imagem previamente edificada.

---

[104] ALBUQUERQUE JÚNIOR, Durval Muniz de. **Preconceito contra a origem geográfica e do lugar:** as fronteiras da discórdia. 2. ed. São Paulo: Cortez, 2012.

[105] CARNAÚBAS. [Entrevista concedida a Francisco Caves Bezerra]. Santana dos Garrotes, 21/12/2015.

[106] "**O estereótipo** é uma espécie de esboço rápido e negativo do que é o outro", procura desenhar o outro em traços simples tirando-lhe qualquer complexidade e, portanto, não problematiza a verdade sobre o outro. A ideia de que o sertanejo é magricelo porque passa fome, tem a cabeça chata e sempre anda com uma faca peixeira pronto para atacar dissabores (ALBUQUERQUE JÚNIOR, 2012, p. 13).

Nesses termos, para apontar o outro não é necessário um conhecimento detalhado, mas apenas uma descrição prévia, muitas vezes, sem condizer com a realidade.[107]

As expressões exclamativas não escondem o pouco conhecimento da geografia do interior, uma demonstração (quase total) de desconhecimento da sociedade sertaneja e da falta de valorização da cultura e de seus costumes. É inevitável a interrogação: como esses estereótipos sobre o sertão são construídos dentro do próprio estado? Será que os sertanejos identificam-se com essas imagens tão bem definidas na mentalidade litorânea? Esse é o primeiro desafio deste capítulo: como a imagem do sertanejo paraibano é construída no próprio estado?

Em meu entendimento, para melhor compreender tais representações, é fundamental trazer a historiografia do Instituto Histórico e Geográfico da Paraíba (IHGP), determinante para a construção de uma História da Paraíba predominante[108]. Assim, começo a apresentação do lugar social e cultural onde vivem os sujeitos estudantes, para, em seguida, adentrar no palco de suas memórias: Santana dos Garrotes, onde procuro descortinar o prelúdio estudantil desses indivíduos, da infância à juventude.

São momentos de decisões importantes para todos eles, mesmo porque nessa idade ou fase, de passagem do 1º para o 2º grau, é sempre complicado para todos os adolescentes, pois são muitas mudanças na estrutura da escola, na organização das disciplinas, na condução dos professores, na distribuição dos materiais escolares; enfim, outra escola se descortina para eles, além de ser uma fase suscetível da vida (puberdade). E, no caso deles, ainda há mais um complicador, ter que se afastar da família, morar em uma residência que não é a dele, mas sim uma moradia coletiva que se apresenta de uma forma bem distinta da sua, que é a Casa do Estudante.

Há diferentes formas de se contar essa história, preferi explorar, nas entrevistas, suas experiências nos espaços públicos, o cotidiano da vida rural, na tradição oral ou de cultura oral e nas condições educacionais de aprendizagem, quais sejam: as instituições escolares e as condições de estudos fora da escola. Lembrando que, para compreender a função da ins-

---

[107] ALBUQUERQUE JÚNIOR, 2012.

[108] Em *Histórias da Paraíba – autores e análises sobre o século XIX*, coletânea organizada por Sá e Mariano (2003), faz um balanço da historiografia do IHGP do período dos oitocentos. Jovens historiadores vinculados à UFPB discutem o lugar institucional de autores e obras que tinham como propósito instituir a ideia de paraibanidade no estado a partir dos interesses de construção da identidade local.

tituição na formação desses estudantes, senti a necessidade de dimensionar, primeiramente, as suas experiências cotidianas no ambiente familiar, nos seus aspectos culturais e nas suas condições educacionais.

2.2 CONSTRUÇÃO DAS REPRESENTAÇÕES DO LUGAR SOCIAL

Sertão é uma palavra que soa exclamativamente no nosso imaginário cultural, ecoa em nossos ouvidos como uma imensidão misteriosa cheia de perigos, um calor agonizante e aura de um enigma que nunca se esclarece completamente. O enredo historiográfico tecido por historiadores paraibanos, pelos nordestinos e pelos brasileiros, de uma forma geral, segue um itinerário uniforme que tem como configuração predominante o deslocamento humano do litoral ao sertão, especialmente, por ter sido esse espaço geográfico onde os colonizadores/conquistadores adentraram, em princípio do século XVI.

Embora esse movimento tenha decorrido em diferentes momentos e por inúmeros motivos, a historiografia procurou dar mais destaque a certos fenômenos motivadores desse empreendimento da conquista. Dentre os quais, destacam-se: a busca de metais preciosos (era o desejo dos conquistadores desde o princípio da colonização, mas ganhou mais destaque nas Minas Gerais, no final do século XVII), a captura de nativos para serem utilizados na lavoura açucareira como mão de obra escrava (predominando em todas as áreas da Colônia) e a ocupação mais efetiva com a pecuária (sertão nordestino e sul do território colonial). É um modelo de representação que evidencia, portanto, a conjugação de "elementos geográficos, linguísticos, culturais, modos de vida, bem como fatos históricos de interiorização como as bandeiras, as entradas, a mineração, a garimpagem, o cangaço, o latifúndio, o messianismo, as pequenas cidades, as secas, os êxodos etc.".[109]

É uma narrativa fundamentada em princípios linguísticos, culturais, religiosos, morais e econômicos daquele que olha de fora, ou seja, do colonizador que sempre verá, nesse espaço, um empecilho à implementação do seu projeto. O historiador, assim como um conquistador, escreve a sua própria história no passado, ou no corpo, em desbravamento. Essas marcas estão postas na produção do texto historiográfico, no qual aparecem suas representações, seus fantasmas não nomeados. O desconhecido traz as marcas do seu inventor apor meio do seu discurso de poder. É uma escrita conquistadora.[110]

---

[109] ALBUQUERQUE JÚNIOR, Durval Muniz de. **A invenção do Nordeste e outras artes**. 5. ed. São Paulo: Cortez, 2011. p. 67.

[110] CERTEAU, 2002.

Porém, contraditoriamente, é o lugar de onde vieram os primeiros braços para a lavoura canavieira, de onde a esperança no eldorado reluz na imaginação dos que vieram em busca da riqueza rápida e em abundância. O sertão, no entanto, não é apenas um território a ser desvendado e povoado, embora o olhar civilizado não permita enxergar a complexidade que há nesse lugar (no Período Colonial, estendia-se muito além do semiárido), tratava-se de uma vasta população de nativos com diversidade de povos, com rivalidades e convivências; com uma dinâmica própria de conviver, de cultuar, de sobrevivência, de ocupação do espaço, enfim, uma maneira particular de existência social e cultural.

Ao desconsiderar as peculiaridades desse lugar, o colonizador passa a simplesmente descrevê-lo a partir desses interesses econômicos que vão da captura de mão de obra escrava à possibilidade de exploração de riquezas minerais. Sabe-se muito pouco a respeito dessa dinâmica social dos nativos, obviamente porque o que interessava conhecer não era a cultura ou a vida desses grupos, mas as possibilidades de riquezas a serem geradas. Por essa razão, não tardaram acontecer os conflitos, geralmente narrados como momento de intensa resistência dos nativos que se articulavam na tentativa de evitar a escravidão e, até mesmo, como se constatou posteriormente, o extermínio da maior parte dos povos que ocupavam o território.

Quando tomei a decisão de dar sentido às memórias de sertanejos estudantes, automaticamente sabia que era necessário entender a realidade social e cultural do sertanejo. Para isso, foi fundamental adentrar no seu universo, sem cair na armadilha de repetir certo mantra já posto pela historiografia hegemônica. Interessa-me o sertão da criatividade, das sensibilidades, das angústias, das incertezas e, acima de tudo, da busca de alternativas para sobreviver. É, de fato, outra reconfiguração do espaço e do tempo.

A historiografia produzida por autores paraibanos, geralmente ligados ao Instituto Histórico e Geográfico da Paraíba (IHGP), aborda o sertão como temática secundária, pois a proposta é de construir uma história geral da Paraíba. Episódios como os movimentos sociais do brejo, na segunda metade do século XIX – Quebra quilos e Ronco da abelha – e a Guerra de Princesa Isabel (1930) são fatos isolados e que ganharam proporções além do espaço local. Até mesmo historiadores como Mariz,[111] que traça

---

[111] MARIZ, Celso. **Através do Sertão.** Mossoró: Fundação Ving-um Rosado/Governo do Estado do Rio Grande do Norte/Governo do Estado da Paraíba, 1999.

suas linhas *Através do Sertão*, adota o modelo de narrativa da historiografia oficial. O lugar institucional onde o referido historiador está inserido não permitiria que procedesse de outra forma.

São narrativas que reforçam certas representações construídas pelos conquistadores que impuseram sua dominação pelas armas. Nesse sentido, a escrita ganha contornos de colonização. Obviamente que o momento e os atores históricos são outros, os interesses naquele momento são de construir uma identidade paraibana. O discurso, no entanto, continua reforçando elementos negativos que vêm sendo imputados à região desde os primeiros colonizadores que adentraram no território. Fenômenos como a fome, o flagelo, a miséria e a violência passam a serem vistos como algo inerente à própria condição humana do sertanejo que, por mais que se esforce, não superará tais aspectos. Como são inerentes ao homem, ao lugar e a qualquer tempo são a-históricos.

Paralelamente a essas condições de adversidades que continuam sendo o cartão postal de apresentação do sertão paraibano, os historiadores procuram construir uma história que possa identificar o estado da Paraíba a uma peculiaridade própria, denominada de paraibanidade (a identidade paraibana). Do sertão, somente interessa evidenciar e acrescentar elementos que possam enaltecer a Paraíba e o paraibano. Conduzido por tais motivações, essa mesorregião[112] paraibana passa a ser vista como o espaço do vigor, da bravura e de princípios morais assegurados simbolicamente pelo fio de bigode. Essa imagem-força ganha uma dimensão mais abrangente, sendo apropriada como a própria essência da região Nordeste.[113]

O historiador se utiliza desses recursos para manipular o passado em benefício das conveniências do presente, com isso a historiografia tem

> [...] esta particularidade de apreender a invenção escriturária na sua relação com os elementos que ela recebe, de operar onde o dado deve ser transformado em construído, de construir as representações com os materiais do passado, de se situar, enfim, nesta fronteira do presente onde simultaneamente é preciso fazer da tradição um passado (excluí-la) sem perder nada dela (explorá-la por intermédio de métodos novos).[114]

---

[112] Segundo Emília Moreira, geógrafa que definiu as regiões paraibanas, Sertão é uma mesorregião que pode ser ainda subdividida em outras, a saber: Sertão de Cajazeiras, Catolé do Rocha, Serra do Teixeira, Depressão do Alto Piranhas (ATLAS GEOGRÁFICO DO ESTADO DA PARAÍBA, 1985).

[113] ALBUQUERQUE JÚNIOR, 2011.

[114] CERTEAU, 2002. p. 18.

Para compreender melhor essa construção de um sertão da violência arraigada nas entranhas do homem e dos desvalidos das secas, mas que, ao mesmo tempo, é onde se encontra a verdadeira essência da sociedade paraibana, recorri às narrativas historiográficas de autores como Irenêo Joffily,[115] Celso Mariz,[116] José Américo de Almeida[117] e Horácio de Almeida.[118] O objetivo aqui não é apresentar um balanço da historiografia paraibana a partir do século XIX, mas trazer uma visão mais abrangente dessa historiografia, utilizando-se de textos monumentos da história da Paraíba, pois "a maior parte de suas publicações eram financiadas pelo poder público e, muitas vezes, encomendadas por ele em datas comemorativas consideradas importantes pela elite política do estado." [119]

Trata-se, portanto, de representantes de uma tradição historiográfica paraibana que se coloca como produtora de uma identidade do estado, com seus mitos e heróis. São textos fundadores, no sentido de instituir um arquétipo de enredo que se consolida como verdade, sendo reproduzido exaustivamente nos setores midiáticos, nas instituições escolares e na própria academia (ao menos até muito recentemente), tornando-se vulgata do conhecimento. A representação estereotipada do sertão, portanto, descende desses pilares.

É preciso adentrar na seara de produção dessas narrativas (até certo ponto romanescas) para entender que a historiografia não somente cria, mas mantém expressa uma vontade que se dá por intercâmbio do poder político, do poder intelectual, do poder cultural e do poder moral. O que interessa aqui não é a verdade da historiografia fundadora, indiscutível e superior sobre o sertão e os sertanejos, "mas as marcas profundamente elaboradas e moduladas de seu trabalho no interior do espaço muito amplo aberto por essa verdade." [120]

Quando versam sobre o sertanejo, esses autores[121] convergem para um ponto comum: o tratamento dicotômico dado a esse homem oscila entre virtudes, como bondade, pureza e coragem, de um lado; selvageria,

---

[115] JOFFILY, Irenêo. **Notas sobre a Parahyba**. Brasília: Editora Thesaurus, 1976.

[116] MARIZ, 1999.

[117] MARIZ, 1999.

[118] ALMEIDA, Horácio de. **História da Paraíba.** João Pessoa: Editora Universitária/UFPB, 1978. v. I.

[119] SÁ, Ariane Norma de Menezes; MARIANO, Serioja (org.). **Histórias da Paraíba:** autores e análises sobre o século XIX. João pessoa: Editora Universitária/UFPB, 2003. p. 12.

[120] SAID, W. Edward. **Orientalismo:** o Oriente como invenção do Ocidente. Tradução de Rosaura Eichenberg. São Paulo: Companhia de Bolso, 2007, p. 44.

[121] Sigo a linha de raciocínio de Sá e Mariano (2003), prefiro denominá-los de autores e não historiadores, pois não dispunham da formação nesse ofício. São bacharéis, jornalistas e literatos que produziram trabalhos de referência sobre a História da Paraíba.

truculência e inaptidão cognitiva, do outro. Não se pode esquecer que essa tentativa de construção de uma identidade paraibana advém de um modelo de história e de nação assumido pelo Instituto Histórico e Geográfico Brasileiro (IHGB)[122] e disseminado aos estados. No caso da Paraíba, o Instituto Histórico e Geográfico da Paraíba (IHGP) foi criado tardiamente, em 1905. O seu projeto era motivado pelo desejo da construção de uma sociedade mítica, civilizada e grandiosa. Num enredo no qual o bem vence o mal, o homem branco é tomado como exemplo de civilidade, o indígena como a pureza genuinamente brasileira e o negro como elemento étnico a ser esquecido. As teses geneticistas do século XIX apontavam para a resolução do problema étnico africano, pois, de acordo com o darwinismo social e o evolucionismo social,[123] somente as raças mais fortes sobreviveriam.

Era pertinente e, no caso da Paraíba não foi diferente, buscar no interior o símbolo da identidade nacional, do homem genuinamente brasileiro, aquele que nasceu do hibridismo entre o colonizador e o indígena (praticamente dizimado pelas guerras de conquista). Nesse sentido, aspectos como bravura, coragem e civilidade são descendências do branco conquistador; enquanto truculência, incapacidade cultural e barbárie eram provenientes dos nativos. Os bandeirantes também aparecem como figuras dúbias, pois a eles é atribuída, por um lado, a ação dizimadora dos nativos, por outro, são exaltados por sua coragem e empenho no processo civilizatório de desbravamento dos sertões (assim tratado na Colônia) e da implantação da ocupação permanente com a pecuária.

O sertanejo aparece, nessas narrativas históricas, a partir dos interesses de dois momentos: do passado (o tempo da conquista do território) e do presente (o do instante da escrita). No primeiro momento, a imagem desse homem é construída a partir das influências da escrita colonizadora, evidenciando aspectos negativos (selvagem, incapaz, ingênuo, feroz etc.). No segundo, são evidenciados valores positivos (cordialidade, resistência, coragem, bravura e outros), no qual o sujeito parece, não está mais presente (e praticamente não está) seu lugar, na narrativa fundadora, é de personagem mítico, não é sujeito mais de carne e osso. Trata-se de impor o ausente (o

---

[122] Criado em 1838, sediado no Rio de Janeiro e fortemente ligado às oligarquias locais. "Em suas mãos, estava a responsabilidade de criar uma história para a nação, inventar uma memória para um país que deveria separar, a partir de então, seus destinos dos da antiga metrópole europeia." (SCHWARCZ, 1993, p. 24).

[123] Schwarcz (1993) aborda com propriedade a importação dessas teorias (já em decadência na Europa) e sua adaptação à mestiçagem brasileira considerada o atraso da nação. Nesse contexto, é destacado o papel das instituições científicas (Faculdades de Medicina da Bahia e do Rio de Janeiro), os museus (nacional e paulista), o IHGB e seus protótipos nos estados.

passado) ao presente, mas, ao recuperá-lo à cena histórica, as motivações do presente enquadrando-o às suas necessidades e interesses, sendo assim, torna-se essencial o enaltecimento de valores culturais e princípios morais que dignifiquem a nação ou o estado da Paraíba de acordo com os valores da época. É um nativo emoldurado à "imagem e semelhança" do homem branco.

As argumentações de Certeau,[124] em certa medida, esclarecem os posicionamentos dessa natureza ao justificar a postura desses autores pelo lugar social e institucional que ocupam. O que está em jogo é o cargo que exercem, a carreira na magistratura, o sucesso político dos seus aliados ou líderes, enfim, o status que dispõe ao assumirem a condição de intelectuais do Estado. O discurso tem uma dívida com as amarras do poder da instituição ou do Estado, mas é importante ressaltar que essa relação entre a instituição social e a produção do saber não é algo que se estabelece fora da sociedade. Os nós do autor não são os seus leitores, pois a obra historiográfica é destinada a seus pares. Sem o reconhecimento destes, não terá valor historiográfico e será vulgarizada. Todavia, nesse caso, o reconhecimento esperado é dos que comandam a política do Estado.

Veja que essa situação é mais evidente ainda, uma vez que se refere a uma instituição que tem um papel bem definido pelos que controlam o estado que é a fundação da história da Paraíba a partir dos interesses da República. Os dados dessas narrativas individuais – mesmo em momentos distintos –, portanto, são inscritos "numa rede cujos elementos dependem estritamente uns dos outros, e cuja combinação dinâmica forma a história num momento dado."[125] Cada obra, portanto, traz as marcas do seu tempo e as especificidades do lugar de onde fala, por isso não é possível tomá-la uniformemente.

Quando aproximo a lente de investigação e adentro as especificida-des da obra de Joffily,[126] observo o sertão como um lugar misterioso, de homens resistentes e selvagens: a seca os transforma em bandoleiros capa-zes de cometer as mais terríveis atrocidades. Em contrapartida, o branco é civilizado, mas reconhece que, para implantar seu projeto de colonização, praticamente dizimou grandes contingentes de nativos. Irenêo Joffily (1843-1902) nasceu no município de Campina Grande – PB e atualmente está localizado o município de Pocinhos – PB. Seu contato com o sertão vem dos estudos em Cajazeiras – PB, no Colégio do Padre Rolin, de quem foi discípulo e grande admirador. Dessa viagem ao interior, carrega, para toda

---

[124] CERTEAU, 2002.

[125] CERTEAU, 2002. p. 72.

[126] JOFFILY, 1976.

vida, lembranças do movimento de tropeiros (com o rebanho de gado) e de comerciantes/mascates (com os baús carregados de miudezas e garajaus de rapadura, farinha, aguardente, bacalhau, ferramentas, louças; voltando carregados de algodão, couro, queijo e carne de sol). É o fluxo permanente entre o sertão e Campina Grande. [127]

São nítidas suas preocupações com os fenômenos sociais, culturais e geográficos. Traz à cena sujeitos que Certeau[128] os nominariam de ordinários (o vaqueiro, o feirante e o catador). Sua participação, nos movimentos sociais, é considerada relevante, como advogado dos quebra quilos e coiteiro dos praieiros. Ao mesmo tempo, vê as feiras livres como espaço de divulgação dos acontecimentos do estado, sendo um instrumento de sociabilidade, de comércio e de política.

Celso Marques Mariz (1885-1982) nasceu em Sousa – PB, foi criado por uma família de Piancó, mas que residia em Taperoá – PB, pois o chefe da família foi ser juiz nesta cidade. Formou-se em Direito e trabalhou como jornalista na capital e, posteriormente, como professor, em Catolé do Rocha – PB.[129] O único sertanejo escrevendo sobre o semiárido, Mariz[130] traz, em seu texto, um sertanejo mais humano e nele aflora uma espécie de sentimentalismo em relação ao homem do lugar, próprio de quem nasceu e cresceu entre secas e deslocamentos. Além de sua longevidade, impressiona as idas e vindas desse personagem para garantir um espaço na burocracia estatal. Demitido e readmitido algumas vezes, transitou por vários setores da administração pública e assessoramento de políticos.

Vai às entranhas do que nominou de sub-civilização sertaneja, em que as condições naturais têm valor determinante na formação do homem. O enrijecimento excessivo pelo calor e a exposição contínua ao sol deixam-no sequelas no seu comportamento violento e na incapacidade de compreender os ensinamentos do cristianismo (posicionamento típico do determinismo geográfico, muito em voga no século XIX e difundido, inclusive, pelo IHGB e, consequentemente, pelo seu correlato aqui no estado, IHGP). O sertanejo é homem de boa índole, trabalhador e respeitador, porém, a ausên-

---

[127] FERNANDES, Ocione Nascimento. Entre a geografia e a história: um olhar sobre a obra de Irenêo Joffily. *In:* SÁ, Ariane Norma de Menezes; MARIANO, Serioja (org.). **Histórias da Paraíba:** autores e análises sobre o século XIX. João pessoa: Editora Universitária/UFPB, 2003.

[128] CERTEAU, 2014.

[129] NASCIMENTO FILHO, Carmelo do. O historiador burocrata: uma analise historiográfica da obra de Celso Mariz. *In:* SÁ, Ariane Norma de Menezes; MARIANO, Serioja (org.). **Histórias da Paraíba:** autores e análises sobre o século XIX. João pessoa: Editora Universitária/UFPB, 2003.

[130] MARIZ, 1999.

cia de hábitos da civilização faz do sertão o lugar mais atrasado possível, apresentando-o como "[...] supersticioso, acanhado, predisposto, quase continuamente, á animalidade, sem incentivos que o guie nos transmites da evolução da humanidade"[131].

José Américo de Almeida (1887-1980) nasceu em Areia, no brejo paraibano. Com perda do pai, aos dez anos de idade, muda-se para a capital Parahyba, onde fica sob a responsabilidade de um tio religioso. Cursou Direito na faculdade de Recife – PE. A princípio, seguiu a carreira da magistratura, todavia, ganhou notoriedade nacional como romancista regionalista; foi também o primeiro reitor da Universidade da Paraíba, mas foi como político que se dedicou a maior parte do seu tempo, tornando-se senador, ministro e governador do estado da Paraíba (1951-1956).

A narrativa de Almeida, *A Paraíba e seus problemas* (1923)[132], por sua vez, mostra profundo conhecimento das condições econômicas, sociais e climáticas ao trazer detalhes das potencialidades agrícolas e dos recursos naturais, ao mesmo tempo, apontando as secas como a grande dificuldade do estado, na década de 1920, continua tratando a sociedade paraibana numa polarização similar, trazida por Joffily e Mariz: civilização e bravura do conquistador e a barbárie hostil e truculência do nativo. O heroísmo do colonizador (herói nacional) contrasta com a selvageria no nativo. E assim conclui:

> A psicologia do paraibano tem características precisas: o sentimento de família, a benevolência, o espírito de ordem, a fortaleza de ânimo e a dedicação ao trabalho. Sua vontade é, porém, desorganizada por uma lamentável imprevidência que alguns atribuem à herança moral dos selvagens.[133]

Símbolo autêntico dessa sociedade híbrida, o sertanejo é lutador. Mesmo sendo brejeiro, Almeida toma o partido em favor do sertanejo (de onde provém sua linhagem materna), visto como homem de solidariedade, que se juntam uns aos outros para cuidar do gado e da plantação. As condições de miséria e violência são justificadas pela existência da seca e a luta pela terra, respectivamente. Para o autor, essa situação só seria superada quando as lideranças políticas olhassem com mais atenção para a instrução escolar desse povo. Como legítimo representante do epitacismo[134] no estado, sai

---

[131] MARIZ, 1999, p. 87-88.

[132] ALMEIDA, José Américo. **A Paraíba e seus problemas**. 4. ed. Brasília: Senado Federal, 1994.

[133] ALMEIDA, Agnaldo. Aula de história: os 90 dias anteriores ao 31 de março. *In*: GUEDES, Nonato *et al*. **O jogo da verdade**: revolução de 64 30 anos depois. João Pessoa: A União Editora, 1994, p. 539.

[134] Expressão usada pelas historiadoras paraibanas – Santana (2000), Gurjão (1994) e pelo historiador Melo (2014) – para nominar o grupo político liderado pelo ex-presidente Epitácio Pessoa na Paraíba.

em defesa da legalidade e da ordem social, sempre justificando a atuação enérgica das forças oficiais (polícia) no combate ao cangaço, sendo isso, para ele, a face mais negativa da sociedade sertaneja. Esse posicionamento ganha força a partir de 1930, quando Almeida comandou pessoalmente as tropas que combatiam o levante de Princesa Isabel.

Horácio Almeida[135] (1896-1983) nasceu em Areia – PB, tinha péssimas lembranças da infância e da escola. Saiu da cidade natal para morar e estudar na capital do estado. Formou-se em Direito pela Faculdade de Recife – PE. Trabalhou em jornais e revistas e exerceu cargos políticos no estado.[136] Na segunda metade do século XX, é considerado inovador por dar importância aos elementos culturais e antropológicos. Sua pretensão é mais ambiciosa do que a dos demais, pois intencionava escrever a história oficial da Paraíba a partir da crítica do que já foi dito até então. E é criticando outros autores que constrói a sua verdadeira História da Paraíba.[137] Para alcançar o seu objetivo, utilizava instrumentos metodológicos da história tradicional ao apresentar uma narrativa sequencial dos fatos; preocupava-se com o rigor crítico dos documentos, defendia o afastamento do historiador dos fatos, pois a sua aproximação poderia prejudicar a interpretação deles e comprometer a verdade histórica.

Uma particularidade de sua obra é entender como positiva a ideia de isolamento do homem sertanejo durante séculos, pois, somente assim, conservou a pureza dos costumes manifestados no amor à tradição, no apego à terra, no espírito patriarcalista, no culto à coragem pessoal, na defesa violenta da honra ultrajada e, finalmente, na forma ativa de lembrar (exercício de memória) por meio do repente poético dos cantadores. Por outro lado, não se esquece de afirmar que a matriz heroica dos desbravadores está representada nos coronéis poderosos, os latifundiários mandões, nos líderes messiânicos, na criatividade dos cantadores de viola e nos cangaceiros que se tornaram famosos. São tomados, portanto, como elementos da identidade sertaneja. [138]

Mesmo sendo autores de referência na escrita da história da Paraíba, é necessário estar atento para os elementos utilizados no discurso narrativo adotado em todas as obras aqui apresentadas. Trata-se de um enredo que

---

[135] ALMEIDA, 1978.

[136] ARRUDA, Emmanuel Conserva de. A distância que aproxima: a obra de Horácio de Almeida e a Paraíba imperial. *In:* SÁ, Ariane Norma de Menezes; MARIANO, Serioja (org.). **Histórias da Paraíba:** autores e análises sobre o século XIX. Joao pessoa: Editora Universitária/UFPB, 2003.

[137] ARRUDA, 2003.

[138] ALMEIDA, 1978.

se desenrola em um cenário geograficamente definido: o sertão. Chamo atenção, entretanto, para a forma que é feita a leitura desse espaço, pois são, na verdade, representações exteriores, municiadas pela escrita conquistadora e pelas motivações do lugar social e institucional de onde falam. São representações construídas por meio de artifícios da escrita conquistadora.

A visibilidade uniforme do sertão é posta nas diferentes formas desses autores dizerem esse lugar. Com exceção do sertanejo Celso Mariz, os demais são sujeitos de fora que, desde cedo, acostumaram a olhar a história da Paraíba a partir do mesmo movimento de deslocamento do colonizador, ou seja, do litoral para o sertão. O sertão é um mistério a ser desvendado, mesmo para os que tiveram contato direto com essas terras. Dessa forma, não conseguem desvencilhar de imagens já impostas ao lugar pelos desbravadores da época da Colônia, sendo a violência, a seca e a fome as bases de um estereótipo que vai sendo consolidado.

O propósito ambicionado, todavia, é a construção de uma identidade paraibana em que o sertanejo é representado com duas facetas aparentemente contraditórias. Em algumas situações, a violência do cangaceiro passa a ser associada à bravura de um homem destemido, à fome e à miséria trazidas pela seca, cola-se o cartaz da resistência. O sertanejo puro e inocente torna-se a base da cultura brasileira, mas, para que esse projeto de nação se consolide, depende das ações dos homens de letras e instruídos que estão nas áreas costeiras ou de alguns nativos que buscaram instrução nessas áreas do estado ou da região. Assim, podem retornar para conduzir o processo de lapidação do homem rude e grosseiro, inocente e necessitado.

Entendo que Mariz, em certo sentido, faz esse papel do sertanejo que sai da região à procura de formação e de alocação profissional/institucional, porém, não consegue se esquivar desse modelo de narrativa ao tratar o sertanejo como vitimado pelas condições climáticas adversas e dependente da capacidade laboral e da boa vontade do homem da capital. O sertanejo – embora o trate com o sentimento e o conhecimento de causa de quem já viveu os efeitos da seca na pele – é sempre um retirante em potencial, indo (fugindo da seca) e vindo (retornando à sua terra), num eterno retorno/recomeçar. Nesse sentido, a postura de Mariz pode ser compreendida como de alguém que nasce no interior e migra para outras regiões e, ao voltar posteriormente, escreve a história do sertão utilizando-se do mesmo arquétipo imprimido pela escrita conquistadora. Escapa da seca, mas não se desvencilha da força da escrita colonizadora.

A escrita colonizadora, portanto, exerce uma força decisiva na construção de uma representação oficial do(s) lugar(es) e dos sujeitos na cultura histórica de cada época, porque essa história é levada às escolas para ser ensinada como aquilo que aconteceu, ou seja, uma espécie de realidade do passado dos nossos ancestrais, inquestionável. São estereótipos reforçados pelas instituições escolares e pelos professores, pelos órgãos de informação midiáticos e pelo discurso político, tornando-se instrumentos de disseminação na sociedade local e, consequentemente, para outras regiões do país. Essa é uma das razões que contribuiu para a construção distorcida do sertão e de sua gente, que passa a ser notada como agressiva nos seus atos, das terras de cabras brabos onde se matam padres, de onde a fome fala mais alto do que a consciência e onde homem perde o juízo e torna-se capaz de qualquer atrocidade.

Quando eu ainda morava no meio rural, na década de 1980, era muito comum ouvir das pessoas (familiares e conhecidos) que retornavam de São Paulo (principalmente) a seguinte afirmação: no sul, o Piancó é visto como um lugar de cabra valente e destemido. A cidade de Piancó mesmo é conhecida como a cidade onde se mata padre. Somente na universidade e no contato com a historiografia paraibana, pude compreender que essa expressão deriva do episódio em que o Padre Aristides (além do ofício de padre, era também liderança política muito estimada pela população local) foi morto em um conflito com a Coluna Prestes, em 1926. Em minha opinião, um fenômeno histórico mal explicado, já que os algozes não eram os do lugar, mas trata-se dos que vieram de fora.

Entendo que, em face dos estereótipos de violência construídos a respeito do sertanejo, que abrange todo o sertão nordestino (em geral) e do Vale do Piancó (em particular), tal episódio ganha proporções negativas e chocantes. De maneira que os resultados do movimento de 1930 aprofundaram esses estereótipos negativos sobre o sertão paraibano por ser este o lugar de resistência do coronel José Pereira (chefe local de Princesa Isabel e de forte influência no Vale do Piancó) imputada ao governo de João Pessoa (presidente da Paraíba), além do acontecimento ser de forte representação simbólica no imaginário brasileiro, especialmente como representante do conflito entre o Brasil rural e atrasado versus o Brasil urbano moderno (vitorioso politicamente com Getúlio Vargas ao poder por meio da supressão das oligarquias representadas por São Paulo)[139].

---

[139] Sobre a Revolta de Princesa, o governo de João Pessoa e a relação com o movimento de 1930, ver o estudo sobre o mandonismo na Paraíba da professora Inês Caminha Lopes Rodrigues (1978).

Em João Pessoa, por exemplo, o sertão é visto como um lugar muito distante, onde não se encontra nenhum resquício de inovação técnica, e a sonoridade da fala ecoa como síntese desse homem rude e de conhecimento elementar. Não resta dúvida de que esse tratamento pejorativo dado ao linguajar sertanejo é precipitado e generalizante, não tendo qualquer propósito de compreendê-lo a partir de uma cultura linguística do lugar.

O olhar atravessado a esse respeito está posto em Freire[140] que, ao fazer a cobertura de *A campanha de Princesa*, afirma que, nessa região, há um traço característico da linguagem falada que a torna quase incompreendida pelos que não são do lugar. É importante lembrar que, durante a refrega, o jornalista conviveu com homens muito simples no campo de batalha, sem qualquer instrução escolar e vivendo sob a pressão de um conflito que deixa sequelas na alma paraibana, tanto no sertão quanto no litoral. Apenas evidencia a falta de instrumentos educacionais que, quando existiam, direcionavam-se aos filhos da elite proprietária de terras (as famílias oligárquicas). Portanto, não se pode tomar um problema sociológico como definição determinista de toda uma diversidade populacional de uma região geográfica que, por seus aspectos naturais, econômicos e culturais, é nominado de sertão.

Nunca é exagerado lembrar que o homem desse lugar jamais será igual ao de qualquer outro, seja qual for o elemento analisado (aspectos do território, relações sociais, fenômenos culturais, dentre outros). O menino que nasce, nesse lugar, aprende, desde cedo, formas específicas de ver e de dizer o seu lugar de origem (assim como qualquer ser humano, em qualquer lugar do planeta). Suas memórias são constituídas por um conjunto de códigos (linguísticos, maneira de se portar, de caminhar, entre outros) que o formará enquanto sujeito histórico-cultural. Os vários sertões da Paraíba – Vale do Piancó, Serra de Teixeira, Espinharas, Alto Piranhas, e outros – são representados como uma sub-raça uniformizada e sem levar em consideração as especificidades humanas e geográficas.

Sendo assim, estou de acordo com o entendimento de que generalizações dessa natureza servem apenas para construir e reforçar preconceitos. Quando homens da escrita historiográfica dominante posicionam-se a respeito do sotaque e dos desvios da norma culta de forma pejorativa estão reforçando preconceitos geralmente associados à origem de lugar, mas não é somente isso, o preconceito aparentemente de origem geográfica do lugar poderá se apresentar com formas e significados diversos, pois se

---

[140] FREIRE, João Lelis de Luna. **A campanha de Princesa.** João Pessoa: Empório dos Livros, 2000.

direciona de acordo com a conveniência e o interesse de quem os emite, podendo ganhar certamente outras dimensões, como depreciação pela cor da pele, condição social, interesse sexual, ideologia política e, obviamente, por origem de lugar.[141]

A consciência crítica deste trabalho vem do reconhecimento de que sou um produto histórico, porque não estou à margem dos traços culturais, das relações sociais e das institucionais do meu lugar e do meu tempo. Assim sendo, o presente estudo parte do reconhecimento de que, mesmo sendo um de lá (um sertanejo), não estou livre das influências da escrita conquistadora. A educação escolar, a formação acadêmica e a leitura de livros conduziram-me a uma concepção de história da Paraíba povoada de elementos que reforçam/reforçaram estereótipos de um tipo sertanejo. Não consigo, entretanto, puxar pela memória, nem muito menos identificar nas falas dos entrevistados, essa condição sertaneja de um ambiente cultural de violência gratuita, de dificuldades intransponíveis em virtude dos problemas causados pela seca, da face esquelética desfigurada de retirante sem esperança e de um homem sem criatividade e inventividade para superar diversidades de toda natureza.

As imagens construídas, desde a primeira infância, não foram esquecidas, persistindo ao ponto de assumir essa tarefa de transformá-las em narrativa historiográfica. O desejo de inventariar o sertanejo que carrego intrinsecamente é motivado por questões já apresentadas, porém, não abdicando, logicamente, dos procedimentos metodológicos norteadores da pesquisa historiográfica. Não se trata, no entanto, de uma história ao reverso, digo, em oposição ao que se notabilizou na historiografia dominante. No afã de criticar esse modelo de narrativa sobre o sertão, não posso desconsiderar que, apesar de todos os estereótipos, essa representação do sertanejo não é apenas coisa da cabeça do conquistador (das armas ou das letras). De uma forma ou de outra, o nativo apresenta-se para o de fora: é dado a ler.

As culturas e as histórias do lugar, entretanto, não podem ser compreendidas sem o estudo aprofundado das relações de poder que conduzem o processo construtor dessa história. O inventado passa a fazer parte da cultura material do criador, pois alimenta o discurso historiográfico com suas imagens, seu vocabulário e seu estilo de vida, mas obviamente esses elementos são emoldurados por uma escrita que define o lugar a partir de interesses de quem controla a narrativa.[142] O discurso

---

[141] ALBUQUERQUE JÚNIOR, 2012.

[142] SAID, 2007.

hegemônico uniformiza um universo constituído por várias coisas. É necessário pensá-lo como discurso e, somente assim, compreender o lugar que é descrito na narrativa, uma vez que os próprios sertanejos não se sentem parte dessa estética.

Basta embrenhar-se numa curta experiência de tempo no Vale do Piancó para constatar que essa diversidade é passível de leitura. Suas rivalidades aparecem no futebol, no tamanho da cidade, no poder financeiro de cada município, no estilo de se vestir e de se portar nos ambientes públicos, nas formas (violentas ou pacificas) de resolver os desentendimentos, nas alternativas de sobrevivência do povo etc. Ao vivenciar o cotidiano da Casa do Estudante, percebi que esse modo de ser e estar se reproduzia nesse espaço, tornando-se propício para se constatar como essas diferenças são evidenciadas, obviamente que numa situação mais ampliada, já que a instituição abriga estudantes de várias regiões do interior do estado, não esquecendo que os sertanejos sempre foram maioria na Casa.

Produzir e preservar documentos escritos, evidentemente, não se encontra no elenco de prioridade de Santana dos Garrotes, como já explicitei. As representações dos sujeitos sobre o seu lugar e sobre si mesmo estão na memória expressa por meio das narrativas orais. A imagem oficial/historiográfica dessa sociedade é construída a partir de um olhar de fora ou instrumentalizado por esse discurso (Mariz é um bom exemplo). Essa formulação exterior começou com o colonizador, consolidou-se com a historiografia dominante e continua sendo reproduzida nas instituições escolares.

Um estudo que desafia essa lógica justifica-se por relevâncias variadas: contar uma versão a partir do lugar, usar memórias e oralidades como alternativas de fontes/material de pesquisa, construir uma história por meio das representações dos sujeitos ordinários que têm como artifício o uso de táticas que se apresentam fortuitamente para superar as estratégias dominantes de escrita e, acima de tudo, rastreando o papel de uma instituição não escolar na formação desses sujeitos. É chegado o momento de vascular esse universo de vozes que ecoam em múltiplas direções, evocadas por diferentes versões, mas que serão substância de outro arquétipo escriturário que lança mão de um olhar invertido, dando forma às ações de sujeitos que se movimentam, agora, em linhas traçadas, que partem do interior para o litoral pelas memórias de estudantes que se deslocam em busca de afirmação social ou de sobrevivência.

2.3 OS DIFERENTES SENTIDOS DE UMA NARRATIVA HISTORIOGRÁFICA HEGEMÔNICA

A estrutura espacial em que a Paraíba encontra-se organizada na atualidade pode levar um estudioso apressado a cometer equívocos quando se depara com textos e documentos da Colônia, do Império e de boa parte da República. O sertão era um território bem mais vasto e não correspondia apenas à faixa de terra que hoje é tratada como tal, ou seja, ao ultrapassar a área açucareira, o restante eram os sertões.

O Vale do Piancó recebe essa denominação em virtude do Rio Piancó que corta a mesorregião e todo semiárido paraibano. Nasce na serra de Princesa Isabel, transcorrendo no sentido Sul-Norte, passando pelas microrregiões de Piancó,[143] Piranhas, Espinharas (abrangendo vários municípios paraibanos) até adentrar no Rio Grande do Norte pelo Seridó e desaguando no oceano Atlântico potiguar.[144]

A ribeira do Rio Piancó atraia os colonizadores por lhes garantir as condições necessárias para criação de gado (água, matas e pastagem). No século XVIII, com os nativos praticamente dizimados, os rebanhos prosperavam por toda parte nos piancós paraibanos, favorecidos pela largueza dos campos e as boas condições do clima. Foram essas as condições ambientais que mais influíram para a fixação do homem na terra. Destacou-se: "na história da Paraíba por tornar-se sempre ponto de partida obrigatória de muitos dos empreendimentos dos antigos colonizadores para a penetração ao interior do sertão".[145]

Adentrar no universo escriturário e tecer as tramas de uma narrativa a partir das experiências vivenciadas em Santana dos Garrotes (encravada no Vale do Piancó paraibano) tem-se mostrado desafiador para mim. As fendas estão expostas pela confusão entre as representações dos sujeitos, do lugar (eu e os entrevistados) e as formas de dizer da escrita historiográfica que se reporta ao lugar apenas como exemplificações de situações ou de argumentações textuais. Motivado pelas considerações de Albuquerque Júnior,[146] parto da conjectura de que somos seres culturais, capazes de atribuir significados e sentidos por meio da linguagem com tudo que nos

---

[143] Atualmente, a microrregião do Vale do Piancó compreende os municípios de: Aguiar, Boa Ventura, Conceição, Coremas, Curral Velho, Diamante, Emas, Ibiara, Igaracy, Itaporanga, Nova Olinda, Olho D'Água, Pedra Branca, Piancó, Santa Inês, Santana dos Garrotes, Santana de Mangueira, São José de Caiana, Serra Grande.

[144] SOUSA, Francisco Teotônio de. **Piancó, o pequeno grande rio.** João Pessoa: Editora Universitária/UFPB, 2008.

[145] FREIRE, 2000, p. 228.

[146] ALBUQUERQUE JÚNIOR, 2012.

relacionamos. Todavia, se nomear é dar sentido, como o próprio autor afirma, imediatamente me inquieta a forma como Santana dos Garrotes aparece nas narrativas historiográficas desde o fim do século XIX e início do XX.

Mediante esse entendimento, surgem certos questionamentos: se nomear é dar sentido, o sentido é para quem nomeia ou para quem é nomeado? Ou, uma mesma nomeação possibilita representações diversificadas por estarem estritamente imbricadas ao lugar de onde cada um fala? Afinal, conheço o meu lugar ou ele é para mim apenas o que dizem a seu respeito? São inquietações que foram sendo evidenciadas a partir do aprofundamento nas leituras da historiografia paraibana e sua representação a respeito do sertão e do sertanejo, confrontando com o que se evidencia nas falas dos entrevistados.

Os escritos produzidos por santanenses sobre a história da cidade são bastante incipientes, resumindo-se basicamente ao pequeno livro de memórias *Breves notícias de Garrotes.* Neste, em 15 páginas mimeografadas, Firmo[147] constrói sua narrativa a partir do que ouviu de sua avó (Inácia Leite). Trata-se de um relato elementar que traz o surgimento da povoação ainda no século XIX (1825). Sua nominação resultado da curiosa conciliação entre o nome da padroeira com um elemento da pecuária (garrote), a presença da igreja católica desde a primeira casa de oração até a construção igreja matriz atual (1946), a relação do distrito com o município sede/Piancó (que se dá muito mais no campo religioso do que propriamente no político administrativo), a criação da primeira orquestra da cidade e os personagens considerados responsáveis pelo desenvolvimento do lugar, obviamente que ele se coloca entre os indivíduos da ação.

De maneira mais bem sistematizada, um documento de 1975 intitulado *Santana dos Garrotes: sua história e sua gente*[148], organizado na gestão do prefeito Solon Bastos Cavalcanti (1973-1977), recorre às informações de Firmo,[149] sem citá-lo, para tratar da origem do lugar e todo o emaranhado que envolve sua nominação. No entanto, destaca-se por mencionar as leis de criação do distrito (1896) e a lei de emancipação política (1961). Além disso, descreve em detalhes localização e acidentes geográficos, riquezas naturais e filhos ilustres. Vale ressaltar que, mesmo tendo exercido o cargo de prefeito e vice prefeito (1983-1989), Solon Bastos também é reconhecido

---

[147] FIRMO, Francisco das Chagas. **Breves notícias sobre a vila de Garrotes (Piancó – Paraíba).** Pedreiras: mimeografa, 1960.

[148] As informações contidas no site Wikipédia praticamente fazem uma cópia desse documento.

[149] FIRMO, 1960.

no Vale do Piancó como uma referência na poesia popular. Apaixonado pelo folclore nordestino e pela literatura de cordel, nutre expressiva admiração por recitadores, cantadores e poetas populares do quilate de Pinto de Monteiro, Zé Carmelo, Jansen Filho, Inácio da Catingueira, Luiz Gonzaga, entre outros. Em 2016, lançou, em 2ª edição, *Transpirando reminiscências,* uma coletânea de cordéis que narra episódios da seca de 1958, ambientada na frente de emergência incumbida de construir a estrada que liga Piancó – passando por Santana – a Princesa Isabel. Entre rimas e estrofes, o poeta discorre sobre sua condição de fiscal de trecho, o que possibilitou presenciar de perto as manobras que muitos faziam para aumentar a idade de crianças e, assim, conseguir o cadastramento, a inserção de pessoas que já havia falecido, o duplo alistamento, a articulação política para que os de melhores condições também fossem contemplados. Enfim, Cavalcante[150] encerra essa questão deixando evidente que tal situação chegou ao conhecimento dos governantes, porém, a ação de agentes políticos impediu que os infratores fossem punidos.

Aponto ainda o trabalho de José Chagas[151] (filho de Firmo) *Tabuada de memória.* Este nasceu no distrito de Santana dos Garrotes, em 1924 (sendo assim, considerado natural de Piancó). Em 1945, deixa o vilarejo onde nasceu e migra para o estado do Maranhão, onde se tornou poeta e cronista reconhecido pela sua obra e, por conseguinte, membro da Academia Maranhense de Letras. Faleceu em 13 de maio de 2015, aos 89 anos de idade. Marcadamente saudosista pela ausência de 50 anos distante da terra natal, o poeta repete, em forma de rima, o mesmo relato de fundação da cidade formulado por seu pai, destacando que a história do lugar transita numa mistura de luta (pela sobrevivência) e promessa (forte relação coma igreja).

Diferentemente dos demais, tem uma sensibilidade direcionada à arte e expressa acentuadamente em suas memórias. Por essa razão, evidencia o papel da banda marcial[152] na vida da pequena vila (ainda nos anos de 1930 e princípios dos 40), como também sua experiência escolar com o professor tio Zequinha que adotava o método da tabuada repetida e, por isso, "desde aí criei amor ao verbo e sua magia com que nos pode transpor para o mundo da poesia,"[153] finaliza mostrando que o cotidiano da vila era solitário e tranquilo, onde os dias eram sempre iguais.

---

[150] CAVALCANTE, Solon Bastos. **Transpirando reminiscências.** 2. ed. João Pessoa: Graff Collor, 2016.

[151] CHAGAS, José Francisco das. **Tabuada de memória.** São Luís: Sotaque do Norte Editora, 1994.

[152] Uma banda que contou com incentivo de seu pai, tendo como músicos: Agostinho Braz (trombone), Hermes Costa (tuba), Jovino (bombardino), João Lopes (clarinete) e Joaquim Arara (pistom). Antônio, seu irmão, era o gerente da banda.

[153] CHAGAS, 1994. p. 27.

Por fim, segue o mesmo rastro de informações, uma revista produzida pela Igreja Católica (2013) e publicada em comemoração aos 100 anos de paróquia da padroeira Sant'Ana. Como não poderia deixar de ser, evidencia a trajetória da Igreja no município: a primeira casa de oração na Fazenda Exu, a construção da primeira capela à margem esquerda do rio Santana (1845-1850), a construção da igreja de alvenaria (1897), elevação à freguesia (passava a ser independente em relação à paróquia de Piancó) e construção da paróquia (1913), tendo com ápice a construção da igreja matriz atual (1946). A maior parte da revista dá destaque ao trabalho das pastorais e evangelização na atualidade.

Mesmo cada um falando a partir de suas particularidades social ou institucional, são narrativas que confluem para o mesmo fato gerador do lugar, afirmando que a instalação da Fazenda Exu (1825) e o consequente roubo de um garrote são os primeiros resquícios de ocupação da povoação. Nessa localidade, deu-se o que os historiadores chamam de "mito fundador", ou seja, de onde parte e constrói-se a história do povo do lugar, formulada muito mais no campo da imaginação da memória do que como resultado de pesquisa sistematizada. Sendo 1825 um ano de repiquete de seca (expressão que se refere a uma estiagem com poucas chuvas, porém, não chegando ao extremo do ano de seca), a sobrevivência das pessoas torna-se algo imperativo. Diante dessa situação, o lavrador José dos Santos (Firmo narra o caso sem mencionar o nome, mas apenas a expressão alguém) furtou um garrote, matou-o para alimentar a sua família e escondeu o couro e as vísceras em uma lagoa. Moradores da região, ao tomarem conhecimento do fato, passaram a chamar o local de Lagoa do Garrote ou Vargem do Garrote (onde ficava a lagoa). Como diria Chagas "garrote que um dia se tornariam memória",[154] colocando a origem do lugar entre verdades e lendas.

A partir dessa documentação – repetitiva em seu conteúdo, mas diferenciando na forma de contar – foi possível construir um enredo sucinto de datas e eventos que formatou Santana dos Garrotes enquanto instância jurídica e administrativa. O distrito de Santana dos Garrotes foi criado pela Lei n.º 453, de 10 de novembro de 1896 (coincidência ou não, também foi o ano da construção da primeira capela de alvenaria). No Decreto-Lei n.º 1.164, de 15 de novembro de 1930, no qual se fixa a divisão dos limites territoriais dos municípios paraibanos, aparece sob a denominação de Garrotes, sem qualquer justificativa aparente para a

---

[154] CHAGAS, 1994. p. 35.

mudança do seu nome. Da condição de distrito de Piancó - PB, Garrotes foi emancipado por meio da Lei n.º 2.672, de 22 de novembro de 1961, sendo instalado oficialmente em 26 de outubro de 1962, com a denominação que persiste até os dias atuais.

Como elemento destoante dessa escrita aparentemente oficial sobre Santana, trago um livro bastante interessante que traz a experiência de economia solidária de uma comunidade rural do município, tendo como título *Pereiros: uma história de cooperação* e organizado por técnicos do Governo do Estado da Paraíba. Em 1988, os organizadores do livro[155] participavam de um curso em Recife – PE, juntamente com outros técnicos do Nordeste, patrocinado pela Associação de Orientação às Cooperativas do Nordeste (Assocene). Como exigência do curso, os técnicos paraibanos estavam atentos em identificar formas econômicas e políticas de cooperação/participação no Nordeste.

Em reuniões com comunidades rurais pelo Vale do Piancó, descobriram a comunidade Pereiros (em um encontro realizado em Pedra Branca – PB), localizada na zona oeste do município de Santana dos Garrotes, quando propuseram à comunidade documentar a sua história. Após o consentimento da maioria dos membros da comunidade, iniciou-se o trabalho de pesquisa que consistia em reunir a comunidade em reuniões coletivas em que a antiga professora, chamada de mãe da comunidade, "[...] começaria a contar a história e os outros iriam acrescentando fatos e exemplos, à medida que iam resgatando-os na memória".[156] Os entrevistadores também faziam colocações ao longo da narrativa, ora para fazer esclarecimentos, ora para entender melhor a história da comunidade.[157] Os autores concluem com esse trabalho da grande luta dos moradores era para assegurar e reforçar a organização, destacando "[...] que o forte de sua história é a descoberta da cooperação como forma de superação dos problemas"[158] e que a liderança coletiva é a sua principal distinção, pois nem mesmo o vereador se sobressai perante os demais nas decisões tomadas e executadas pelo grupo.

[155] Francisco Alves Dantes, José Ariosvaldo dos Anjos Aguiar e Maria Marta Almeida Sarmento realizaram esse trabalho em decorrência da execução do *Plano do Povo do Estado da Paraíba* que tinha o objetivo de conhecer experiências de organização popular no estado. Um projeto elaborado pelo governo do estado da Paraíba e supervisionado pelo Gabinete do Planejamento e Ação Governamental (Gaplan) e o Instituto de Desenvolvimento Municipal e Estadual (IDEME).

[156] DANTAS, Francisco Alves; AGUIAR, José Ariosvaldo dos Anjos; SARMENTO, Maria Marta Almeida. **Pereiros:** uma história de cooperação. João Pessoa: Gaplan/IDEME, 1989. p. 19.

[157] DANTAS; AGUIAR; SARMENTO, 1989.

[158] DANTAS; AGUIAR; SARMENTO, 1989. p. 20.

Para a comunidade de Pereiros, tudo começou em 1972, quando a Diocese de Patos – PB recebeu uma verba da Alemanha destinada à educação de comunidades rurais, especialmente, aquelas que dispunham de certa organização de experiência coletiva. Sendo informado de tais recursos, conhecendo a organização comunitária de Pereiros, em Santana dos Garrotes, e sabendo da demissão da professora da comunidade pela prefeitura, o padre de Nova Olinda – PB (limite ao sul de Santana) articulou junto à Diocese para que partes desses recursos fossem destinadas à comunidade. O projeto era orientado pelo método: ver, julgar e agir; e consistia em aulas noturnas a trabalhadores e trabalhadoras, enquanto que, no domingo, era feita a leitura do evangelho interpretando e adequando os trechos bíblicos de acordo com a realidade vivenciada no momento da ação daqueles sujeitos. A interação como a coordenação da Diocese era permanente, pois

> De dois em dois meses, ela ia a Patos, participar da reunião. E no final do ano havia um encontro com toda a Diocese. Para esses encontros a professora tinha que levar alguns daqueles alunos. Várias pessoas daqui participavam dos encontros. Lá se discutiu que muitos daqui eram capazes de ajudar a professora na reunião do domingo. Na escola eles estudavam. [159]

Em 1974, o projeto deixou de ser financiado, mas a comunidade decidiu continuar com esse modelo de experiência de cooperativismo voluntariamente, muitas outras comunidades envolvidas decidiram deixá-lo com o fim dos recursos. Foi nesse momento, entretanto, que começaram a participar do Movimento de Evangelização Rural (MER), posteriormente denominado de Comunidade Eclesial de Base (CEB). Nas reuniões mensais realizadas pela CEB em Patos, os trabalhadores recebiam material como o Estatuto da Terra e outros (livretos, cartilhas, panfletos), assistiam a palestras com temas como a Sua comunidade é você, reuniões sobre Direitos Humanos, entre outros. Nessa época, os trabalhadores sofreram muita pressão ainda em decorrência dos efeitos do AI-5, inclusive, as próprias reuniões promovidas pela Igreja eram ocultas e muitos a tratavam como instituição a serviços da subversão, conclui um dos participantes daquela experiência.

Sem dúvida, trata-se de uma experiência que deve ser mencionada por se referir a uma comunidade localizada no referido município e traz uma abordagem bastante distinta das demais, embora a preocupação dos escritos não seja mostrar a história de Santana dos Garrotes, mas, sim, a

---

[159] DANTAS; AGUIAR; SARMENTO, 1989. p. 27.

história de uma experiência coletiva de união e cooperação (inclusive, os autores encarregam-na nas expressões conceituais marxistas dando uma tonalidade utópica ao relato daquelas práticas e dos sujeitos).

Para mim, os relatos dessa comunidade chamam muita atenção também por se evidenciar como instrumento de múltiplas resistências em suas diferentes dimensões (política, social e cultural). Resistência ao poder do mando local dominado amplamente pelo partido da ditadura e que agia para privar o acesso a direitos essenciais, como transporte, assistência médica e projetos de beneficiamento rural. A desconfiança dos moradores da própria comunidade que passavam a serem coagidos com reações efetivas, como a já mencionada falta de apoio por parte do governo municipal, ou com ações de efeitos simbólicos, como a proposital construção do grupo escolar da comunidade com o nome do ditador Ernesto Geisel.

É importante destacar ainda uma tomada de consciência dos ditames da ditadura militar, uma vez que, diferente dos próprios estudantes entrevistados que afirmavam praticamente desconhecer o que acontecia na época do regime autoritário e que vieram ter ciência dos fatos posteriormente, os narradores de Pereiros não só conheciam as determinações violentas do AI-5 como também assumiram uma postura de resistência, não votando com os candidatos da situação (local, estadual e nacional), permanecendo unidos em torno de ações de cooperações e, acima de tudo, construindo cidadania a partir da articulação com os movimentos da Igreja progressista.

Ao analisar essa produção escrituraria sobre Santana, percebi que esses escritos traziam informações uniformes e superficiais a respeito desse lugar, com exceção daquela que se refere à comunidade dos Pereiros por se tratar de um estudo sistematizado e de interesse do Governo do Estado que destinou profissionais para produzir o texto. Partindo desse entendimento, procurei visualizar as representações sobre Santana dos Garrotes a partir da historiografia ou da literatura estadual. Apresentada por Joffily[160] como Garrotes e por Mariz[161] como Sant'Ana dos Garrotes, essa povoação aparece apenas como um dado estatístico que evidencia a grandeza da extensão territorial do município de Piancó que comportava outros distritos e, sendo assim, chegava a ser comparado à extensão de muitos países da Europa[162]. Não há nesse lugar,

---

[160] JOFFILY, 1976.

[161] MARIZ, 1999.

[162] Os limites territoriais do município de Piancó foram definidos na Lei n.º 705, de dezembro de 1880. Além da sede, contava com as seguintes localidades/Distritos: Água Branca, Olho D'Água, Jucá (atual Catingueira), Curema (atual Coremas), Aguiar, Boqueirão dos Cochos (atual Igaracy), Santana dos Garrotes e Nova Olinda. Todos são municípios emancipados desde a década de 1960, exceção para Coremas que é de 1921 (BRASILINO FILHO, 2003).

entretanto, cor, cheiro, ruídos ou qualquer resquício da dimensão humana que possa atestar o movimento da história a partir do que o homem fez, pensou ou sentiu enquanto ser social, como diria os fundadores dos *Annales*.

Santana ganha notoriedade, no entanto, nos escritos de Freire sobre a Guerra de Princesa, pois é reconhecida como área de influência ou intervenção do Coronel José Pereira. Corroborando com tal afirmação, em fevereiro de 1930, o Capitão Falconi informou ao Governo do Estado que "os bandidos de Zé Pereira invadiram Santana dos Garrotes com o fim de perturbar as eleições naquele distrito"[163]. Relata ainda que o processo eleitoral foi bastante conturbado no Vale do Piancó e vizinhanças de Princesa Isabel em virtude da ação de tropas do coronel sertanejo que procurou evitar o funcionamento de comícios eleitorais. O certo é que a invasão de Santana no dia da eleição foi confirmada, uma vez que os danos eleitorais foram consideráveis. Havia forte temor em Piancó, uma vez que a ameaça era que, após o domínio de Santana, Piancó também poderia ser tomada. No entanto, a eleição, em Piancó, ocorreu dentro da normalidade[164].

Além desse episódio, a cidade é mencionada como itinerário das tropas da Coluna do centro que rumava de Piancó para levantar mais um cerco aos rebeldes da Serra. Partiram de Piancó em 6 de julho de 1930 e, ao anoitecer, pernoitaram no povoado (como trata o autor) que fica a 23 km da sede. Ao apear a tropa, o comandante João Maurício deu ordens para abastecer o comboio de mantimentos e animais de qualquer espécie que fossem encontrados nas fazendas ou roças. Essa atitude foi tomada sem consultar os proprietários dos rebanhos e os donos de lavouras de subsistências, como também sem qualquer ressarcimento dos danos.

A narrativa de Freire[165] não expressa qualquer espécie de diálogo, divergência ou negociação com a população local a respeito dessa invasão das propriedades, porque, de fato, não há atores santanenses na trama narrada. É mais intrigante ainda é o fato de nunca ter ouvido qualquer pessoa mencionar tal episódio na cidade. Por qual motivo a memória foi silenciada e os santanenses não se reportam a esse fato? Será simplesmente por não darem importância ao acontecimento ou por terem sido obrigados a esquecerem? Por que a população local era favorável à causa do coronel José Pereira? Não estou aqui afirmando que o fato não aconteceu, mas evidenciando o silêncio da memória do lugar que precisa ser mais bem investigado pelos historiadores.

---

[163] FREIRE, 2000.

[164] BRASILINO FILHO, 2003, p. 130.

[165] FREIRE, 2000.

Mais recente, como município emancipado, Mello[166] faz menção ao nome da cidade, destacando a relação do vale do Piancó com a pecuária como atividade econômica predominante, tomando Garrotes como exemplo de influência dessa atividade na nomeação dos municípios do sertão paraibano. Por mais que Mello se esforce para mostrar que a força da pecuária é definidora na escolha dos nomes das cidades do Vale do Piancó, citando Santana dos Garrotes e Curral Velho como exemplos dessa influência, asseguro que essa afirmação é facilmente contestável, porque o primeiro equívoco do autor é partir do pressuposto de que os nativos foram varridos completamente dessa região no momento em que se efetivava a colonização com a pecuária.

A ideia central na narrativa de Melo é construída da seguinte forma: sai o nativo, entra o gado e alguns homens brancos que passaram a ser referências de cultura do lugar. Tudo gira em torno da civilização do couro. É preciso, entretanto, olhar com mais cuidado para os traços da cultura indígena que ainda persistem fortemente na região. Não quero com isso minimizar a presença do branco colonizador, contudo, mostrar que a constatação aqui apresentada não passa de mais uma construção apressada e generalista a respeito dos municípios do Vale do Piancó. Os nomes dessas pequenas cidades reforçam o meu entendimento de que o lugar e aqueles que o habitam existem anteriormente à ocupação colonizadora, seja da empresa colonizadora ou da escrita historiográfica.

É inegável que, além das características físicas (os cabelos graúnas, a pele morena e os traços faciais expressivos, presentes na família Bezerra de onde descende minha mãe), do vocabulário das pessoas, de boa parte das comidas típicas, da ação curandeira de meizinhas da flora e de rituais religiosos que muitos ainda preservam no íntimo familiar e que terminam ganhando certa dimensão no cotidiano da cultura local; o nome das cidades[167] é, sem dúvida, um elemento simbólico significativo que atesta a permanência dos traços culturais dos povos nativos, pois boa parte tem origem na língua tupi. É importante lembrar que, embora tenha chegado posteriormente e na condição de cativo, os negros também deixam as marcas, tendo traços de sua cultura materializados na alimentação, nos rituais religiosos e na denominação de localidades; a Fazenda Exu confirma sua persistência.

---

[166] MELO, José Octávio de Arruda. **História da Paraíba:** lutas e resistências. 4. ed. João Pessoa: Editora UFPB, 2014.

[167] Os nomes dos municípios e seus respectivos significados na língua tupi: Coremas (lábio inferior pra baixo), Ibiara (serra das araras), Igaracy (canoa grande), Itaporanga (pedra bonita), Piancó (terror, pavor), São José de Caiana (Caiana: aquele que mora no mato).

Não posso deixar de reconhecer, entretanto, que a presença do colonizador branco, por meio dos nomes católicos das cidades e de seus padroeiros[168], é incontestável, evidenciando que, assim como na cultura de uma forma geral, predomina a força da imposição colonizadora. Quero deixar registrado apenas que há elementos mnemônicos, históricos e culturais a respeito do Vale do Piancó bem mais substanciais e que vão além do que estar posto por Mello.[169] Lembrando que sua principal obra, *História da Paraíba: lutas e resistências*, é bastante adotada em escolas e cursinhos, muitas vezes sem a devida problematização.

Sem dúvida, Santana dos Garrotes (como espaço de sociabilidade) e suas memórias necessitam de uma investigação mais apurada. Penso, porém, que a falta de consciência de preservação da memória material e imaterial pode ter contribuído para o fato desse lugar ser apenas um nome na historiografia paraibana, ou seja, as representações prevalecentes foram construídas a partir do olhar do outro, do de fora. Mesmo com o esforço de Firmo[170] em chamar a atenção para a importância de se conhecer o passado, ele reconhece que no lugar não há interesse em compreender a sua história, pois "vêem ali duas igrejas, e se contentam em chamá-las igreja velha e igreja nova. Não lhes interessa a história de uma ou de outra. O que está feito, está feito, dirão todos".[171] Este relato de memória, inclusive, não é (ou praticamente não é) trabalhado pelos professores nas escolas do município. De forma geral, as pessoas conhecem alguns dos aspectos abordados pelo autor por meio da oralidade, especialmente o mito fundador.

O desafio deste estudo é desordenar essa lógica escriturária. É contar uma versão dessa história por meio de uma pequena localidade e suas memórias, construir uma narrativa a partir de sujeitos (um grupo de estudantes) que nem sempre deixam suas marcas de forma explícita, mas que têm representatividade no lugar por meio de suas famílias, na condição de estudantes que transitam pelos espaços escolares, enfim, como sujeitos históricos que imprimem ações, formalizam e compartilham os códigos da cultura do lugar e constroem suas próprias representações. Compreendo, portanto, que a

---

[168] (São Francisco do) Aguiar, (São) Boa Ventura, Conceição, Santa Inês, Santana dos Garrotes, Santana de Mangueira, São José de Caiana. As expressões entre parênteses são os nomes de origem do município, mas que na atualidade foram extraídos.

[169] MELO, 2014.

[170] FIRMO, 1960.

[171] FIRMO, 1960, p. 3.

> [...] produção historiográfica parte do pressuposto de que os espaços são construções humanas, os recortes espaciais são feitos e significados pelos homens e estes são produto não apenas das diferentes formas de os homens se organizarem econômica e politicamente, são resultados não apenas das relações econômicas e de poder que dividem os homens e com seus territórios, os lugares, os espaços, mas também são fruto da imaginação humana, estão impregnados de seus valores, costumes, formas de ver e dizer o mundo, coisas e pessoas. [172]

Considerando as motivações e os empreendimentos da colonização do sertão paraibano, há de se reconhecer que o município de Santana dos Garrotes traz no nome a vontade da escrita colonizadora, pois nada mais é do que a combinação do que há de mais representativo na ocupação colonial do território. Sua denominação carrega as marcas do catolicismo com a homenagem à sua padroeira Senhora Santana, ainda hoje cultuada pela maioria da população local que tem como manifestação mais significativa dos fiéis, a sua Festa de Santana, em 26 de julho de cada ano. Acrescentada ao nome da santa/imagem sagra, a atividade da pecuária que não é tão expressiva como em outras áreas do sertão. Aqui, de fato, agricultura de subsistência (milho, feijão e arroz) é bem mais importante, a criação de gado existe como atividade complementar.

Em todos esses autores (Joffily, Mariz, Freire e Mello) abordados anteriormente, Santana dos Garrotes é um não lugar, pois somente existe pelas palavras que a evocam, sendo, portanto, um lugar imaginário.[173] É um lugar que só existe na historiografia paraibana como nominação, porém, não aparece como espaço de sociabilidade, é um lugar sem sujeitos.

Quando adentramos no espaço de convivência da pequena cidade, entretanto, tudo está interligado, é um verdadeiro emaranhado de possibilidades de práticas e gestos. Como proceder para dar sentido às falas dentro da narrativa? Admitindo a faceta metodológica da história oral, como defende Lozano[174], ou seja, sem entendê-la simplesmente como um depoimento ungido à fonte, mas com a função de selecionar, ordenar e confrontar os resultados das entrevistas.

---

[172] ALBUQUERQUE JÚNIOR, 2012. p. 24-25.

[173] AUGÉ, Marc. **Não lugares**: introdução a uma antropologia da supermodernidade. Tradução de Maria Lúcia Pereira. 9. ed. Campinas: Papirus, 2012.

[174] LOZANO, Jorge Eduardo Aceves. Prática e estilos de pesquisa na história oral contemporânea. *In*: AMADO, Janaina; FERREIRA, Marieta (org.). **Usos e abusos da história oral**. 8. ed. Rio de Janeiro: Editora FGV, 2006.

Sendo assim, percebi que o mais pertinente seria construir inicialmente uma narrativa a partir dos espaços urbanos, embasada nos seguintes pilares: a Igreja e a festa, a praça e as conversas (bate-papo), o mercado e a feira livre. São as referências de memória que se apresentam nos relatos dos indivíduos como elementos que fomentam e fortalecem as relações sociais, construindo uma espécie de identidade do grupo. Esses lugares de memória dão sentido a própria vida social, estabelecendo um elo entre os sujeitos que, certamente, contribuíram para a configuração das decisões desse grupo de estudantes que rumou à Casa do Estudante a fim de dar sequência aos seus estudos.

Não há como embrenhar-se na história desses indivíduos sem retratar a fisionomia das cidades que nasceram todas em torno de uma capela, tendo no santo ou na santa padroeiro(a) a referência de fé e de aglutinação dos moradores do lugar. São as festas em reverência ao "santo protetor" que dão vida ao lugar em seus vários aspectos de convivência.

Corroboro com o entendimento de que o carnaval era uma brincadeira praticamente desconhecida no sertão, mas que festejava os santos da Igreja com muita intensidade. As festas da padroeira obedeciam a um certo ritual que começava "com novenário, sermão do padre, música, foguetório, ajuntamento de gente, com as pessoas conversando sobre as coisas do seu ofício. Havia, além disso, cantadores de viola, danças e almoços pantagruélico"[175].

Santana não destoa desse cenário, sendo muito bem retratado por Chagas,[176] ao afirmar que a banda marcial tinha um papel protagonista nesse cotidiano, pois embalava as alvoradas, os cânticos sagrados e animava o povo do lugar, literalmente as pessoas paravam para ver a banda passar. Para ele, "a banda era alma pura do povo em sua harmonia"[177].

As comemorações sob a chancela da igreja aquecem o movimento do comércio e fortalecem as feiras, pois é o momento de se comprar a roupa nova, receber a visita de parentes distantes, uma ocasião especial para desfrute de comidas e bebidas típicas da região; é também quando se principia as relações de afetos amorosos e, como sem falta, aparição dos políticos da capital que prestigiam os leilões paroquiais, momento que aproveitavam também para fortalecer as relações com a igreja (importante na condução dos fiéis eleitores) e com os representantes políticos locais (uma vaga na

---

[175] ALMEIDA, 1978, p. 198.

[176] CHAGAS, 1994.

[177] CHAGAS, 1994, p. 23.

Casa do Estudante poderia ser apalavrada nesse momento). Enfim, da igreja à praça, da praça às casas; a cidade se enche de alegria para viver as celebrações religiosas e as relações profanas.

Essas marcas são tão representativas que não passam despercebidas dentro da Casa do Estudante. Todos sabem que 26 de julho é a Festa de Santana (dos Garrotes e de Mangueira também), porque os estudantes do lugar não têm outro assunto, chegam até mesmo a perder a concentração nos estudos. E a memória tem dessas coisas, muitas vezes, quando mais precisamos esquecer algo, é quando mais lembramos. Então, ficam os santanenses contando os dias para adentrar nesse cenário bem traçado nas palavras de Carnaúba que lembra nostalgicamente do ambiente de animação e harmonia que dominava a cidade.

Mais uma oportunidade, portanto, de voltar à segurança do lar em seu duplo sentido: matar a saudade da família e, ao mesmo tempo, momentaneamente deixava de se preocupar com os perigos da vida mundana da cidade grande, pois não existia preocupação com as drogas e, portanto, os jovens reuniam-se nas calçadas, batiam papo e participavam de todas as atrações da festa. Para o entrevistado, a mais destacada era a Festa da padroeira Nossa Senhora Santana, inclusive, muito mais animada entre as décadas de 1960-1980 do que nos dias atuais.

> *Eu alcancei Santana com três dias de pavilhões, isto é, de barracas, na festa de Nossa Senhora de Santana. Casal de namorado, marido e mulher. O povo rudiando o mercado, tendeu? Cidade lotada. O povo participava, principalmente o povo da zona rural. Hoje a gente vê uma distância, porque tudo vai se passando, vai se passando, e aqueles tempos talvez não voltam mais.*[178]

As marcas do saudosismo[179] encandecem o entrevistado e uniformizam positivamente as práticas vivenciadas, fazendo de um lugar pacato (ambiente de feições rurais), desprovido da mais elementar infraestrutura (transporte, saúde, educação, comunicação etc.) e de profundas disparidades sociais, o cenário de uma vida excessivamente tranquila e emocionante. Inclusive, ao considerar Santana como um lugar sem drogas e violência,

---

[178] CARNAÚBA. [Entrevista concedida a Francisco Chaves Bezerra]. Santana dos Garrotes, 22/12/2015.

[179] Quero esclarecer que minha intenção é problematizar o relato saudosista em situação de análise crítica, de desconstrução e de confrontação com as condições pessoais, sociais e históricas que o coloca em questionamento, em nenhum momento como material dispensável. Não há pretensão, portanto, em desqualificar as lembranças nostálgicas, pois o hábito de usar o passado como "os bons tempos" é antigo e que "a nostalgia é universal e persistente, só a nostalgia dos outros incomodam." (WILLIAMS, 1989, p. 25).

deixa de reconhecer a existência do consumo de álcool (bastante presente no cotidiano das feiras, das festas e dos lares, tanto na cidade quanto no meio rural) como um dos elementos de desestabilização da ordem social, até mesmo provocando conflitos, agressões e mortes.

Há de se evidenciar, entretanto, que as saudosas lembranças fluem de alguém que sempre viveu na cidade, pois nasceu, cresceu e, ao terminar o curso superior, retornou para constituir família e exercer a profissão de advogado no município. Não esquecer ainda das marcas do tempo ou do a posteriori que, muitas vezes, nos faz assumir determinado discurso ou construir certas representações a partir do que foi vivido no intervalo entre o passado inquerido e o presente em que o sujeito cobra de memória as lembranças de um momento distante.

Creio que o relato expressa as memórias de um período em que as pequenas festas (os assustados de radiola) e, especialmente, a festa da padroeira não tinham a concorrência dos meios de comunicação de massa, como a televisão que fora sendo difundida aos poucos e, somente a partir dos anos de 1980, passou a ser acessível à população mais carente em virtude da instalação de um aparelho transmissor na praça central da cidade. Também não se dispunha de outras formas de entretenimentos oficiais. Sendo assim, não se aspirava, ou sequer imaginava, a possibilidade de outras formas de lazer ou eventos culturais que não fossem as conversas entre amigos, as pequenas festas onde se dançava e paquerava e a festa da padroeira como grande evento social da cidade.

Na verdade, o cotidiano de aparente tranquilidade é típico de uma cidade pequena e que permaneceu com feições pacatas ao longo de muitas décadas. Se nas décadas de 1930 e 1940, Chagas[180] a descreve como uma vila de uma rua de chão batido, em que os dias eram sempre iguais e seus habitantes vivendo à espera da luz, do calçamento e dos benefícios de uma sede independente; no final da década de 1950 e, principalmente, na década de 1960, Baraúna[181] atesta que o ambiente era ainda de muita simplicidade, reconhecendo que as brincadeiras e diversões de lazer eram na rua, com destaque para o futebol e as conversas nas calçadas. Uma situação que não vai ser alterada com profundidade na década seguinte, pois, como destaca Manga, as relações de conversas e amizades se estabeleciam dentro da informalidade cotidiana. A praça, uma rua, uma esquina qualquer ou a calçada de

---

[180] CHAGAS, 1994.

[181] BARAÚNA. [Entrevista concedida a Francisco Chaves Bezerra]. João Pessoa, 09/10/2015.

casa; não faltava espaço para interação. Os espaços públicos para conversas e reuniões com os amigos eram variados. A cidade oferecia condições de tranquilidade para esse contato permanente, pois

> *A todo o momento você tinha um espaço pra conversar entre os amigos, entre os colegas. Então, nessa particularidade a cidade oferecia essas alternativas de uma boa convivência, apesar da gestão pública num ter, assim é... Nunca teve uma visão bem focada de incentivar, principalmente naquela época, incentivar o esporte, o convívio social, mais de uma forma natural a gente praticava isso.[182]*

A festa permanece com o seu significado de principal evento da cidade, deixando a emotividade à parte, entretanto, se pensarmos em outras aspirações de lazer e cultura, não existia nada de diferente acontecendo na cidade. No cotidiano diário, tudo dependia da criatividade da juventude que improvisava serenatas, assustados, brincadeiras, pequenos leilões ou eventos realizados pelas famílias como novenas, casamentos e vaquejadas.

Apesar de uma história aparentemente inerte, nem tudo permanece inalterado, porque não há como segurar o balanço do tempo. Se por um lado os elementos constituintes da mentalidade se modificam mais lentamente (também é visível a falta de vontade ou criatividade política dos governantes em proporcionar eventos de interação cultural da juventude, principalmente), por outro as ações de ordem política assim como o aparelhamento técnico são mais perceptíveis, embora bastante modestas.

Como vimos anteriormente, até a emancipação política, em 1961, a paisagem urbana de Santana limitava-se às construções de capelas e igrejas impetradas pelos católicos, mostrando, assim, a falta de compromisso político da sede municipal (Piancó) com o distrito, não deixando de responsabilizar os próprios representantes locais que frequentemente garantiam assento na câmara legislativa[183].

Vale salientar, no entanto, que o Mercado foi construído pelos próprios comerciantes santanenses em 1941 e o Grupo Escolar construído pelo Governo do Estado em 1958. Esses instrumentos são reconhecidamente espaços de aglutinação, convivência e socialização da coletividade (o mercado onde se realiza a feira livre e o Grupo como espaço de saber cultural). A aquisição desses equipamentos traz ganhos materiais e imateriais para a

---

[182] MANGUEIRA. [Entrevista concedida a Francisco Chaves Bezerra]. Santana dos Garrotes, 19/12/2015.

[183] Nomes como Alfredo Batista, José Basílio e Ademar Alvino foram eleitos como vereadores ainda na condição de distrito (BRASILINO FILHO, 2003).

comunidade, ou seja, instrumentaliza a sociedade por dispor da ampliação dos serviços e, ao mesmo tempo, fortalece a identidade do grupo que se sente mais valorizado, inclusive, são construções arquitetônicas mais imponentes que se impõe à paisagem.

Com a autonomia administrativa no início dos anos de 1960, vieram os primeiros calçamentos e a iluminação gerada por meio de um motor a óleo, pois a energia elétrica fora disponibilizada apenas em 1970. Mesmo sendo portadora dos serviços dos Correios e telégrafos, a comunicação terrestre era precária, pois, somente em 1970, a estrada de rodagem que liga Santana a Piancó foi concluída, destacando a construção das pontes sobre os rios, a qual põe fim ao isolamento provocado pelas chuvas, mesmo sendo estas de curto período de inverno. Por fim, houve a construção e instalação do posto de telefonia no final dos anos de 1970, mesmo restringindo apenas a um local fixo para atender toda população, representa um avanço significativo na comunicação com outras localidades.

A partir dessa sucinta descrição, é possível dimensionar com mais propriedade em que condições e velocidade as ações governamentais acontecem nessa cidade. Na verdade, quando se trata de aquisições de equipamentos públicos (serviços, obras e equipamentos), inexiste uma pauta de reivindicação e um projeto de desenvolvimento para a cidade. O Grupo Escolar, a energia elétrica, a estrada, o posto telefônico, entre outros são muito mais concessões de políticos que se beneficiavam eleitoralmente com os votos da população local do que resultado de reivindicações dos representantes do lugar (lembrando que dois filhos da terra exerciam cargos de deputado na época: José Teotônio era do legislativo estadual e Teotônio Neto, federal). Assim como aspectos relacionados à cultura, ao lazer e ao entretenimento, a infraestrutura também carece de planejamento governamental, embora seja esta mais atendida por seu mecanismo mais eficiente de se angariar votos, motivando a ação dos políticos, mesmo sendo de forma racionada.

Quando se trata dos aspectos comportamentais (atitudes, gestos e posicionamentos) da música, da moda e do entretenimento, as posturas se alteram numa duração mais longa e, certamente, somente com a influência da televisão, no final da década de 1970 e início dos anos de 1980, foi mais perceptível, instalando-se definitivamente como hábito de consumo de todos os segmentos sociais na década de 1990. Por ser a televisão um objeto de distinção social (poucos tinham condições financeira para possui-las), sua inserção não fora contemplativa a todas as casas da cidade e, principalmente, em quase nenhuma do sítio, porém, aos poucos foi deixando suas marcas.

Está claro, entretanto, que não posso restringir as mudanças no campo da cultura apenas a um instrumento tão restrito. É importante destacar que, para Albuquerque Júnior,[184] foi nas décadas de 1960 e 1970 que as transformações mais significativas vão sendo consolidadas na sociedade brasileira e, especialmente, no Nordeste onde a população urbana vai superar a rural. Santana está fora dessa estatística, o que vai acontecer no caso desse município é o aumento da circulação de pessoas do município para outras regiões do país, inclusive, dos que saíram para estudar fora e que traziam as novidades de diversão da cidade grande. Há também as situações distintas que se apresentam fora do curso aparentemente natural daquele cotidiano e, de repente, eis que surgem outras experiências que vão além das conversas na calçada, do futebol e das confraternizações festivas, como bem relatou Aroeira:

> *A minha história era querer formar uma banda junto com os amigos, com João Lopes, com Edson Ramalho, [...] minha ideia era formar uma banda. A gente até fez umas festas, arrumamos um dinheiro para comprar os instrumentos, mas acabamos que cada um foi para um canto estudar e acabou esse sonho de adolescente indo embora, esvaiu-se.[185]*

Levando em consideração que as experiências alternativas eram restritas, posso assegurar que se trata de um cotidiano carente de espaços de cultura e entretenimentos, ou seja, talvez outras possibilidades de divertimento que possibilitassem a aquisição de conhecimento/informação, algo instrutivo. Em larga medida, não havia pressão por uma política pública de lazer e cultura que contemplasse as necessidades da juventude, os governantes, por sua vez, também não assumiam uma postura protagonistas de implantá-las. Em síntese, tudo era na base do improviso, pois a promoção de formas de lazer organizado não existia. Sendo assim, todos usavam a criatividade para ter seu próprio lazer, geralmente associado a grupos de amigos e ao convívio familiar. Não se pode afirmar que predominava a inexistência de lazer absoluto; de fato, não existia lazer associado ao crescimento pessoal, intelectual e cultural.

Nesse caso, como pondera Certeau,[186] o que interessa não são os produtos culturais ofertados, mas o tratamento dado pelos usuários em suas operações de consumo, os desvios socialmente operados na apropriação

---

[184] ALBUQUERQUE JÚNIOR, 2011.

[185] AROEIRA. [Entrevista concedida a Francisco Chaves Bezerra]. João Pessoa, 10/11/2015.

[186] CERTEAU, 2014.

dos sujeitos, ou seja, o autor considera que o mais importante são as formas das práticas e não o material que delas trata: a bricolagem e a inventividade artesanal que são dadas aos elementos e não à exposição de sua utilização, não interessando a uniformidade, mas a heterogeneidade das cores.

Tomando o período dessa pesquisa na duração, entretanto, a influência da televisão é tardia, contudo, o acesso à informação advinha de outro veículo de comunicação bastante difundido nos de 1960-1970: o rádio. Ligada nas ondas do rádio, a população acompanhava as notícias diárias de outras regiões do país, do estado e, até mesmo, de outras cidades do sertão paraibano e nordestino (Patos, Sousa, Cajazeiras, Serra Talhada, Afogado da Ingazeira, Juazeiro do Norte, entre outras), além da Rádio Globo do Rio de Janeiro, na qual basicamente se acompanhava o futebol. Tratando-se de um lugar onde os transportes eram rudimentares (a pé ou em lombo dos animais, com apenas um ou dois meios de transportes motorizados) e a televisão era bastante restrita, porque, quando começou a chegar, poucas famílias na cidade podiam adquiri-la. Nesse sentido, o rádio torna-se o principal instrumento de ligação com o mundo, mesmo com todos os atropelos para sintonizá-lo na frequência AM.

Ora, se somente na década de 1990 a televisão passa a ser acessível à população menos abastada, se até os anos de 1980 poucos tinham o aparelho transmissor em suas residências e se a maioria absoluta sequer assistia às notícias nos telejornais e, ainda, a telefonia era oferecida em um único posto de serviço, contendo uma ou duas linhas telefônicas para atender a toda população do município (geralmente transmitia-se recados) e a internet não existia, o rádio à pilha ou à bateria era o único instrumento de informação mais consistente, com maior eficiência para transmitir as notícias, o futebol e um repertório musical para simplesmente ouvir ou animar pequenas festas e confraternizações da juventude. E, nesse aspecto, como bem atesta Araújo,[187] Roberto Carlos e a Jovem guarda são protagonistas influenciando no comportamento, na linguagem e no próprio interesse pelo rádio, logicamente que tudo foi resultado de projeto de divulgação muito elaborado para transformar do rei da juventude em líder na venda de discos e fazê-lo a maior estrela nacional a partir da década de 1970.

Nem todos, entretanto, tinham essa mesma interação com o convívio urbano, pois a morada no campo permaneceu até o momento de ir embora para João Pessoa. Frequentavam a escola na cidade, sim, mas ao término da

---

[187] ARAÚJO, Paulo César de. **O réu e o rei**: minha história com Roberto Carlos, em detalhes. São Paulo: Companhia das Letras, 2014.

aula tinham que rumar em direção ao sítio para tocar a sua labuta diária. A missa aos domingos ou em dias santos, as festividades religiosas (festa da padroeira e semana santa) e as datas comemorativas (desfile cívico de 7 de setembro) tornaram-se os momentos de interação com esse espaço intrigante da cidade. Com o melhoramento das condições de transporte, as amizades construídas na escola e a casa de alguns parentes proporcionavam o pernoite quando se ia para alguma festa na cidade.

De fato, há essa estreita relação entre os ambientes rural e urbano, de tal maneira, que este é uma espécie de extensão daquele. A convivência, no entanto, não é tão harmoniosa entre as duas formas de ser e de se portar, principalmente, entre os jovens. Os que nascem e vivem no sítio são os beradeiros. Mesmo estudando na cidade, esse estereótipo suaviza, porém, não se dissipa completamente. Certamente, quanto mais se volta no tempo, mais preconceito é intenso.

Nas lembranças de Oiticica, reportando-se aos anos de 1960, essas marcas de distinção (rural-urbano) permanecem nas memórias, sendo muito comum situações de discriminação mesmo seu pai sendo proprietário de terras e de engenhos. O olhar não se cruzava ao saber que o outro o via como o beradeiro atrasado, sempre existindo a desconfiança por parte do praciante (o que vivia na cidade). E o distanciamento era mantido, pois *se havia uma festinha na cidade, o matuto, que eles chamavam beradero, ficava meio assim, encabulado: 'não, ele é da cidade, eu sou daqui'. Mais ou menos, tinha essa pequena discriminação. Não era tanto pelas condições financeiras do meu pai.*"[188]

É a tentativa de distinguir-se do outro, colocando-se como dotado de práticas e hábitos superiores, enquanto o diferente é tomado como sujeito de comportamento inferior, atrasado e risível. Veja que, nesse caso, não se trata de inferioridade econômica ou étnica, mas o que se leva em consideração é o preconceito da origem do lugar, tão bem investigado por Albuquerque Júnior.[189] Não entendo essa separação, entretanto, como a tentativa de construção de uma identidade própria, mesmo porque ambos transitam pelo mesmo espaço (geográfico e cultural), seja com maior ou menor intensidade, dependendo do local em que reside (sítio ou rua).

Os relatos dos entrevistados têm mostrado, porém, que, ao chegar à Casa do Estudante, esse olhar diferente entre os santanenses vai sendo superado pela convivência e pelo compartilhamento das mesmas necessi-

---

[188] OITICICA. [Entrevista concedida a Francisco Chaves Bezerra]. João Pessoa, 24/02/2016.
[189] ALBUQUERQUE JÚNIOR, 2012.

dades e situações, sendo fomentados laços de amizades que permanecem posteriormente à saída da Casa. As práticas preconceituosas de origem de lugar persistem, no entanto, persistem por meio da importância econômica e territorial da cidade de onde vem o residente. Os oriundos das chamadas cidades mais destacadas na microrregião do Piancó (Piancó, Itaporanga e Conceição) tratam os das cidades menores (Santana dos Garrotes, Olho D'Água, Serra Grande, entre outras) por os matutos do sítio. Obviamente que tal chacota não impede a aproximação entre os residentes dessas cidades, é mais uma forma de provocação e zombaria. O maior preconceito enfrentado pelos residentes é desferido pela própria sociedade pessoense, principalmente, a que vivia em torno da Casa, uma vez que *quando nós chegamos na Casa do Estudante, o nome da Casa do Estudante era Casa do Estudante Pobre da Paraíba. Então, aquele povo da Rua da Areia todinho, achava que ali só mora pobre*[190].

Na verdade, vejo o preconceito como um preocupante aspecto da condição humana em que o indivíduo ou grupo procura diferenciar-se, assumindo-se superior, mas, ao chegar à capital, por exemplo, todos serão os matutos do interior. Também pode ser resquícios do discurso da escrita colonizadora que trabalha com a dicotomia civilizado-atrasado. É algo difícil de explicar, pois se trata de um olhar redutor e uniformizador de quem o desfere, sendo necessário adentrar no íntimo da atividade cultural do espaço. Nessas condições, há de se reconhecer que "o estereótipo nasce de uma caracterização grosseira e indiscriminada do grupo estranho, em que as multiplicidades e as diferenças individuais são apagadas, em nome de semelhanças superficiais do grupo."[191] No caso da relação campo/cidade em Santana, é necessário mencionar que se refere a um relato do começo da década de 1960, momento em que a cidade resumia-se à rua principal e às adjacências, à igreja matriz, à praça, ao mercado público e ao Grupo Escolar que acabara de ser construído.

Não há como se referir à convivência entre campo e cidade sem mencionar o papel do mercado. Um empreendimento construído e de propriedade dos comerciantes, mas com o controle da prefeitura que fez a concessão do terreno. Como a cidade não dispunha de um clube social, o prefeito Felizardo Teotônio Dantas (1970-1973) aproveitou para adaptá-lo como salão de festas, pois, segundo Baraúna,[192] até então, as pessoas dan-

---

[190] OITICICA. [Entrevista concedida a Francisco Chaves Bezerra]. João Pessoa, 24/02/2016.
[191] ALBUQUERQUE JÚNIOR, 2011. p. 30.
[192] BARAÚNA. [Entrevista concedida a Francisco Chaves Bezerra]. João Pessoa, 09/10/2015.

çavam no armazém de algodão do Senhor Ademar Alvino[193]. Deixa de ser um espaço meramente comercial para ser transformado em um lugar de afetividade da memória. Nesse caso, não se pode pensá-lo sem essas duas dimensões mnemônicas: a feira e a festa. Desde sua construção, é espaço de comércio, espaço de lazer (principal local de festa) e ambiente de encontros da população (à noite, a juventude circula a sua volta).

A adaptação do mercado público (apesar dos comerciantes terem construídos os quartos para abrigar as lojas) para espaço de recreação foi motivo de euforia, pois, para quem dispunha de um armazém para dançar, o novo ambiente *era uma coisa muito bonita, muito luxuosa pra nossa época*.[194] O detalhe está no fato de que, mesmo sendo público, os adversários políticos do grupo Teotônio não possuíam autorização para abrir os estabelecimentos comerciais para o salão central em dia de festas, gerando, assim, impasses e contratempos.

É nessas condições, entretanto, que o mercado público da cidade, até meados da década de 1990, transformou-se em um espaço de encontro dos jovens. Não somente como salão de festa, mas do cotidiano noturno da cidade, atraindo a juventude que o circulava ao encontro da paquera, conversando com amigos, tratando de inúmeros assuntos, inclusive, das condições e das possibilidades de se morar na Casa do Estudante.

Como monumento mnemônico, o mercado tem um significado simbólico como espaço de acomodação da feira que é, na minha concep-ção, o principal instrumento de interação entre as pessoas que vivem no meio rural com as que moram na cidade. No dia da feira (culturalmente mantém-se a tradição do "dia da feira" aos sábados), o centro da cidade fica movimentado e "os itinerários singulares se cruzam e se misturam, onde se trocam palavras e se esquecem as solidões por um instante.".[195] Ela perdura o ano inteiro, mas, no tempo da colheita, fica mais diversificada porque é o momento de o homem do campo trazer o seu produto da agricultura de subsistência para fazer negócio na cidade (verduras, frutas, animais, cereais,

---

[193] Liderança política que chegou a ser eleito vereador ainda no período em que Santana dos Garrotes era distrito de Piancó. Baraúna fala da influência política desse representante que recebia convites para assistir à posse de governadores do estado, como também participava de reuniões políticas com lideranças do Vale do Piancó e, segundo ele, não foi prefeito de Santana porque fazia oposição ao grupo político da família Teotônio que tinha, na figura do deputado estadual José Teotônio e do deputado federal (fundador do Sistema Correios de Comunicação), suas maiores lideranças. Onde era seu armazém na década de 1960, atualmente funciona o Colégio Teotônio Neto de propriedade privada.

[194] BARAÚNA. [Entrevista concedida a Francisco Chaves Bezerra]. João Pessoa, 09/10/2015.

[195] AUGÉ, 2012. p. 63-64.

algodão etc.). É também onde se suprem as necessidades da semana, fazendo a feira (café, fumo, açúcar, sal, carne e outros), comprando ferramentas para a lida, acordando dias de serviço para tocar o serviço da roça e tomando algumas cachaças com amigos e conhecidos.

Um ambiente propício, portanto, à circulação de informação de toda natureza: de quem morreu ou está bem adoentado, das moças que fugiram com um pretendente na calada da noite, dos parentes que estão indo bem em São Paulo ou no Rio de Janeiro, dos que não conseguiram emprego e já estão pensando em voltar para a roça; enfim, de tudo se fala um pouco. Certamente, muitos pais que moram na zona rural ouviam as histórias sobre os estudantes que estão na capital estudando para ser doutor ou ao menos procurando outra alternativa que possibilitasse alcançar um caminho distante do trabalho na roça.

Essa interação entre o meio rural (ou o sítio) e a cidade (ou a rua) parece algo bastante natural para os que nascem em cidades de pequeno porte, inclusive, costumeiramente são expressões tomadas como instâncias dotadas de vida própria, ou seja, determinações ontológicas. Ou seja, não se leva em consideração que são categorias portadoras de significados complexos construídos historicamente e, portanto, assumindo, assim, certas configurações de acordo com as representações lançadas a partir de determinada época, o lugar de onde se fala e a categoria social.

Analisando o contexto histórico da Inglaterra do feudalismo à sociedade capitalista, Williams[196] discute as noções de campo e cidade mostrando como as representações na história e na literatura foram sendo construídas e como elas vão se alterando ao longo do tempo. Assim, o campo, que incialmente é o ambiente da tranquilidade, da estabilidade e da virtude em contraposição à cidade vista como o espaço da agressividade, da indiferença e da corrupção; com o avançar dos valores imprimidos pelo capitalismo industrial, destarte, o campo se torna o ambiente do sofrimento, do fracasso e da ignorância bestial (materialização do passado retrógrado), a cidade, por sua vez, o espaço das oportunidades, do progresso e do conhecimento (direcionamento ao futuro evoluído).

No que se refere ao Brasil, essa discussão é ampla e diversa, especialmente entre os geógrafos inspirados em Henri Lefebvre. Mesmo diante da complexidade que exige a temática, em 1938, o governo da ditadura do

---

[196] WILLIAMS, Raymond. **O campo e a cidade:** na história e na literatura. Tradução de Paulo Henriques Britto. São Paulo: Companhia das Letras, 1989.

Estado Novo criou o Decreto lei n.º 311 para definir, de forma reducionista, a cidade como o Distrito Sede. Logo o que não se encontrava nessa delimitação seria o campo. Sendo assim, "o rural e o urbano como modos de vida, como conceitos relacionais que contemplam cultura, costumes e hábitos, e assim vão além do território, da materialidade."[197]

Dito isso, tenho a mesma impressão de Loureiro[198] ao afirmar que cada povo tem o seu canto e este marca os indivíduos que nele habitam por meio de um conjunto de relações construídas nos encontros, nas conversas, nos espaços frequentados em comum, na afetividade, nos sentimentos nutridos; sendo que todas essas relações se inscrevem no espaço e na duração, portanto, são históricas. O espaço habitado apresenta-se à memória do sujeito inquirido e ganha contorno escriturário pelas mãos do historiador que o acomoda numa narrativa historiográfica.

Para os que nela habitam, a cidade suscita paixões complexas, pois seus espaços públicos, suas praças convidam às comemorações e às reuniões ritualizadas.[199] O que se pode constatar é a espontaneidade das práticas que se estabelecem em um movimento aparentemente natural. Em que pese as questões emocionais, as festas, as conversas e a feira estão intrinsicamente ligadas aos espaços de convivência da cidade (igreja, praça, mercado, ruas, esquinas, calçadas e outros). Uma descrição com essas feições pode levar aos mais distantes dessa cultura a imaginar uma cultura tipicamente urbana.

De fato, até meados da década de 1990, Santana dos Garrotes apresentava alto índice da população vivendo no meio rural (nas décadas de 1960-1970 ultrapassava os 80% da população do município), de maneira que os traços rurais estendiam-se muito mais à cidade do que o inverso[200]. Como boa conhecedora da cultura e dos hábitos cotidianos da localidade, a Igreja procurava envolver a população rural nos eventos promovidos pela instituição. A programação anual de todo calendário religioso levava em consideração as possibilidades de deslocamento do homem do campo para a cidade, com destaque para as missas aos sábados, domingos e

---

[197] NUNES, Carla Cristiane. **Campo, cidade, urbano e rural:** categorias e representações. [2010-?]. Disponível em: https://docplayer.com.br/3198238-Campo-cidade-urbano-e-rural-categorias-e-representacoes.html. Acesso em: 1 out. 2017. p. 06.

[198] LOUREIRO, Paulo Soares. **Nos tempos do Pedro Américo**. João Pessoa: Grafset, 1989.

[199] RICOEUR, 2007.

[200] Essa marca rural definiu a escolha da maior parte dos entrevistados, pois dos sete entrevistados, somente Carnaúba nasceu e viveu toda infância na cidade, embora mantivesse amplos laços e convivência com o campo. Nesse aspecto, o que vai definir esse grupo, entretanto, é a vivência simultânea entre os dois ambientes, pois somente Oiticica e Mororó permaneceram no meio rural até o momento em que migraram para estudar.

dias santos. Na época da festa da padroeira, as relações são ainda mais estreitadas, pois a imagem da Santa faz uma peregrinação por todas as localidades rurais; os agricultores fazem doações (galinhas, bodes, porcos e garrotes) para o leilão da paróquia que é realizado ao longo da semana que se insere o dia 26 de julho.

A Festa de Santana tem este perfil: fazer os habitantes do município convergirem à praça, sob a tutela da Igreja. E aí as pessoas se encontram, conversam e a informação circula. Queira ou não, os espaços públicos da cidade têm esse papel de fazer a interação entre os sujeitos do lugar. Faz a informação circular, fortalecendo os laços de amizade e parental. Cada um à sua maneira, os indivíduos recobram da memória um passado que vem em forma de cena coletiva, e as situações aparecem mostrando que, mesmo sendo um lugar com características pacatas, havia instrumentos de socialização que faziam com que a notícia chegasse, mesmo que de forma lenta.

Mas como venho argumentando, além das comemorações festivas, havia outros espaços importantes de comunicação. Certamente, são instrumentos de aproximação de jovens estudantes que sonhavam em continuar seus estudos e, assim, penso que a Casa do Estudante acaba chegando às pessoas, sem qualquer planejamento, mas por meio de uma divulgação espontânea, de bastidores; nada articulado no sentido de ser direcionado a um grupo específico (sejam os pais ou os próprios estudantes). Na verdade, o certo é que as notícias foram chegando e os santanenses foram saindo em busca de fazer parte da história da Casa.

O encerramento das festas, o término das aulas na escola ou resolvido os problemas na feira faz o contingente que mora no meio rural tomar o rumo de casa à sua rotina permanente. Acordar ao raiar do sol com a passarada não é apenas um privilégio da retórica gonzaguiana ou apenas arte criativa dos seus compositores. O cotidiano rural exige do homem (das mulheres também) um despertar junto com a natureza para tocar a lida diária de cuidar dos animais, da roça e da casa. Para muitos, a luta começava muito cedo já com os primeiros raios de sol, e as atividades do labor agrícola preenchiam o dia de sol a sol. Em certo sentido, a vida resumia-se à sobrevivência, em busca da fartura da colheita (quando chovia) e que não se baseava por valores monetários porque tudo girava em torno do que se colhia, ou que não se colhia. Nessas condições, "a vida tinha um tamanho que nunca se media, pois não se calcula o ganho do viver de cada dia".[201]

---

[201] CHAGAS, 1994. p. 10.

Desvendar os segredos desse modo de vida no campo nos coloca diante de um desafio a ser atentamente apurado, considerando que adentrar a vida rural é vislumbrar um mundo de pouco acesso à informação, de cultura marcada por amplo domínio da oralidade. É importante mencionar que se trata do espaço de construção das primeiras memórias que não podem ser desassociadas das relações familiares, das amizades e da afetividade. A saudade é um traço marcante dos que se reportam à vida no campo (na verdade, essa postura é muito comum quando os indivíduos recobram as memórias da infância), mas suas primeiras observações a respeito desse momento de suas vidas são expressas de forma contida, sempre as tratando como normal. Logo percebi que as posturas colocavam-se sobre o ambiente de forma simplista, ou seja, sem atribuir um protagonismo exagerado o que é muito peculiar em relatos de memória de sujeitos que têm, em suas trajetórias, um histórico de ascensão social.

É possível que tal postura seja adotada em virtude de saberem que conheço esse cotidiano de forma profunda, uma vez que sou um deles (nascido no sítio, vivendo da terra e tomando o caminho do estudo); outra possibilidade é a de não reconhecerem a dimensão do valor da cultura do lugar de suas origens. Ao questioná-los como era o cotidiano nesse momento da vida de criança, respondem: era uma vida normal, essas coisas da luta da roça mesmo, tarefas da roça, como cuidar de gado, pastorar as plantações para os bichos não comerem. A primeira vista, parece um cotidiano extremamente simplório, mas não é bem assim. Basta acompanhar um grupo de trabalhadores na lida, acompanhar o jogo de cartas em alguma casa da localidade, sentar numa calçada no início da noite para ouvir os mais velhos e identificar que esse é um cotidiano povoado por imaginação (contam-se histórias sem preocupação com a veracidade), obrigações, descontração, situações (de brincadeiras e zombarias) e espera (pela chuva, por saúde, pela vontade dos homens de poder, pela feira aos sábados, outras coisas mais).

Diante desse cenário, não há como negar a presença marcante da crença, o homem desse meio aprende logo cedo a acreditar: nas promessas demandadas aos santos católicos que vêm majoritariamente da influência da igreja; nas rezas e chás do mato (folhas, cascas e raízes) com traços mais aproximados das crenças indígenas e, até mesmo, apegam-se aos rituais assinalados por traços das práticas religiosas africanas como montar despachos em encruzilhada, evocação de espíritos que tragam fortuna, curem doenças e tragam a pessoa amada em poucos dias; constituindo, assim, as feições de um sincretismo. É um mundo, portanto, fortemente marcado pela força do simbólico, tanto profano quanto religioso.

As condições históricas que proporcionaram a constituição de um sincretismo religioso no Brasil são muito bem fundamentadas pela historiadora Laura de Mello e Souza. Ao estudar esse universo mental da feitiçaria, a autora assume o desafio de mergulhar na convivência e nas interpretações de uma população herdeira de credos diversos e múltiplas tradições culturais que desaguam como conjunto de experiências na religiosidade popular. A existência de três etnias convivendo no território permitiu que elementos desses segmentos perpassassem por todas elas. Nesse sentido, ninguém está ileso à influência do outro e, mesmo com a imposição do cristianismo sobre as demais, não há como impor uma cultura à outra sem receber elementos do dominado, sendo inútil ainda distinguir o que é verdade ou mentira nessa teia de práticas simbólicas.[202]

De tal modo, corroborando com as argumentações de Souza (1986), compreendo que, nesse emaranhado, as histórias se articulam coletivamente, cada uma proveniente das imaginações individual e familiar, de um grupo que, muitas vezes, chega a inverter a ordem dos acontecimentos, atribuindo outro significado aos símbolos e passando a constituir uma religião sincrética que se apropria das práticas africanas, indígenas e mestiças para debulhar um arsenal de procedimentos que dão suporte à sobrevivência material, recheada por práticas como adivinhações, curas, orações, sonhos, pactos, possessões e assim por diante.[203] Essas representações são alimentadas pelos resquícios mnemônicos de uma cultura amplamente sustentada pela oralidade e pela transcendência da providência divina. A teia cultural é substanciada, portanto, pela circularidade entre elementos laicos e crenças, ou seja, tudo está no mesmo terreiro fomentando o modo de vida do meio rural.

Após um dia de trabalho na lavoura ou cuidando do gado, à noite muitos jovens reuniam-se em alguma casa e, nesses momentos, organizavam brincadeiras, contação de história de trancoso[204], recitação de poemas de cordel, fazer adivinhação etc., tudo alimentado por uma retórica fantástica. Essas são expressões culturais que se apresentam e se fortalecem enquanto práticas cotidianas, sendo uma forma própria de lembrar e contar suas histórias, de reproduzir suas brincadeiras e cantigas e reforçar a crença (só

---

[202] SOUZA, Laura de Mello e. **O diabo e a terra de santa cruz:** feitiçaria e religiosidade popular no Brasil colônia. São Paulo: Companhia das Letras, 1986.

[203] SOUZA, 1986.

[204] "**Trancoso** vem de troncoso, lugar de troncos. Houve um escritor português, colecionador de contos que tinha por sobrenome **Trancoso. Trancoso** teve uma evolução semântica e incluía contos fantásticos, fábulas. A semântica explica. Hoje em dia, história de **trancoso** é algo irreal, fábula, algo lendário. Muitos contos infantis são classificados como histórias de **trancoso**". Disponível em: www.dicionarioinformal.com.br. Acesso em: 1 out. 2017.

aparece publicamente a crença católica). É uma espécie de delírio narrativo, sendo difícil precisar onde termina o fato e começa a imaginação (ou o inverso). Essas narrativas materializam-se nos mais variados espaços: na lida dos trabalhadores capinando o mato da roça, na lavagem de roupa das mulheres nos açudes e cacimbas, nos jogos de cartas formado aos domingos e feriados para passar o tempo e interagir com os amigos do lugar, mas, principalmente, nos terreiros das casas. Contar histórias condensando aspectos da realidade com fantasias lendárias e religiosas é uma prática permanente dessa cultura.

Quando nos deparamos com os sujeitos e suas histórias, as falas a respeito desse mundo povoam as memórias ou a imaginação dos que habitam a comunidade (familiares, amigos e desafetos). Isso é tão intenso e corriqueiro que faz parte da própria existência social e cultural do meio, ou seja, trata-se de algo verossímil que não se faz distinção entre adultos e crianças. De tal forma que amanhecer com o galo cantarolando, o gorjear da passarada e o aboio dos que lutam com o gado são os acordes que animam e principiam a jornada diária. Numa época em que não havia energia elétrica e água encanada, logo cedo as crianças assumiam algumas tarefas de adultos, sendo incumbidos do abastecimento de água da casa captada de açudes, córregos, cacimbas etc., provimento da lenha destinada ao fogão para cozinhar os alimentos, levam os animais para a pastagem e recolhem no fim da tarde para o curral, deixam o almoço na roça para os trabalhares do serviço pesado etc. Dessa forma, o tempo da criança era bastante preenchido e quase não havia tempo para brincadeiras, uma vez que *"com 6 anos de idade, papai já botava a gente pra trabalhar. Como num podia trabalhar na roça, na inchada, [...] eu fazia o seguinte: pastorar gado, chiquerar bezerro, ajeitar os cavalos, entendeu?"*.[205]

Avaliando o conjunto dessas experiências arraigadas nesse cotidiano, logo constatamos que a vida rural não é o espaço de pura contemplação, no qual as crianças vagueiam pelos campos naturais e os adultos mantêm preservado um feitio inocente e despreocupado ao longo da vida, também não pode ser definido como o espaço da saudade em que habita sujeitos sem inteligência e criatividade. Esse mundo rural, portanto, precisa ser compreendido a partir de sua diversidade de significados, evitando os prejuízos propugnados pelas generalizações que constroem "atitudes emocionais poderosas".[206] Para o referido autor, esse arquétipo imagético é construído

---

[205] OITICICA. [Entrevista concedida a Francisco Chaves Bezerra]. João Pessoa, 24/02/2016.
[206] WILLIAMS, 1989. p. 11.

por representações uniformes que, ao serem confrontadas com a realidade, logo se percebe como destoantes das experiências vivenciadas pelos sujeitos em suas ações habituais.

Mesmo sendo filho de trabalhadores de uma tradição familiar rural, Williams[207] deixa de reconhecer o seu encantamento com as coisas da cidade. Foi na cidade, porém, mais precisamente na universidade, que se deparou com as teorias explicativas a respeito do meio rural (ambiente de convivências, práticas, relações, sentimentos, símbolos, crenças etc.), ou seja, de repente, foi colocado diante de obras que definem sobre um lugar que já tem suas próprias concepções formuladas por vias de um caminhante detentor de um conjunto de sentimentos desde as primeiras recordações mnemônicas. Trata-se de uma representação, portanto, construída a partir de um saber sistematizado cientificamente, destoante do entendimento de quem se constituiu enquanto sujeito do lugar, atribuindo aos escritos literários na construção dessa imagem fortemente saudosista de um passado feliz e inocente.[208]

Diante da intensidade de atividades diárias atribuídas a crianças e jovens, há de se reconhecer que ir à escola, nessas condições, torna-se uma atividade ainda mais cansativa do que comumente já o é. Sendo assim, após uma manhã muito bem ocupada com os afazeres da casa e da roça, os poucos privilegiados tinham o turno da tarde para dedicar-se à escola. Ir à escola, no entanto, não era um privilégio de todos das comunidades rurais, sequer da própria casa, pois as famílias eram constituídas por um número elevado de filhos e, geralmente, escolhia-se um ou dois que davam para os estudos. Os mais rudes eram colocados no trabalho na roça. É uma situação em que os elementos sociais (a agricultura era prioridade porque garantia o sustento da família) e simbólicos (os que são inclinados para os estudos são mais inteligentes) são determinantes para a definição dos destinos de alguns que seguem o caminho das letras.

Uma pergunta que fica a ser respondida é se os irmãos dos que iam à escola concordavam ou tinham que aceitar a contragosto as determinações dos pais, ou seja, supostamente não eram colocados na escola porque não tinham interesses nos estudos, por falta de condições econômicas ou por falta de valorização da educação. É necessário destacar, no entanto, que a prioridade era o sustento da família com o trabalho agrícola; os estudos

---

[207] WILLIAMS, 1989. p. 11.
[208] WILLIAMS, 1989.

ainda não se configuravam como algo necessário para a formação dos indivíduos, seja como instrumento de ascensão social, formação profissional e, principalmente, como elemento proporcionador de cidadania.

Não deixando de considerar, inclusive, interferência da própria seca que influencia negativamente na escolarização da população. Ela provoca migrações de famílias e de professores para outras regiões. "Os imigrantes que, à época, normalmente sequer tinham acesso aos mais precários bens tecnológicos e culturais que pudessem minimizar os efeitos das condições ambientais, eram também aqueles que não conseguiam permanecer na escola com regularidade". [209] Evidentemente que as restrições aos estudos foram sendo minimizadas lentamente nessas duas décadas (1960-1970), mas não se tornou prioridade entre a maioria das famílias até a década de 1990. De fato, o que prevaleceu foi um mundo pautado na cultura oral, onde a informação e o conhecimento eram privilégios de poucos, apenas alguns tinham a oportunidade de ter acesso aos estudos.

Para confirmar esse cenário, trago como ilustração os exemplos dos entrevistados Baraúna[210] e Oiticica[211] que, na década de 1960, vivenciaram uma realidade voltada para o trabalho diário na roça ou em atividades correlatas (frete de emergências, moagem dos engenhos etc.). Nessas condições, o cotidiano escolar era algo muito distante daquela realidade, de maneira que somente na adolescência foram alfabetizados: Baraúna pelo esforço e incentivo da mãe costureira que sabia ler e escrever, enquanto Oiticica chegou à capital semianalfabeto (ainda assim foi o único entre os irmãos que terminou o científico), mesmo dispondo de condições financeiras por ser filho de proprietário rural (de terras, gado e engenho). Nos anos de 1970, as condições de acesso e a própria valorização da educação como meio de mudar de vida foram ampliadas, mesmo assim, temos a situação de Mororó[212] que passou a frequentar uma escola de forma permanente somente aos 19 anos de idade.

Creio que esse é um exemplo que ilustra com propriedade por quais dificuldades passava um indivíduo que pretendia estudar, mas que não dispunha de incentivo da família, que preferia a roça por motivos óbvios: sustento de todos. Diante desse cenário de impossibilidade de seguir os estudos, Mororó aproveitou uma excursão às missões de Frei Damião, em Cajazeiras

---

[209] PINHEIRO, Antônio Carlos Ferreira. O Ensino público na Paraíba: das origens até 1989. In: SÁ, Ariane Norma Menezes; MARIANO, Serioja (org.). **Histórias da Paraíba:** autores e análises sobre o século XIX. João Pessoa: Editora Universitária/UFPB, 2003. p. 81.

[210] BARAÚNA. [Entrevista concedida a Francisco Chaves Bezerra]. João Pessoa, 09/10/2015.

[211] OITICICA. [Entrevista concedida a Francisco Chaves Bezerra]. João Pessoa, 24/02/2016.

[212] MORORÓ. [Entrevista concedida a Francisco Chaves Bezerra]. Santana dos Garrotes, 21/12/2015.

– PB e *"fui embora para Brasília. Eu fui embora escondido, em novembro de 73, passei sete meses em Brasília. Quando cheguei em 74, cheguei próximo ao São João e quando foi no final do ano eu resolvi estudar".*[213] Na verdade, essa atitude reforçou os pedidos de sua mãe junto ao esposo (seu pai) para que deixasse o filho estudar, reconhecendo, dessa maneira, que não havia como forçá-lo a permanecer nas atividades da roça. O progenitor deu permissão para continuar os estudos, inclusive, por tratar-se de um filho com maioridade.

Como se percebe, é um cotidiano perpassado por um conjunto de situações que, em nenhum instante, pode ser abordado de maneira uniforme, porque nada é estático quando se versa sobre elementos da cultura e das relações sociais. Dessa forma, nem tudo resumia-se ao trabalho, certamente havia os momentos destinados ao preenchimento *"com as brincadeiras de crianças: banho de açude e de rio, pular da ponte quando o rio estava cheio e pegar coisas que desciam na cheia (cacho de banana, melancia, pato), brincar de bizuri etc."*[214] ou, no caso de Mangueira que, apesar da pouca instrução escolar, os pais sempre o direcionaram para os estudos, por acreditarem que sempre havia outras possibilidades de escolha fora do âmbito da agricultura, contudo, reconhecendo que o estudo é de *"fundamental importância pra qualquer iniciativa que você for desenvolver na vida, pra que você tenha sucesso, é necessário que você tenha um grau de instrução mínimo, para que você possa desenvolver bem uma atividade".*[215]

Tenho o entendimento de que, ao discorrer a respeito desse cotidiano santanense, seja no seu âmbito urbano ou rural, acosto-me às afirmativas de Certeau[216] que trata as práticas de convivência sociais como produtos culturais. O que interessa para Certeau, portanto, não são os produtos culturais ofertados, mas o tratamento dado pelos usuários em suas operações de consumo, mostrando que há desvios socialmente operados na apropriação dos sujeitos. Importa aqui as formas das práticas e a inventividade de quem se apropria delas e não a exposição de sua utilização. Com essas ferramentas operatórias em mente, tateio num pântano de falas para arrumar e apresentar, em forma de narrativa histórica, um cenário que fomentou um conjunto de decisões que levou à constituição do grupo de estudantes.

São espaços que, em certo sentido, não existem mais, permanecendo nas memórias apenas os resquícios do que hoje se apresenta com outra configuração. Os locais de memória têm os seus segredos e sua sensibilidade.

---

[213] MORORÓ. [Entrevista concedida a Francisco Chaves Bezerra]. Santana dos Garrotes, 21/12/2015.

[214] AROEIRA. [Entrevista concedida a Francisco Chaves Bezerra]. João Pessoa, 10/11/2015.

[215] MANGUEIRA. [Entrevista concedida a Francisco Chaves Bezerra]. Santana dos Garrotes, 19/12/2015.

[216] CERTEAU, 2014.

Um estudo que trilha os caminhos tortuosos de sujeitos apegados a lugares tão peculiares, não pode furtar-se da relação de parentesco ou de afinidade identitária do grupo, pois "o que dota determinados locais de uma força de memória especial é, antes de tudo, sua ligação fixa e duradoura com histórias de família".[217] Não é por acaso que muitos dos que seguiram os estudos e migraram para a Casa do Estudante têm ligações parental, de amizade entre as famílias, ou de uma convivência aproximada por habitarem a mesma localidade. O vínculo familiar é construído a partir de referenciais, como o cultivo da terra, a capela da novena, o alpendre onde se contam as histórias, o terreiro onde acontecem as brincadeiras, as cantigas de roda, entre outros.

São elementos de uma cultura que estão fortemente arraigados ao espaço de convivência e que são ensinados às novas gerações, "mesmo com o abandono e a destruição de um local, sua história ainda não acabou; eles retêm objetos materiais remanescentes que se tornam elementos de narrativas e, com isso, pontos de referências para uma nova memória cultural".[218] Como já mencionei em outra passagem, esses locais são carentes de explicações formais, necessitando da tradição oral para manter vivos os seus significados. Com a perda dessa tradição de transmissão oral da cultura a recorrência à recordação e o imperativo de se manter a memória viva por meio da história.

Garimpando os traços dessa cultura nas memórias dos sujeitos, procuro encontrar os elementos que possam justificar a opção por estudar e não trabalhar na roça ou migrar para outras regiões. De onde, aparentemente, não havia possibilidade de ter acesso à escola por fatores diversos, eis alguém com poucos recursos que decide contrariar a ordem aparentemente natural das coisas. O tópico a seguir tem o propósito de trazer mais elementos que apontem para a direção escolar. Agora chegou o momento de vislumbrar o universo escolar desse mundo aparentemente avesso aos estudos.

2.4 O COTIDIANO EDUCACIONAL DE UM LUGAR ONDE PREVALECEM TRAÇOS DA CULTURA ORAL

Quero lembrar mais uma vez que, assim como na relação com os espaços públicos (quando falar das experiências na Casa, a concepção é a mesma), as experiências escolares desses sujeitos não são uniformes, mesmo quando

---

[217] ASSMANN, Aleida. **Espaços de recordação:** formas e transformações da memória cultural. Tradução de Paulo Soethe. Campinas: Editora da Unicamp, 2011. p. 320.

[218] ASSMANN, 2011, p. 328.

vivenciadas em momentos simultâneos, ou quando estudam na mesma escola, ou quando nascem na mesma localidade. São distintas, porque cada sujeito é único e tem uma forma particular de evocar suas memórias, embora, ao recordar o passado, as experiências compartilhadas apresentem-se de forma coletiva, pois os sujeitos e os lugares da cena lembrada não são apagados.[219]

No palco dessas memórias, nada é coeso, há muito a ser acomodado. Dessa forma, apego-me ao entendimento de que as ações cotidianas são semeadas de maravilhas que se movimentam ardilosamente, pois "sem nome próprio, todas as espécies de linguagens dão lugar a essas festas efêmeras que surgem, desaparecem e tornam a surgir".[220] A pretensão aqui é captá-las nesse breve instante em que elas se mostram de rompantes para, logo em seguida, camuflarem-se no emaranhado de práticas e gestos conformados pelas estratégias dos donos do teatro das operações.

O desafio agora passa a ser escarafunchar o cotidiano estudantil (que vai além da escola) dos sujeitos abordados. Seus primeiros espaços de aprendizagem, as instituições escolares de educação formal e as táticas que se apegaram para tocar os estudos em Santana dos Garrotes onde o trabalho com a lavoura e as atividades correlatas eram priorizados em detrimento de uma escolarização regular. Um movimento que não se oferece de maneira uniforme, contudo, traz os traços de um fenômeno caracterizado pela diversidade de uma cultura ordinária que traz, em suas experiências fortuitas, as expressões dos menos comuns.

Quero dizer com isso que estudar nesse lugar não é a mesma coisa para todos que vão à escola, porque não havia o entendimento de que qualquer pessoa poderia estudar, pelo contrário, era uma possibilidade para poucos e que nem sempre tem relação direta com as condições econômicas. Para raras exceções, foi algo até certo ponto desejado, uma vez que os pais (nem sempre o pai e a mãe comungavam com o mesmo pensamento) sonhavam com os filhos seguindo nos estudos por influência de algum exemplo (familiar, da cidade e das redondezas) que havia prosperado. Para outros, as coisas foram acontecendo no improviso, pois frequentar uma escola não fora uma escolha planejada da família (muitas vezes, somente com o avançar de série da criança fazia com que o pai decidisse pela sua permanência), pois inclusive enfrentavam a desconfiança dos parentes mais próximos, sendo muito mais motivados por vizinhos, amigos e professores, ou seja, tiveram que superar a resistência da própria família para continuar os estudos.

[219] RICOEUR, 2007.
[220] CERTEAU, 2014. p. 18.

A falta de uma mentalidade voltada para a instrução da população não era um empecilho enfrentado apenas por crianças e jovens de Santana dos Garrotes ou do Vale do Piancó. No início do século XX, Mariz[221] apontava essa lacuna como um problema a ser superado na região, defendendo a educação como a mais viável solução para o atraso do sertanejo. Sem abandonar os estereótipos do seu tempo, entende que o sertanejo é somente um atrasado culturalmente, mas não é um degenerado (que apresente deficiência cognitiva). Para ele, a implantação de instrução regular é fundamental no sentido de tornar-se instrumento de uniformização da própria cultura sertaneja, elevando-a a patamares dos valores civilizados.

Perante a omissão do poder público em prover educação regular ao povo sertanejo, Mariz[222] destaca o papel da Igreja Católica que assume a condição de ser praticamente a única forma de instrução formacional no sertão (notadamente nos conventos). Desde que o fiel fosse pagante ou dedicasse sua vida à própria Igreja. Foi esse o motivo que levou muitos jovens até final da década de 1950/início da década de 1960, a serem padres, pois, a partir da aprovação no exame de admissão, era a única maneira de estudar sem ter que pagar. Devo esclarecer que o referido exame foi instituído pelo Decreto n.º 19.890, de 18 de abril de 1931, que submetia obrigatoriamente os jovens que terminavam os quatro anos do nível primário a uma avaliação que dava acesso ou não ao curso ginasial. Sobre essa avaliação, assim se manifesta um dos entrevistados que vivenciou essa experiência:

> *Nós fazíamos esse famoso exame de admissão, ele era um vestibularzinho. É tanto que você fazia o 1º, o 2º... Mas quando chegava lá, eles paravam, porque, para fazer a prova do exame de admissão, você tinha que ter tudo das quatro séries, tá? De Matemática, Português, História [Geografia]. Tinha uma exigência muito grande do nosso conhecimento. Para ser bom, tinha que ser bom mesmo e havia reprovação, se você fosse reprovado* não cursava o ginásio.[223]

Sendo devidamente aprovado, o caminho para os estudantes do Vale do Piancó era as instituições tuteladas pela igreja. Nos conventos, como bem atesta Baraúna, a educação destinava-se para os filhos das famílias aquinhoadas (a exemplo do Colégio Padre Rolim, em Cajazeiras), ou seja, era algo muito restrito. As paróquias atuavam na outra ponta, fazendo o

---

[221] MARIZ, 1999.

[222] MARIZ, 1999.

[223] BARAÚNA. [Entrevista concedida a Francisco Chaves Bezerra]. João Pessoa, 09/10/2015, grifos nossos.

trabalho de catequese das crianças com o intuito de instrumentalizá-las a serem bons católicos ao longo da vida. Esse era um dos raros momentos em que a maioria das crianças aprendia as primeiras letras, mas não acontecia de forma planejada, contínua e permanente. Na verdade, era um artifício que se dava de maneira meramente elementar e paliativa, lembrando que os meninos do meio rural não dispunham dessa oportunidade.

Certamente que apelos dessa natureza foram se tornando mais frequentes ao longo do século XX. De forma bastante fragmentadas, as instituições escolares foram chegando lentamente ainda na forma de casas escolas. Em seguida, já de forma mais bem estruturada, vieram os primeiros grupos escolares, como atesta Pinheiro.[224, 225] No distrito de Garrotes, os relatos mostram que, na década de 1950, o que existia era a escolinha da professora, tendo como preocupação maior apenas a alfabetização das crianças. Para os poucos que tinham condições de continuar, o passo seguinte era fazer o exame de admissão. Não obstante, a maioria desistia logo após o aprendizado das primeiras letras, mesmo porque, para continuar os estudos, teria que se deslocar até Patos, onde era possível cursar o ginásio (algo equivalente a segunda fase do ensino fundamental) no Colégio Diocesano Padre Vieira. Era uma instituição particular e *"só quem estudava naquela época no Colégio Diocesano de Patos era pessoa que tinha uma certa situação econômica, ou então, protegido pelo Padre Severino."*[226]

Pensando especificamente em Santana dos Garrotes que não dispunha sequer de uma instituição religiosa que assuma o papel da instrução formal, estudar, nessas condições materiais tão adversas, é um grande desafio nesse primeiro momento da vida desses estudantes. As práticas no campo e na cidade são de mudanças pouco perceptíveis ao longo das duas décadas em estudo. E, portanto, acareando as circunstâncias desse cotidiano estudantil apresentado, foi possível evidenciar que há três ocasiões mais comuns para os que vão à escola: há os que nascem, moram e estudam na cidade (Carnaúba); os que nasceram no sítio onde iniciam os estudos, mas que, após a alfabetização e a conclusão das séries iniciais, passaram a estudar e morar na cidade durante a semana, geralmente em casas de parentes ou amigos (Mororó); os que iniciaram os estudos no sítio, mas com o tempo a família mudou-se

---

[224] PINHEIRO, Antônio Carlos Ferreira. **Da era das cadeiras isoladas à era dos grupos escolares na Paraíba.** Campinas: Autores Associados; São Paulo: Universidade São Francisco, 2002.

[225] O autor faz uma ampla pesquisa documental de arquivo para apresentar o ensino público na Paraíba, das origens com as cadeiras isoladas (século XIX) até a implantação mais consistente dos Grupos escolares, entre 1930-1949.

[226] BARAÚNA. [Entrevista concedida a Francisco Chaves Bezerra]. João Pessoa, 09/10/2015.

definitivamente para morar na cidade (Mangueira e Cedro); os que mesmo nascendo no sítio somente começou a estudar quando a família veio morar na cidade (Baraúna); os que alternavam momentos morando no sítio e outros na cidade, embora afetivamente muito ligado ao meio rural (Aroeira), uma vez que, mesmo estudando na capital, retornava para passar as férias no sítio; por fim, o grupo que nasceu e permaneceu morando no sítio, mesmo quando tiveram que deslocar à cidade para cursar o ginásio (Oiticica). Nesse caso, como costumamos dizer: saíram do sítio (direto) para morar em João Pessoa. Por essa razão, tomei como entrevistados sujeitos que pudessem, até certo ponto, representar essa disparidade, pois, a partir dessa descrição, fica evidente que as experiências da vida escolar são bem diversificadas.

Dito isso, dou início a apresentação das primeiras instituições escolares organizadas no município. Trata-se das "casas escolas" que, como menciona Pinheiro (2002), era uma espécie de derivação das cadeiras isoladas e funcionava na residência dos próprios professores[227], mas também era possível que se alugasse uma casa onde aconteciam as aulas. Constitui-se em uma casa construída para moradia e que, sem qualquer reforma para tal finalidade, era transformada em sala de aula, ou seja, não foi construída para funcionar como escolar. Outro elemento que comprometia um melhor desempenho escolar era a falta de critérios técnicos na escolha dos profissionais que exercem cargos na educação, pois as nomeações obedecem a determinações de interesses políticos dos que controlam o poder na localidade administrativa. Geralmente, os contratados são familiares e apadrinhados políticos das lideranças. A própria distribuição das cadeiras também obedecia a critérios de força política.[228]

Os entrevistados recordam suas experiências na escola do interior (nas décadas de 1960-1970) como um espaço de muita tranquilidade e de afetividade das professoras. Muitos ainda lembram os nomes das primeiras professoras, sendo tomadas como grandes exemplos de dedicação e retidão. É importante destacar que ao recobrarem as memórias das experiências da iniciação escolar, todos lembram o nome da professora. Dessa forma, foi possível identificar as seguintes docentes: Adair Leite Oliveira, Alaíde Alencar, Euzarene Araújo, Euzary Araújo, Francisca Teotônio, Leonor Lopes, Maria Caíca, Natividade Queiroz, Salete Luís, Vilani Primo, Maria Arara e Guiomar Bezerra. Todas ministravam suas aulas na cidade e foram

---

[227] Como todos os entrevistados tiveram professoras nessa fase de aprendizagem, refiro-me aos docentes como professoras e não professor como comumente são tratados.

[228] PINHEIRO, 2002.

professoras das chamadas escolinhas de alfabetização, do Grupo Escolar ou do Colégio Teotônio Neto (CTN) (não necessariamente ensinaram em todas as escolas).

Em certo sentido, essa aura de aparente harmonia contrasta com as práticas agressivas do uso da palmatória que, segundo Pinheiro,[229] já no século XIX, era contestada por intelectuais, mas que ainda perdurou por muitos anos como se pode constatar no relato do entrevistado:

> *Os professores requeria mais exigência do aluno. A gente estudava com amor, com dedicação, não faltava as aulas, fazia aqueles dever de casa. E naquela época existia palmatória. Por sinal, ia de castigo. Quando você errava um quesito, a gente dava a mão, era um bolo, até seis bolos. Por sinal, eu fui vítima... Vítima não! Vítima é que eu digo assim. Em termos de prosperidade, porque a gente tinha medo e estudava pra não ir pra palmatória.[230]*

Nos tempos da palmatória, as estratégias de controle adotadas por esse modelo de ensino adequavam-se de maneira apropriada às práticas culturais do lugar, em que o controle dos alunos era apenas uma extensão das práticas de controle social. Era o modelo de classe multisseriada em que não havia a distinção por séries e *"a gente estudava todos juntos, 1º ano, 2º ano, alfabetização, era tudo juntos"*.[231] O monitoramento do aluno era um aspecto relevante nesse ambiente educacional. O relato a seguir, embora nostálgico, revela que os próprios alunos eram usados para imprimir o controle ou pressionar no momento de memorização dos conteúdos.

> *Olha, era um bom ensino. Comparando com hoje que eu vejo crianças não sabem escrever. Elas [as professoras] faziam um sistema de ditado rígido. Tinha palmatória também, no dia de sexta-feira a palmatória. A palmatória que era na tabuada, sabe? Quando errava a tabuada levava um bolo. Quando você errava e eu ia bater em você, eu batia de vagarinho que eu tinha medo que você viesse violento pra mim, mas quando erávamos todos e a professora era quem ia responder, aí meu amigo podia se preparar que a pancada era grande, mas mesmo assim valeu a pena.[232]*

Nessa passagem, penso que há um bom exemplo do uso de táticas pelo sujeito ordinário no sentido de burlar uma norma instituída no terreno do próprio.[233] A sala de aula e as normas impostas por aquele que domina

---

[229] PINHEIRO, 2002.

[230] CARNAÚBA. [Entrevista concedida a Francisco Chaves Bezerra]. Santana dos Garrotes, 22/12/2015.

[231] BARAÚNA. [Entrevista concedida a Francisco Chaves Bezerra]. João Pessoa, 09/10/2015.

[232] BARAUNA. [Entrevista concedida a Francisco Chaves Bezerra]. João Pessoa, 09/10/2015.

[233] CERTEAU, 2014.

o campo das operações (a professora) impõem suas estratégias de controle e de ensino, todavia, os alunos burlam as ordens da professora sem deixar de cumprir as suas determinações, simplesmente aliviando a força no momento de bater com a palmatória no colega que acabara de não acertar a indagação aritmética.

O fato de não bater com intensidade no colega, obviamente não se trata apenas de um ato de solidariedade humana, todavia, é uma forma de garantir uma futura recompensa num possível insucesso mais à frente com a tabuada. É um movimento que requer astúcia, é uma forma de deslocar o controle da razão do mais forte. Nessa arena, a cultura "se desenvolve no elemento de tensões e, muitas vezes, de violências, a quem fornecem equilíbrios simbólicos, contratos de compatibilidade e compromissos mais ou menos temporários".[234] Nesse jogo, a tática do mais fraco é "tirar partido do forte", desembocando em práticas cotidianas. No meu entendimento, esse é um exemplo, dentre muitos outros, em que é possível identificar, nas práticas vivenciadas, a ação do mais fraco, porém, é um cenário que se estende para além da escola, sendo preciso estar atento a elas também. É igualmente uma prática escolar que prima e reproduz a violência, que também comungava, muitas vezes, com as práticas difundidas no seio das famílias.

Até a implantação dos grupos escolares na Paraíba, o caminho foi longo, como atesta Pinheiro.[235] Agrupar as casas-escolas em uma única instituição, sob o controle do Estado, com autonomia administrativa e pedagógica exigia planejamento e muito esforço por parte das autoridades públicas. O que vai existir, de fato, é uma substituição lenta e gradual. O estudo de Pinheiro define como limite de implantação efetiva do novo modelo até 1949, mesmo assim, se pensarmos no Vale do Piancó[236], a maior parte dos grupos escolares só chegou algum tempo depois. Basta lembrar que, somente no princípio da década de 1960, a maioria desses municípios foi emancipada. Santana dos Garrotes, entretanto, foi dotada de Grupo Escolar ainda na condição de distrito, em 1958.

A criação do Grupo Escolar Dr. Felizardo Leite-GEFL, em Santana dos Garrotes, foi resultado da iniciativa do Governo do Estado, em 28 de maio de 1958. A instituição não preserva a documentação que possa con-

---

[234] CERTEAU, 2014. p. 44.

[235] PINHEIRO, 2002.

[236] Segundo levantamento de Pinheiro (2002, p. 182-183), até 1930 nenhum município do Vale do Piancó dispunha de grupo escolar estadual. Em 1949, data limite de seu estudo, o quadro começa a ser alterado lentamente, apresentando o seguinte resultado: Piancó - 02 unidades, Conceição - 01 unidade, Itaporanga-01 unidade. É um número irrisório se levar em consideração a extensão territorial e a população em idade escolar da região.

firmar o ato de sua criação. O que há, de fato, são atividades comemorativas que professoras e gestores repetem todos os anos na data de aniversário do Grupo. Uma espécie de presentificação na memória dos alunos e dos que lá trabalham, procurando evidenciar a data de criação, o nome do herói Felizardo Leite (líder que combateu cangaceiros no Piancó) e das personalidades políticas que agenciaram o empreendimento educacional.

A fundação do Grupo coincide com o início da vida escolar dos personagens indagados nesta pesquisa, entretanto, quase todos foram iniciados na escolinha da professora que tinha como objetivo a introdução das crianças ao mundo da alfabetização (nas letras e nos números), ou seja, era uma escola que possibilitava à criança o que hoje se faz na pré-escola. Nesse cenário, os dois modelos coexistiram até pouco tempo, especialmente no meio rural de onde veio o maior contingente desses estudantes. Em linhas gerais, os grupos escolares apresentavam condições físicas mais adequadas à prática pedagógica, porque dispunha de prédio escolar projetado com várias salas de aula, salas para professores e administração, espaço para recreação e cantina para preparar a merenda.[237]

Para uma criança que se encontrava mal acomodada em um espaço construído para moradia ou nos inconvenientes da própria casa da professora, o Grupo Escolar representava melhores condições para prosseguir com os estudos. O ensino passou a ser mais qualificado,

> *Porque nós tínhamos um local decente, onde tinha classe pra todos, pelo menos tinha quatro classes, onde nós passamos..., aí nós passamos pra lá, fomos transferidos pra lá, e aí a gente teve direito de cada um ter uma sala, cada um ter uma professora. Nessa época, já tava aparecendo as moças, as famosas normalistas, né! [...] Foi quando o pessoal começou a colocar os filhos pra estudar. Mais o fator central era a professora.[238]*

É perceptível o impacto da seriação e da individuação da professora que agora estava à disposição de uma única classe. Colocar os filhos na escola tornou-se uma atitude de mais regularidade, embora o destaque maior fosse para a formação das professoras com o grau de normalista. Para conseguir obter essa formação mais qualificada, JNA afirma que as jovens estudantes deslocavam-se para Escola Normal Santo Antônio, em Piancó. Colégio de freiras que dispunha de instrumentos legais para a formação de normalista que seriam habilitadas para ensinar até a 4ª série.

---

[237] PINHEIRO, 2002.

[238] BARAÚNA. [Entrevista concedida a Francisco Chaves Bezerra]. João Pessoa, 09/10/2015.

Sem dúvida, o Grupo Escolar representava um avanço para a educação do período, mas não é com a simples implantação desse novo modelo de estrutura física que velhas práticas deixem de persistirem por mais alguns anos. Posso afirmar que até a segunda metade da década de 1980 ainda perdurava o recurso à palmatória como forma de controle dos alunos. Embora condenável por pensadores da educação desde o século XIX e não assumida por muitos professores, as práticas no cotidiano escolar afrontam o mundo das ideias, permanecendo sorrateiramente como instrumento de poder dos que ensinam. A melhor qualificação das professoras que passam a obter um grau mínimo de formação não dissipa o método de memorização que se apega aos ditados de palavras, repetição de cor (decoreba) de respostas, de questionários e da tabuada. Palmatória e memorização de conteúdos são faces da mesma moeda, pois a aprendizagem acontece na pressão física e psicológica impostas pela força das estratégias de quem manda e seguida pela aparente imparcialidade de quem obedece, não esquecendo as situações táticas que desafiam a dominação do próprio.

A necessidade de sair da cidade para estudar em Patos ou Piancó, após o exame de admissão, começa a ser sanada com a criação do Colégio Teotônio Neto (CTN), em 1966. Da Fundação Padre Ibiapina, o CTN foi fundado em 22 de outubro daquele ano e recebeu a primeira denominação de Ginásio Comercial do Vale, tendo como fundadores: o professor Afonso Pereira, o deputado federal Teotônio Neto e o professor Francisco Trocolli. Contou ainda com o apoio do prefeito Manuel Batista Filho (1966-1970) e teve como primeiro diretor o Padre Severino de Alencar Leite. As primeiras professoras foram Maria Vanda Leite da Silva, Maria Euzary Araújo, Maria Salete Luiz e Beatriz Loureiro Lopes.

Em 1973, passou a ter outra denominação, Ginásio Comercial Teotônio Neto, agora sob a direção da professora Maria Leni de Oliveira[239] onde permaneceu, até os dias atuais, acumulando as funções de proprietária e gestora. Em um trecho de sua entrevista, Mororó[240] menciona Leni (assim é conhecida na cidade) como uma gestora escolar exigente, conhecedora de tudo que se passava naquela instituição escolar e sempre disposta a resolver as questões burocráticas como a inexistência de documentação dos alunos que vinham de uma realidade rural e, portanto, não dispunham das devidas formalidades legais. A principal novidade da década de 1970 foi a implantação do Curso Pedagógico (Curso Normal) e do Jardim de Infância.

---

[239] No instante que fazia a revisão final deste texto (enquanto ainda era tese, e não este livro), recebo a informação do seu falecimento (05/10/2017). Sem dúvida, a história da educação de Santana dos Garrotes e do Vale do Piancó não deve ser escrita sem as palavras e ações de Maria Leni de Oliveira.

[240] MORORÓ. [Entrevista concedida a Francisco Chaves Bezerra]. Santana dos Garrotes, 21/12/2015.

Somente em 1975, passou a ser denominado de Colégio Teotônio Neto. Não foi possível ter acesso à documentação primária, mas tive, à disposição de análise, o Plano de Trabalho e Informativo: administração, professores, pais e alunos. Trata-se de um material que foi organizado e distribuído aos alunos no início do ano letivo de 2016. Um caderno confeccionado como parte das atividades de comemorações dos 50 anos de fundação da instituição.

Essa sempre foi uma instituição de caráter privado que, com o auxílio do poder público municipal e com a força política do deputado Teotônio Neto, assumiu a instrução ginasial. No que tange ao acesso a uma vaga na CEP, entendo que facilitou apenas para os poucos que podiam pagar ou dispunham de prestígio político junto às autoridades para a viabilização de bolsas escolares. A maior parcela dos que conseguiam estudar, continuava concluindo seus estudos no Grupo Escolar, até a 4ª série.

Não obstante às restrições de ordem material, essa instituição ganha notoriedade na vida dos que por lá passaram e resolveram situações diversas. Como já mencionei anteriormente, um caso curioso é o de Mororó[241], que foi aluno do Movimento Brasileiro de Alfabetização (Mobral) na zona rural do distrito de Pitombeira de Dentro. Trabalhando o dia inteiro na roça e estudando à noite, ele tinha interesse em continuar os seus estudos, mas não dispunha de qualquer instrumento legal, regularidade ou orientação que o norteasse nessa caminhada. Então, vai buscar, na cidade, as condições de realização dessa empreitada, mesmo enfrentando as dificuldades como falta de orientações. Tal situação pode ser bem perceptível no relato seguinte:

> *Aí fui para Leni, como falei, fui fazer a matrícula, ela pediu a transferência e eu disse que não tinha transferência e disse que eu não tinha estudado em escola pública, ela foi e disse – Leni sempre foi aquela pessoa que ela sempre deu um jeitinho – disse: "você não tem nenhuma série?". Natividade que foi minha primeira professora lá, uma menina muito inteligente, disse: "Mororó, você é um cara muito inteligente, tira nota, compete com os alunos aqui que vem de série a série, a gente vai lhe dar uma oportunidade; falar com Leni, ela vai butar como se você tivesse começado em 72 e, em 75, você vai estar concluindo a 4ª série."[242]*

Veja que os problemas vão além de um simples espaço para estudar ou das condições econômicas para cumprir compromissos com a mensalidade. Antes da chegada das instituições formais de ensino (Grupo Escolar e o CTN),

---

[241] MORORÓ. [Entrevista concedida a Francisco Chaves Bezerra]. Santana dos Garrotes, 21/12/2015.
[242] Idem.

os alunos assistiam aula na casa da professora ou em outro espaço qualquer, sem nenhuma preocupação com sequência serial e sem documentação comprobatória (histórico escolar, diário de classe com notas, certificado de conclusão etc.). Esse caso revela a ausência de condições estruturais e de uma mentalidade educacional que vislumbrasse uma sequência dos estudos, ou seja, iniciar e concluir os estudos e obter uma formação profissional. Como já expressei anteriormente, as coisas acontecem no improviso, não se sabe em que direção ou onde pretende chegar, até que um dia descobre-se que o menino está bem encaminhado nos estudos e pode seguir caminhos mais distantes.

Nesse contexto, é importante discutir a função do Mobral como instrumento educacional de alfabetização de adultos, tendo permanecido em funcionamento entre 1970-1985. Criado durante a ditadura militar, "as aulas do MOBRAL não poderiam ter o mesmo modo de organização da escola básica",[243] ou seja, distinto do ensino destinado às crianças. Por essa razão, destoa bastante do que prevaleceu na escola básica como política oficial de educação e da própria história da educação do período militar, pois, enquanto esta trazia as marcas da repressão, do medo e da disciplina, o Mobral focava no modelamento dos adultos analfabetos, inclusive, copiando alguns elementos do bem sucedido programa de educação popular desenvolvido em Pernambuco, por Paulo Freire, na década de 1960. Trata-se, portanto, de uma espécie de deformação, porém, sofisticadamente apropriada pela indústria gráfica oficial que produziu o material didático e sob a mediação do rádio que buscava interação com as mais diversificadas regiões do país. Sendo um programa concebido fora do víeis da educação formal (este marcado pelas imposições do regime repressor), torna-se um espaço de negociação, usado como estratégias de convencimento e controle operadas pelo regime.[244]

O movimento tinha suas prioridades, dentre elas dá visibilidade à eficiência do governo em suprir demandas históricas, como o combate ao analfabetismo, fornecer ao mercado de trabalho mão de obra que sabia ler minimamente, diligenciar hábitos modernos e ordeiros no país, expressando o que deveria ser o brasileiro. Obviamente que se trata de uma habilidosa engrenagem carregada de intencionalidades, que Alves expõe duas facetas do regime militar: o de agente torturador, censurador e intimidador e, ao

---

[243] ALVES, Maxsuel Lourenço. **Entre vacinas e canetas**: as proposições dos saberes médicos nas publicações no Movimento Brasileiro de Alfabetização – MOBRAL (1970-1985). 2015. Dissertação (Mestrado em História) – Universidade Federal de Campina Grande, Campina Grande, 2015. p. 306.
[244] ALVES, 2015.

mesmo tempo, capaz de conduzir o adulto analfabeto pela mão e ensinar-lhe a ler e escrever, mostrando que, por traz de uma retórica de boas intenções, pode haver sanha de um torturador. O Mobral, portanto, atuava na modelagem de corpos e condutas, escrevendo o modo de ser e de gerir, atuando firmemente na despolitização da sociedade brasileira, deixando rastros facilmente atestáveis no comportamento do cidadão, com visível apatia e falta de postura crítica no momento da escolha dos seus representantes.[245]

Embora o Mobral somente tenha sido mencionado por um dos entrevistados (o único que foi aluno do programa), certamente este deixou as suas marcas em Santana por algumas razões: primeiro, pelo objetivo do programa que vislumbrava a propagação de uma faceta mais branda da ditadura; em segundo lugar, por se utilizar do rádio como meio de execução e divulgação do seu conteúdo e, como confirmam os entrevistados, esse veículo tinha ampla inserção nos lares santanenses, inclusive, no meio rural; por fim, pelas próprias condições de deficiência da estrutura educacional (acesso, permanência e universalidade) e social (alto índice de analfabetismo) do município no qual se adequava perfeitamente à proposta do programa. Por meio desse mecanismo de alfabetização e modelação de comportamentos, que se evidencia pelo fato de o regime ditatorial lançar seus tentáculos aos mais distantes lugares, que se notabilizam pelo difícil acesso e pela baixa densidade demográfica, mediante vigorosa política de comunicação radiofônica.

Quando se trata de controle e repressão, os agentes da Ditadura estão atentos aos mínimos acontecimentos, aos lugares, às situações e aos sujeitos, todavia, essa mesma eficácia não se configura quanto à resolução dos problemas essenciais da população local. Prova dessa indiferença está no fato da estrutura pública de educação básica do município somente ter sido sanada na década de 1980, com a criação do Colégio Felizardo Teotônio Dantas (FTD), mesmo assim, sem qualquer contribuição direta do poder central, já que ficou sob a responsabilidade orçamentária do município. A referida instituição escolar teve seu funcionamento autorizado pelo Conselho Estadual de Educação (CEE) por meio da Resolução n.º 75, de 17 de dezembro de 1981, permitida, desse modo, pelo Estado, porém, bancada pelo município. Recebeu a denominação oficial de Instituto Educacional Dr. Felizardo Dantas, uma homenagem ao então recém falecido ex-prefeito que administrou o município na década de 1970. Após cinco anos de funcionamento incipiente, cria-se a Escola Estadual de 1º e 2º graus Dr.

---

[245] ALVES, 2015.

Felizardo Teotônio Dantas, instituída pelo Decreto n.º 11.283, de 04 de abril de 1986. Somente a partir desse momento, portanto, o Estado assume a escola e implanta o 2º Grau.

Com a chegada dessa instituição escolar, criaram-se condições de conclusão do 2º grau sem sair da cidade e que, certamente, contribuiu para o aumento do número de jovens que vão seguir os estudos. Como constato nesta pesquisa, entretanto, certa parcela de estudantes preferiu cursar o 2º grau na capital. Não é a minha intenção mostrar que a motivação primordial ou exclusiva de ir estudar em João Pessoa era passar no vestibular e conquistar melhores condições de sobrevivência. É possível que houvesse outras intencionalidades, como o desejo de alguns em abandonar a vida pacata da cidade pequena do interior, embora a maioria dos entrevistados afirme, em seus relatos, que o propósito maior era estudar. Penso que as experiências na Casa do Estudante permitiram (aos poucos) a disseminação de uma ideia na cidade de que era possível seguir a carreira estudantil mesmo sem ser dotado de condição econômica favorável. Vai se disseminando uma espécie de movimento ordinário, atraindo os que acreditavam numa formação profissional melhor, ou simplesmente o desejo de deixar o trabalho da roça.

A mencionada instituição escolar apresenta-se sob uma dimensão diferenciada, pois já é dotada de espaço para biblioteca que, mesmo tendo poucos livros, os alunos se reuniam nesse ambiente para fazer atividades ou conversar; auditório onde aconteciam as gincanas, feiras de ciência e apresentação de quadrilhas juninas; quadra de esporte que facilitou as aulas de Educação Física, maior interação com a comunidade que passou também a desfrutar das competições que ali ocorriam (único espaço público para prática de esporte); por fim, um ambiente que proporcionava aos que por ali passaram maior socialização, construção das primeiras relações de afetividade e discussão política dos jovens e, nesse aspecto, evidencia-se a realização da eleição do Centro Cívico (1988) que movimentou a escola e serviu, assim, como um momento de afirmação das primeiras experiências de cidadania para o grupo.

As mudanças estruturais na escola só começam a ter mais impacto no fim da década de 1980, sendo importante mencionar a realização do primeiro concurso público para professores da rede estadual de educação (1989), já sob a determinação da Constituição de 1988. Iniciativas como esta, contudo, não trazem as mudanças necessárias para uma transformação profunda da educação, porque não objetivam a totalidade do sistema, como também as práticas conservadoras persistem na escola em virtude de estarem arraigadas na própria cultura escolar. Se pode observar que a Paraíba ainda tem um grande percentual de professores não efetivos nas redes estaduais e municipais, o que demonstra a permanência de práticas, inclusive, de controle dos eleitores pela oferta de contratos temporários de trabalho.

Esse momento (final dos anos de 1980) destaca-se pela chagada dos professores concursados, com formação superior e que imprimem outra dinâmica às aulas. Para o aluno que se encontra no dia a dia da sala de aula, a chegada desses professores concursados traz expectativas bem positivas, uma vez que chegam com uma energia diferente, são mais dispostos, têm uma didática de exposição mais eficiente, fogem dos questionários intermináveis, enfim, são novas experiências que demonstram um preparo acadêmico. Tudo isso inserido em um universo mais movimentado, no qual as atividades adentram na quadra de esporte, na biblioteca, no auditório e nas relações pessoais. Guardadas as devidas proporções social, cultural e temporal, compreendo que esse sentimento corresponde às expectativas nutridas e narradas por Baraúna[246] (1958-1959) com a chegada do Grupo Escolar que proporcionou a divisão do aluno por série e a chegada das professoras normalistas, como também com a criação do Colégio Teotônio Neto (1966) que permitia cursar o ginásio sem deslocar de Santana para outras cidades.

Considerando que Santana dos Garrotes configurava-se como lugar onde estudar era um privilégio para poucos (décadas de 1960-1970) e que poucas famílias mantinham os filhos na escola, assim sendo, somente um número restrito de famílias abastadas mandavam os filhos estudarem na capital (apenas os que eram mais inclinados às letras), enquanto que as mulheres dessas famílias, quando muito, faziam o curso normal e tornavam-se professoras das escolinhas de alfabetização. O restante da população mantinha-se afastada do mundo da instrução, sendo que, no meio rural, essa situação era ainda mais restrita. Mesmo nas localidades onde as famílias atribuíam certa valorização aos estudos, os que iam à escola não representavam a maioria.

Essa é uma situação que vai sendo alterada ao longo da década de 1980, contudo, somente com a criação da Lei de Diretrizes e Bases (LDB) de 1996, instituindo a obrigatoriedade do ensino, exigindo a disposição de meios de transportes para conduzir crianças e jovens das localidades rurais

---

[246] BARAÚNA. [Entrevista concedida a Francisco Chaves Bezerra]. João Pessoa, 09/10/2015.

para a cidade, compra de livro didático, merenda para o ano inteiro, destinação de auxílios como bolsa escola etc. é que a educação, no município, ganha feições de universalidade. São determinações legais que, entretanto, não significam efetivamente a melhora na qualidade do ensino, a extinção do alfabetismo e, até mesmo, que os gestores municipais cumpriram o programa de alfabetização na sua integralidade (as denúncias de desvios de recursos da merenda e dos transportes estão aí para mostra o contrário).

Saindo das instituições formais e adentrando no ambiente escolar do meio rural, que na década de 1960 traçava suas linhas na mais simplória informalidade, recorro às experiências de Cedro[247] e Mororó[248] que expressam essa realidade em seus relatos, mostrando que a professora assumia o papel da alfabetização e do ensino das primeiras letras das crianças sem um contrato formal com o município, podendo ocorrer um acordo com o pai das crianças quando este tinha condições de pagá-la[249], ou uma ajuda de custo, dado pela prefeitura.[250] Tudo era um passa tempo até o indivíduo chegar à adolescência e enfrentar a roça ou buscar emprego em São Paulo.

Nesses termos, a educação não era tomada como algo possível, nem como um direito da população; sendo assim, a escola poderia funcionar em qualquer espaço e os seus resultados não eram objetos de especulação. De fato, o insucesso era apenas mais uma justificativa para que os pais e os próprios jovens desistissem dos estudos e passassem a se dedicar às atividades da roça. Nessas condições, ir à escola já era, em si, uma recreação. O que se ensinava e como ensinava não era preocupação dos pais que ficavam interessados apenas no comportamento do filho perante a professora. Os alunos da comunidade não tinham uma escola organizada e com todo acompanhamento que requer um bom ensino, pois, no fim da década de 1960 e início da década de 1970, a sala de aula permanecia com

> [...] uma professora só pra atender todas as séries, geralmente de 1° até a 4° série do ensino fundamental. O espaço para brincadeira era muito resumido, geralmente se resumia a uns 10/15 minutos de intervalo, mas, como a professora teria que atender as particularidades dessas classes multisseriados, o tempo para brincadeira era muito curto.[251]

---

[247] CEDRO. [Entrevista concedida a Francisco Chaves Bezerra]. Santana dos Garrotes, 22/12/2015.

[248] MORORÓ. [Entrevista concedida a Francisco Chaves Bezerra]. Santana dos Garrotes, 21/12/2015.

[249] CEDRO. [Entrevista concedida a Francisco Chaves Bezerra]. Santana dos Garrotes, 22/12/2015.

[250] MORORÓ. [Entrevista concedida a Francisco Chaves Bezerra]. Santana dos Garrotes, 21/12/2015.

[251] MANGUEIRA. [Entrevista concedida a Francisco Chaves Bezerra]. Santana dos Garrotes, 19/12/2015.

Na cidade, as condições de estudo eram diferentes, a escola exigia outra formalidade o que, para o entrevistado, melhorou no sentido de ter uma estrutura que permitia a organização dos alunos por séries, professores melhor preparados, espaço para recreação e cantina para alimentação.

Quando pergunto aos meus entrevistados a respeito do ensino em Santana dos Garrotes, majoritariamente, tendem a se manifestar favorável à postura adotada pelos professores em sala de aula, com destaque à rigidez imposta pelos mestres e, ao mesmo tempo, como os alunos mantinham uma obediência cega às determinações do professor. Asseguram que a rigidez nos métodos, combinado aos instrumentos disciplinares, eram fundamentais para o bom aprendizado do aluno. Saudosos, são unânimes em afirmar que o ensino do passado era bem mais eficiente do que o atual; inclusive, considerando a falta de reprovação como o maior inimigo da baixa qualidade do ensino e aprendizagem da educação na atualidade. Como professor, tenho um entendimento bem diferente dos argumentos dos entrevistados. Sei também que há um forte componente de nostalgia ao afirmar que as coisas do passado são melhores do que as do presente, assim como a influência de uma cultura escolar e cultural pautada em artifícios coercitivos de controle educacional foram significativos para que se chegasse a esse entendimento.

Há práticas que permanecem continuamente por todo período da vida escolar desse grupo, chamando atenção, para a recorrência nos relatos dos entrevistados, o fato das aulas, na escola, serem praticamente o único momento de aprendizagem. Em casa, os estudos limitavam-se à memorização para as provas, em que todos procuravam decorar o conteúdo copiado em poucas folhas do caderno ou de um questionário. A responsabilidade de jovens e crianças quando cursavam a escola primária, portanto, "era passar de ano", não havia o compromisso com a aprendizagem. Por isso, tudo

> Era muito atrasado, eu vi que era atrasado quando eu cheguei aqui, a forma, sem nenhum demérito as minhas professoras, a quem eu devo muito, mas eu tive dificuldades quando eu cheguei aqui para acompanhar. Eu vim estudar no Liceu, eu acompanhei porque, modesta a parte, eu era um sujeito curioso, eu era estudioso, gostava de estudar, lia muito. [...] Mas o estudo lá era muito aquém do que... Eu não sabia do que eu gostava, o estudo era aquilo, mas quando eu cheguei aqui (que você faz uma comparação) você vê que a coisa não era bem do jeito que você pensava.[252]

---

[252] AROREIRA. [Entrevista concedida a Francisco Chaves Bezerra]. João Pessoa, 10/11/2015.

Não há como esconder as limitações na formação dos professores, ainda hoje esse aspecto é alvo de críticas dentro da estrutura educacional no país. Quero ressaltar, no entanto, que há questões bem mais amplas que não estão sendo levadas em consideração quando se trata da relação entre níveis de ensino. Ocorre que a escola do 1º grau como um todo tinha uma estrutura diferente em relação a do 2º grau e, pensando no Liceu Paraibano, que era uma das melhores escolas do estado, o nível de ensino deveria ser mais elevado, com níveis de dificuldades a serem enfrentadas por alunos mais maduros. Com isso, quero apenas evidenciar que a falta de preparo alegada pelo entrevistado ao chegar ao Liceu Paraibano vai além da falta de capacitação dos professores de Santana. De fato, são díspares os elementos (e aqui apontados ao longo do texto) que podem influenciar nesse distanciamento entre as escolas do interior e da capital, inclusive, a distinção dos aspectos culturais que podem dificultar o acompanhamento dos estudos em João Pessoa. Trata-se de compreender as práticas no lugar e no tempo, ou inseridas em sua cultura histórica.

Soma-se à questão apontada anteriormente, a falta de preparação efetiva em casa. Quando encerrava o horário escolar, os alunos seguiam para a suas lidas e brincadeiras mais diversas. Os da roça rumavam à labuta diária de cuidar do gado, ajudar na lida agrícola, botar água, encher os potes de casa etc. Assim sendo, as brincadeiras restringiam-se ao turno da noite, mas o cansaço e a necessidade de acordar logo na madrugada impedia que acontecesse com frequência. Em fins de semana (no sábado), geralmente o pai ia para a feira na cidade e os filhos ficavam cuidando das obrigações, sendo o domingo o dia mais apropriado para o descanso e para as brincadeiras.

Por outro lado, os alunos que viviam na cidade dividiam o tempo livre em ajudar aos pais (comércio, serviço doméstico, outros serviços, como mecânica, pedreiro e carpintaria), jogar futebol com os colegas nos campinhos de ponta de rua ou na quadra do Colégio Felizardo Teotônio Dantas, escutar rádio (com ampla preferência por jogos de futebol, programas de notícias e ouvir músicas) e encontrar os colegas para bater papo, que poderia ser em espaços variados, como na rua de casa, na casa de amigos, na praça etc. Então, não se destinava tempo para o estudo realmente, por estar ocupado com as tarefas diárias (situação mais comum entre os que viviam no meio rural) ou pela própria ociosidade dos que ainda não eram exigidos por afazeres obrigatórios, assim, esses alunos destinavam a maior parte do tempo às brincadeiras, às conversas e à diversão.

É perceptível que o estudo não se encontra como prioridade, não obstante, se as atividades do cotidiano de exigência familiar demandavam tempo, o que predominava era falta de entendimento sobre a importância da educação para a formação do indivíduo, deixando assim de orientar os que frequentavam a escola mostrando-lhes a necessidade de dedicarem-se aos estudos em casa. O que há, de fato, é um ambiente desprovido de cultura educacional que pode ser exemplificado por todos os elementos expostos até aqui. Vivendo em um meio onde muitos trabalhavam desde cedo e onde a educação é vista como algo para poucos, qualquer tempo livre é direcionado às brincadeiras diversas. Nesse sentido, trata-se de conjunto de fatores que ganham conotação sistêmica e, portanto, podendo ser entendido como constitutivo da própria cultura do lugar.

O cenário que se apresenta, portanto, não pode ser entendido como de responsabilidade da falta de interesse ou da incapacidade dos que se enveredavam pelos caminhos da escola. É evidente que os que pensavam e controlavam os destinos políticos do município não tinham a instrução educacional, as atividades culturais e os momentos de lazer como programa de governo. Fica claro que não é possível ter indivíduos leitores em um lugar onde não há bibliotecas (se há os estudantes não têm certeza de sua existência) e eventos culturais que possam aglutinar crianças e jovens nos momentos que estão ociosos e, assim, tomar a instrução como prática cotidiana. Parece-me que as instituições escolares ainda exerciam um papel bastante restrito no sentido de provedora de orientação dessa natureza.

Não fiquemos, entretanto, apenas no mais evidente, pois, revirando a cortina do explícito e trazendo as memórias escondidas, é possível encontrar casos ou situações que contrariam todo domínio do próprio, como afirma Certeau.[253] Quero dizer com isso que há sempre leitores no mundo da cultural oral ou de domínio da oralidade. E é nessa direção que caminha esse relato:

> *Adair Oliveira era minha professora... Tinha no Grupo e era minha madrinha de batismo, a casa dela tinha muitos livros, né? E por conta desses livros deu uma certa confusão lá em casa por que eu ia colocar água lá e descarregava a carga de água, colocava nos potes dela e ficava lendo os livros. Então, li diversos livros lá, fui lendo aos poucos, depois ela viu meu interesse e ela começou a emprestar os livros a mim. Ela permitia que eu levasse os livros pra casa e eu sempre tive essa ideia de estudar, eu não*

---

[253] CERTEAU, 2014.

sei de onde isso vem, eu sou da primeira geração da família que começa a estudar, até aí minha família, meus primos, todos eles eram da roça.[254]

Pesa o fato do entrevistado ser aluno da própria madrinha de batismo e ter acesso a ela fora do espaço escolar, ou seja, na própria casa da professora, mas há de se destacar também outros elementos que fizeram com que o entrevistado tenha despertado o interesse pela leitura desde cedo, pois ele se define como um sujeito curioso e que gostava de ler desde cedo (elementos de uma narrativa positiva). Era uma criança do sítio, mas que mantinha contato permanente com a cidade, pois abastecia de água as casas das pessoas dotadas de melhores condições financeiras e uma das casas era da madrinha professora. No trânsito com essas famílias, ouvia histórias, falava com pessoas mais velhas e tinha amizade com as crianças da cidade. Ele também plantava cana de açúcar no engenho da família, fazia rapadura e vendia na feira da cidade. É um sujeito em movimento e, em uma situação dessas pela cidade, foi convidado a estudar em João Pessoa por outro santanense[255] que já morava na Casa do Estudante.

Só é possível explicar como vai se constituindo uma mentalidade em jovens que quebram toda essa lógica do lugar e tomam o caminho dos estudos à procura de outra alternativa a seguir na vida, se identificarmos esses fragmentos que vão surgindo esparsamente para formar uma teia (não um tecido consistente) que se fortalece à medida que a temporalidade avança, até o momento em que a marginalidade não é mais formada por pequenos grupos, contudo, tornou-se uma maioria silenciosa. Uma atividade cultural não assinada (não planejada e conduzida pelas forças dominantes, o próprio) ou não legível, todavia, simbolizado pelos que se movimentam na arena sem estar à frente dos holofotes. Quase imperceptíveis, mas que, de repente, aparecem subitamente. Fracos por serem desprovidos de meios de informação, bens materiais, de segurança de toda sorte; exige habilidade e astúcia nas ações, nos sonhos e no senso de humor na caminhada.[256]

Não é mais segredo para ninguém que o movimento do tempo, dos acontecimentos e das informações era quase imperceptível no cenário das primeiras memórias desses sujeitos. Era lento porque o tempo obedecia

---

[254] AROREIRA. [Entrevista concedida a Francisco Chaves Bezerra]. João Pessoa, 10/11/2015.

[255] Trata-se de José Ramalho Passos que chegou à CEP no final da década de 1960, assim como Baraúna, notabilizou-se por incentivar outros santanenses a morar na Casa, alcançando à condição de presidente da instituição (1974-1975).

[256] CERTEAU, 2014.

ao ritmo da natureza e, como os meios de comunicação eram escassos e pouco eficientes, as informações tornavam-se esparsas e os acontecimentos de outras freguesias chegavam à conta gota. Por maior que sejam as dificuldades de comunicação entre um lugar e outros, não existe isolamento absoluto e, de uma maneira ou de outra, as pessoas sabiam das novidades sempre por partes, nunca o acontecimento por inteiro. Se as coisas não se apresentam linearmente, vêm em forma de rompante, sem nenhum sentido cronológico aparente. Agora, imagine que, além dessa especificidade, este estudo ainda se depara com relatos que são contados por diferentes sujeitos e que, apesar de vivenciarem experiências compartilhadas do mesmo lugar, narram suas histórias cada um à sua maneira. Ou seja, não há uniformização na informação que recebiam e, muito menos, nas formas de lembrarem o passado, tempos depois do acontecimento.

Levando em consideração os traços culturais e as feições educacionais dessa realidade social, torna-se fundamental questionar se, além da escola, existiam outras possibilidades de se obter conhecimento ou informação. Como já foi mencionado anteriormente, os espaços de cultura e aprendizagem eram bastante restritos no município. De tal modo, conhecer os mecanismos de acesso à informação torna-se essencial, inclusive, para entender como as notícias diárias, os acontecimentos políticos e as novidades, de forma geral, chegavam à cidade. Para um indivíduo que começou a ter entendimento sobre essas questões em princípios dos anos de 1970, as condições de acesso às informações, que circulavam no país, apresentam-se de forma bastante embrionárias, como bem sintetiza a seguir:

> *Então, a gente só se familiarizou mais com o que acontecia no Brasil e no mundo depois que os meios de comunicação começaram a se expandir. E antigamente, o meio de comunicação que tinha, vamos dizer assim, mais penetração no público do interior era o rádio. Nós não tínhamos acesso a jornal, não tínhamos acesso a revistas. A televisão só num momento bem posterior. Mesmo com o aparecimento do rádio e [posteriormente] da televisão, o que a gente percebe hoje é que a gente tomava conhecimento de uma pequena fração do que acontecia no Brasil e no mundo. O nosso mundo era bem mais restrito.[257]*

Procurando dar sentido às falas, é possível afirmar que, apesar das deficiências, as informações chegavam por diferentes meios. Desde os tempos mais remotos, a população do lugar se comunicava e, certamente, o

---

[257] MANGUEIRA. [Entrevista concedida a Francisco Chaves Bezerra]. Santana dos Garrotes, 19/12/2015.

primeiro meio de viabilização de notícias foi o próprio homem que, a pé ou a cavalo, transitava na região e, até mesmo, alcançava lugares bem distantes, como Campina Grande. Com suas tropas de burro, transportando gado, algodão e outras mercadorias; ouvindo, conversando e espiando as coisas, tudo era novidade para contar quando voltasse para casa. No início dos anos de 1960, entretanto, já era tempo dos veículos automotores, e Baraúna relata, em sua entrevista, que *"na época tinha muita influência de motorista. Motorista era como se fosse um doutor dos nossos tempos. No caminhão, raras pessoas sabiam dirigir, raríssimas pessoas"*.[258] Para facilitar o deslocamento dessa modalidade de transporte, há de se destacar a construção da estrada (1970) que liga Santana a Piancó, no governo João Agripino (1966-1971). Antes uma via carroçável, sem pontes nos rios e sem qualquer cuidado de manutenção, ganha contornos de terraplanagem e construção das pontes nos rios que permitem o deslocamento em qualquer dia do ano.

Os impressos são mais raros, mesmo assim foram apontados como algo que chegava, porém, sendo visto como um veículo de acesso limitado, ou que não despertava o interesse das pessoas em lê-lo. Baraúna lembra ainda que presenciou um exemplar da revista *O Cruzeiro* no armazém do senhor Ademar Alvino, pois, no princípio dos anos de 1960, *"só tinha um cidadão em Santana que lia as coisas, era Ademar Alvino"*.[259] O jornal, por sua vez, somente no final dos anos de 1970 e início da década de 1980, começa a ser distribuído diariamente na cidade por intermédio do comerciante José Paulo que fazia uma assinatura e recebia seu exemplar no final do dia, trazido pelo único ônibus que transportava as pessoas até Patos, onde recebia o jornal produzido, impresso e distribuído a partir da cidade de João Pessoa (saía de manhã bem cedo da capital e chegava ao seu destino derradeiro no final da tarde).

Menciono esses casos singulares (de uma revista e do jornal) com o intuito de evitar omissões que possam justificar argumentos em favor do isolamento absoluto da cidade. Devo destacar, entretanto, que os entrevistados não reconhecem os impressos como instrumento de consumo da juventude ou da população de uma maneira geral; pois raramente esses veículos são citados em suas recordações. Sabiam da existência, porque presenciavam adultos fazendo a sua leitura na calçada do bar de Zé Paulo, contudo, em nenhum momento, colocam-se na cena como leitores, tornando-se acessível como hábito de leitura tão somente após a chegada

---

[258] BARAÚNA. [Entrevista concedida a Francisco Chaves Bezerra]. João Pessoa, 09/10/2015.

[259] BARAÚNA. [Entrevista concedida a Francisco Chaves Bezerra]. João Pessoa, 09/10/2015.

a João Pessoa. A lembrança da existência de um exemplar da revista nos primeiros anos da década de 1960, como também a presença do jornal na década de 1970, na cidade, é um fenômeno bastante peculiar, uma vez que eles não se apresentavam como objetos de leitura e informação para esses jovens. Parece-me tratar-se de situações (re)elaboradas no a posteriori que ganham mais sentido no presente do que propriamente no momento do acontecido. O jornal ou a revista são sempre lembrados como instrumentos nas mãos de outras pessoas, com fortes indícios de que a juventude não os lia, preferindo ouvir rádio.

O rádio é o mais importante dos veículos de comunicação durante as duas décadas em estudo. Não somente pela sua longevidade, mas também pela sua eficiência e funcionalidade. É sempre lembrado pelos entrevistados como o único instrumento, além da escola, onde era possível se adquirir conhecimento ou informação. Sem nenhuma dúvida, dominou a divulgação de informação a partir dos anos de 1960, tendo sua hegemonia ameaçada apenas pela televisão, já em meados da década de 1980, mas, ainda assim, persistiu na forma de FM. Numa dessas situações, Aroeira[260] recorda um momento em que seu pai estava na calçada comentando com o seu tio a respeito do Golpe militar de 1964 e da nomeação do General Castelo Branco como presidente da República. Essa é, de fato, uma exceção, porque o que prevalece, nas memórias, é a certeza da influência do rádio, contudo, sem a especificação dos acontecimentos.

As recordações vão trazendo fragmentos e permitindo constatar que a informação chegava e, certamente, deixava suas impressões, mesmo não configurando uma população de leitores ou dispondo-se de elemento que possibilitem uma narração sequencial dos fatos e da sua repetição tal qual aconteceu nas diferentes falas. Nas entrevistas, a primeira reação dos sujeitos abordados – Oiticica[261] (início dos anos de 1960), Carnaúba[262], Mororó[263] e Cedro[264] (distribuídos na década de 1970) – é de afirmar que não tinham qualquer informação do que estava acontecendo fora de Santana, sejam episódios políticos, medidas econômicas, eventos culturais ou acontecimentos históricos; no caso de Mangueira[265], procura minimizar as

---

[260] AROEIRA. [Entrevista concedida a Francisco Chaves Bezerra]. João Pessoa, 10/11/2015.

[261] OITICICA. [Entrevista concedida a Francisco Chaves Bezerra]. João Pessoa, 24/02/2016.

[262] CARNAÚBA. [Entrevista concedida a Francisco Chaves Bezerra]. Santana dos Garrotes, 22/12/2015.

[263] MORORÓ. [Entrevista concedida a Francisco Chaves Bezerra]. Santana dos Garrotes, 21/12/2015.

[264] CEDRO. [Entrevista concedida a Francisco Chaves Bezerra]. Santana dos Garrotes, 22/12/2015.

[265] MANGUEIRA. [Entrevista concedida a Francisco Chaves Bezerra]. Santana dos Garrotes, 19/12/2015.

informações obtidas como não sendo algo tão significativo; enquanto que Baraúna[266] (início da década de 1960) e Aroeira[267] (final dos anos de 1960 e início dos 1970) lembram de situações isoladas. Um trabalho dessa natureza, entretanto, exige uma atenção apurada para os fragmentos que vão surgindo ao longo dos relatos e, quando menos se espera, alguns momentos aparecem deslocados da grande história, passando, assim, a enfatizar uma situação vivida pelos personagens em casa, na praça ou em uma roda de conversas.

Mediante ao que está posto, adentrar nessa dinâmica desarrumada do rememorar dos indivíduos traz uma importante demanda para a escrita historiadora que se dispõe dar sentido às diferentes falas numa narrativa consistente que permita, assim, transformar um emaranhado de memórias em narrativa historiográfica. Nesse enredo, o modelo consagrado pela historiografia, que dispõe a construção textual a partir de uma apresentação didática do contexto histórico, não faz mais sentido. O que antes estava em evidência – marcos temporais, personalidades notáveis (heróis da trama) e os grandes acontecimentos – agora está diluído nas memórias dos sujeitos da recordação, no interior de uma marginalidade que controla as ações no palco das operações dos que controlam a trama, dando uma configuração diferente ao que está visível no discurso dominante.

O fato de mencionar os veículos de comunicação ou as situações presenciadas significa dizer que a informação chega à população, apesar das dificuldades. Mesmo que o indivíduo nunca tenha feito uma viagem de caminhão para outra cidade, que não se lembre de ter lido um jornal ou uma revista, que nunca tenha parado para assistir a um programa jornalístico no rádio ou na televisão (preferindo assistir a novelas ou jogo de futebol). O desafio tem sido captar como as informações são consumidas e dadas às práticas.

Essa constatação segue o mesmo entendimento quando se trata dos acontecimentos históricos. Geralmente o indivíduo afirma não lembrar, porém, no transcorrer da conversa, termina pinçando algumas situações soltas. Há um episódio narrado por um dos entrevistados o qual mostra bem que algo aparentemente sem conexão pode revelar o que estava acontecendo na história do Brasil, na época. Trata-se de uma situação que evidencia as práticas coercitivas impostas pela ditadura, mas que, num olhar apressado, poderia simplesmente ter ficado de lado, mesmo porque, em um primeiro momento, o entrevistado afirma não ter lembranças consistentes sobre o

---

[266] BARAÚNA. [Entrevista concedida a Francisco Chaves Bezerra]. João Pessoa, 09/10/2015.

[267] AROEIRA. [Entrevista concedida a Francisco Chaves Bezerra]. João Pessoa, 10/11/2015.

que estava acontecendo no país. De forma que, em tempos de ditadura, uma simples homenagem feita nos rincões do interior da Paraíba pode causar certo contratempo. Preste atenção como os sujeitos e a história se cruzam:

> E um dia eu estava na casa de Agostinho Lopes e tinha um homem lá de uma família dos Leopoldo que era do lado da Unha de gado, da Palestina e ele era militar, ele era da aeronáutica em Recife, esse homem chegou um dia lá todo fardado de azul, com uma roupa azul cheia de galão, eu não lembro nem a patente que ele era, era todo fardado com quepe, uns negócios lá. E ele conversando com Agostinho Lopes e eu colocando água lá e olhando, admirando aquele homem bem trajado, nunca tinha visto um bem trajado daquele com aquela farda. Agostinho Lopes conversando com aquele homem, disse: "você sabe como é o nome desse jumento?" Aí o militar disse: "não, sei não". Aí o outro disse: "o nome dele é Castelo Branco". O militar assustou-se e perguntou: "de quem é esse jumento?" Ele disse: "é desse menino". Ele perguntou: "e porque você colocou o nome no jumento de Castelo Branco?" Eu disse: "em homenagem ao presidente, o nome do meu jumento é em homenagem ao presidente". Esse homem acabou indo falar com meu pai, para pedir a ele que era um desdém, era o presidente do Brasil. Papai veio falar comigo, papai disse: "você é louco?".[268]

Lembrando que o entrevistado acompanhara seu pai e um tio ouvindo o rádio onde se comunicava a posse do presidente militar General Castelo Branco, por isso e com todas as honras, decidiu fazer uma homenagem ao presidente da República. Destarte, a diferença de concepções de mundo (para os que vivem o cotidiano rural, nominar os animais da lida é sempre algo afetivo e honroso), trata-se de mais uma situação que revela o cruzamento de mundos em uma cena impensada (um jumento, um menino, um homem e um militar). O poder constituído, no entanto, faz questão de impor-se, sequer relevando a inocência ou a homenagem feita pela criança. Aroeira,[269] por sua vez, nem imaginava que estava sendo vítima da repressão do governo militar e, muito menos que, quando se refere ao sentido das palavras, o que é para um, não é a mesma coisa para o outro.

É muito provável que a história cronológica e acontecimental fossem proferidas na escola. Todavia, é provável também que não foi lá que o movimento da história ensinada tenha sido objeto de permanência. Os momentos mais lembrados desse percurso histórico têm sido o Golpe de 1964, a Ditadura militar e as Diretas Já, porém, jamais são eventos associados

---

[268] AROEIRA. [Entrevista concedida a Francisco Chaves Bezerra]. João Pessoa, 10/11/2015.
[269] AROEIRA. [Entrevista concedida a Francisco Chaves Bezerra]. João Pessoa, 10/11/2015.

à aprendizagem escolar. Nesse sentido, quem se destaca como instrumento que traz a informação são as pessoas que viajam e retornam contando as novidades, o rádio com jornalismo e entretenimento e os que vêm de fora fazer negócios (fornecedores de mercadorias para o comércio, feirantes que vinham de outras cidades aos sábados, boiadeiros que faziam o comércio de gado etc.). A maneira que o livro didático traça as linhas da ditadura militar (1964-1985) como o período no qual os militares estiveram no poder, sendo caracterizado pela adoção de medidas coercitivas, desde o cerceamento dos direitos civis e políticos até as perseguições, torturas e mortes daqueles que se opuseram ao modelo implantado com o golpe civil e militar em 1964, não aparece bem organizado nas memórias dos entrevistados.

Não devemos esquecer que em meados da década de 1970, o período ulterior à ditadura militar ainda estava em um processo embrionário de construção. Com o aumento das pressões estabelecidas por diversos segmentos da sociedade, o governo militar adotou como estratégia de transição o controle parcial das ações dos agentes políticos, sociais e culturais, combinando a coexistência de concessões e restrições alternadas. Uma transição marcada por múltiplas etapas, tendo principiado com a distensão durante o governo Geisel (1974-1979), na qual a iniciativa parte do governo que controla parcialmente o processo; a próxima etapa foi denominada de abertura, desencadeada no governo Figueiredo (1979-1985), quando o governo começa a perder o controle do processo mediante a intensificação das ações dos movimentos sociais; por fim, a *redemocratização* que só foi completada com a promulgação da Constituição de 1988 e a eleição direta para presidente da República em 1989.[270]

Essa é uma organização didática que os entrevistados têm consciência hoje, contudo, no calor dos acontecimentos, não preveem que rumos seguiriam a história. Avaliando no presente, é fundamental levar em consideração as pesquisas historiográficas realizadas posteriores aos acontecimentos e, consequentemente, não desprezar os elementos dessas interpretações que foram incorporadas e decisivas na construção de uma configuração de um tecido que perdura na atualidade, como memórias ou na forma de história.

Todo esse cenário vislumbrado até aqui tem o propósito de colocar o leitor em condições de construir suas imagens a respeito do cotidiano de onde partem esses estudantes. É trazer as dimensões do lugar enquanto espaço social e cultural, suas maneiras de ver, sentir e agir dentro de uma

---

[270] NUNES, 2004.

arena em que nada está arrumado ou resolvido enquanto escrita historiadora. Refiro-me às práticas do espaço, às maneiras de frequentar um lugar capturando as ações ordinárias impetradas pelo "Herói comum. Personagem disseminada. Caminhante inumerável.".[271]

A apresentação desse emaranhado visa dispor do cenário vivenciado por esses sujeitos e que, a partir dele, seja possível imaginar elementos supostamente motivadores para seguir os caminhos do estudo, desde a ida à primeira escola, a continuação dos estudos na cidade, a decisão de estudar na capital e o acesso à Casa do Estudante. Nesse ínterim, vários implicadores podem ter contribuído, inclusive, o acaso. Como sem o homem não há sequer a palavra acaso, arrisco-me a apresentar cenários que vão fomentando o aparecimento e fortalecimento desse grupo de estudantes.

Os pioneiros[272] que saíram na década de 1960 afirmam que desconheciam a existência da Casa do Estudante e, somente em João Pessoa, souberam da existência desse local de moradia. As primeiras inciativas para os estudos vêm de alguém da família ou de exemplos de pessoas que estudaram e foram recompensadas. Nesse sentido,

> Minha mãe era uma pessoa, apesar de ser uma mulher simples, semianalfabeta, mas que tinha uma visão muito ampla das coisas, já sonhava com os estudos. E eu no incentivo também de pessoas, rapazes pobres... Eu lembro de Dr. Janduí, que me falavam. Dr. Jaduí Leite. Ele era engenheiro civil e ele foi um cara de uma vida muito sofrida e as pessoas me contavam, não o conheci pessoalmente, que tinha ido estudar. Ele morava lá no sítio, lá perto de Pedra Branca.[273]

Penso que, com o tempo, as notícias vão circulando em virtude do aumento do número de jovens estudantes na capital (mesmo os que não moravam na Casa, mas visitavam os amigos que lá residiam) e, posteriormente, os que moram na Casa do Estudante vão levar outros conterrâneos e, assim, vai se formando uma espécie de movimento em que uns incentivam os outros, reforçado pelas memórias dos que por ali passaram e construíram uma retórica mnemônica positiva sobre a CEP, dando-lhes

---

[271] CERTEAU, 2014. p. 55.

[272] Baraúna chegou à Casa em 1963 e Oiticica em 1964. Este ficou abalado com a perda da mãe e decidiu vir morar em João Pessoa para trabalhar, posteriormente decidiu estudar e, somente assim, foi informado da existência da Casa. Aquele já veio com o intuito de trabalhar e estudar, mas também somente veio ter conhecimento da Casa aqui em João Pessoa.

[273] BARAÚNA. [Entrevista concedida a Francisco Chaves Bezerra]. João Pessoa, 09/10/2015.

(aos sujeitos e à Casa do Estudante) contornos de homens bem sucedidos, vencedores e exemplos de inspiração. Aos poucos, entre estudar e ir se aventurar em São Paulo ou no Rio de Janeiro, muitos decidem tomar o rumo dos estudos.

Nesse aspecto, Baraúna passa a exercer um papel importante, qual seja incentivar outros concidadãos a vir morar na Casa. Não apenas pelo fato de ser o pioneiro, mas pelo próprio perfil de liderança que exerceu na política da Casa do Estudante (exerceu um mandato de presidente, entre 1971-1972), assumindo uma postura de participar efetivamente da resolução dos problemas da instituição junto aos órgãos administrativos e à imprensa. Com essa participação destacada, provavelmente, outros jovens santanenses sentiram confiança em buscar a Casa e, com a chegada dos demais, esse movimento tende a aumentar e, a partir daí, muitos vão reconhecer a influência dos que já residiam na instituição[274] na vinda das próximas levas.

Com a estabilização dos primeiros santanenses na Casa, os estudantes chegavam às suas cidadezinhas falando das maravilhas da capital, omitindo e aumentando, contudo, não se furtavam de falar das novidades:

> Do banho de mar com os homens mergulhando no mesmo local das mulheres, da água salgada que só pia, do cinema sem intervalo na projeção para a troca do rolo do filme, do bonde elétrico correndo nos trilhos sem burro a puxá-lo, dos prédios mais altos do que a torre da igreja, dos cantores que vinham do sul do país, dos professores que falavam três línguas, das namoradas que beijavam na boca, da iluminação às vinte e quatro horas por dia, do telefone sem manivela e das coisas que as mulheres faziam na zona.[275]

São inúmeras as motivações que podem ser apontadas como capazes de influenciar esse movimento de vir morar na Casa: a dureza de enfrentar o trabalho na roça sem qualquer perspectiva de crescimento econômico e pessoal, o incentivo de alguns do lugar que tinham alguém da família seguindo o caminho dos estudos, a melhora das condições de vida, as informações que chegam dando conta da existência da Casa do Estudante, as histórias recheadas de novidades da capital, o êxito de alguns que deram continuidade aos estudos abrindo outras possibilidades de sobrevivência e, acima

---

[274] Já mencionei o caso de José Ramalho Passos (falecido), outro santanense, que chegou ao cargo de presidente e é mencionado por várias vezes nos relatos dos entrevistados como alguém que, na década de 1970, disseminava a existência da CEP em Santana, inclusive, assumindo a responsabilidade de trazer os jovens para João Pessoa.
[275] LOUREIRO, 1989. p. 47.

de tudo, a disseminação de uma narrativa que enaltece os grandes exemplos dos bem sucedidos que passaram pela Casa e chegaram à universidade, ou arrumaram um emprego melhor remunerado, entre outros.

O fato é que, argumentarei com mais propriedade no próximo capítulo, não resta dúvida, contudo, que a Casa do Estudante exerceu (e exerce) um papel aglutinador no sentido de garantir um movimento em que as memórias do passado encorajam o desejo dos que querem estudar no presente. Lentamente, foi-se quebrando uma ordem aparentemente natural na vida de jovens que vinham da roça e migravam para o Sudeste à procura de trabalho em um grande centro, buscando possibilidades de sobrevivência. Essas histórias de vida vão se aglutinando e configurando-se, assim, numa espécie de movimento que faz de Santana dos Garrotes a cidade com maior número de estudantes na Casa no século XXI. De um sonho distante, João Pessoa torna-se mais acessível para quem quer estudar ou sair para experimentar o cotidiano da cidade grande.

A lógica da narrativa do conquistador, muitas vezes tratada como natural pela historiografia, é invertida neste estudo. A história aqui evidencia um movimento ao contrário, pois trata de um deslocamento de sujeitos do interior à procura de alternativas de estudos e de sobrevivência no litoral. Os instrumentos manipulados nessa trajetória são ação e negociação, avanços e recuos, vontades e receios, livros e canetas; tateando numa seara em que estudar e trabalhar/trabalhar e estudar (depende das necessidades de cada um) são prioridades em via de realização ou frustração. Nesse cenário, desafios e contratempos são permanentes e, em sua maioria, superados pela necessidade de aventar outras possibilidades de sobrevivência. Entre outros percalços, tiveram que suplantar a saudade da vida deixada para trás, conviver com o olhar atravessado do outro imposto pelos estereótipos construídos pelo discurso colonizador e reforçado pela escrita agagepiana, assim como as adversidades impostas pelas necessidades materiais do lugar.

Nesse contexto, essa imagem do sertão visto como um lugar violento não poderia ser simplesmente ignorada. Sem dúvida, há excessos do homem que vive nesse lugar, pois se trata de uma sociedade movida pelo poder do mando, que se notabilizou historicamente desde seus primórdios pela formação de bandos armados, marcada socialmente pela disputa da terra que gerou desavenças entre as famílias invariavelmente resolvidas por intermédio da força das armas. Por outro lado, é um lugar que, juntamente com estes aspectos, coexistem também elementos de um homem criativo que se deixa levar noite a dentro pelas histórias no terreiro e pelas cantorias, dotado de astúcias que lhe permite sobreviver em ambiente abarrotado de muitas dificuldades naturais, estruturais e tecnológicas.

Esse homem não quer a extinção de seu mundo, pelo contrário, luta para criar seus filhos nesse lugar que não deve ser exterminado, mas reestruturado. Obviamente que o sertanejo não se vê como um selvagem sanguinário, mas como alguém que sabe interpretar o seu mundo por meio da sabedoria de seus antepassados. Apresenta características de um homem forte e fraco, sisudo e descontraído, castigado pela seca e esperançoso com o desabrochar da caatinga nas primeiras chuvas de janeiro, enfim, o sertanejo é um homem com sua cultura e seus valores, com atribuições próprias do ser humano dotado de hábitos e práticas. O que cativa, portanto, não é aquilo que está posto pela historiografia como representação dominante, mas o que é perceptível por meio das táticas acionadas pela memória dos nossos entrevistados.

O que prevalece na memória do sertanejo está no campo do sensitivo. É o cheiro da chuva (é olfativo), o brotar da caatinga (é visual), o canto dos pássaros (é auditivo) e, assim, estende-se a outros aspectos da cultura e que, implícito ou explicitamente, aparece em suas narrativas. De forma que o sertão e o sertanejo não são apenas uma invenção das letras musicais do saudoso Luiz Gonzaga e seus inúmeros compositores (maiores contribuições de Zé Dantas, Humberto Teixeira, Patativa do Assaré e outros), mas um modo próprio de ser e estar no mundo.

De modo que, apesar de toda dureza do cotidiano da roça, há outras experiências de sociabilidade que fomenta a vida do indivíduo, sendo que as sensações e emoções próprias do ser humano estão naquelas vivências e nas relações constituídas. É um lugar social, portanto, formado no campo da sensibilidade cultural. Então, deixar o seu lugar de onde nunca haviam saído anteriormente, os jovens estudantes passam por muitos momentos e situações na capital em que a saudade impera. Entre choros e lamentos, conquistas e sorrisos os estudantes são produtos de um cotidiano desprovido dos estereótipos que lhes são imputados por os que olham de fora. Mesmo sem consciência do olhar distorcido ou já sentindo nas entrelinhas dos olhares atravessados, terão que superar mais adversidades (saudade e desconfiança) ao adentrar nessa outra fronteira (em João Pessoa, na Casa do Estudante, no Liceu paraibano, no centro da cidade, na praia, nas festas etc.).

As adversidades proporcionadas pela seca, portanto, não são o único problema que atormenta o homem nascido no sertão. Há questões mais amplas, como enfrentar uma agricultura de subsistência desprovida de recursos técnicos; inexistência de uma política de escoamento da produção, deixando, assim, os agricultores à mercê de atravessadores; carência de instrumentalização técnica e educacional que garantisse o aperfeiçoamento necessário aos jovens que desejam continuar no campo, criando um cenário de menor dependência do humor climático, entre muitos outros. De fato, não há como transplantar outras formas mirabolantes de sobrevivência no sertão, nem muito menos destruir a riqueza cultural do seu povo. É valorizando e agregando valor às atividades na terra e de convivência com os poucos recursos hídricos que se encontram as possibilidades de geração de emprego e renda para essa gente.

Por razões como estas apresentadas, obviamente que as crianças, desde a tenra infância, vivenciando todo esse ambiente de dificuldades (claro que sem consciência política do problema), terão poucas possibilidades de permanecer no campo, e ficando, não há perspectiva de melhores condições de sobrevivência. Estudar na capital ou migrar para o Sudeste (o mais provável) são oportunidades convidativas. Essa é uma avaliação com feições do presente, não significando que para os personagens que dali ainda não houvera saído (nos tempos das primeiras memórias) existisse o desejo desenfreado por um mundo diferente do que eles dispunham. Será que realmente os que ali nascem e crescem carregam o fardo de viver em um lugar atrasado como é pintado pelos estereótipos historiográficos? Não é o que se percebe nos relatos.

Naquelas condições, há de convir que superar as condições adversas (culturais e sociais) e tornar-se estudante em um lugar como Santana dos Garrotes não é uma tarefa das mais fáceis por vários aspectos. A começar pela construção das representações distorcidas imputadas pela escrita historiográfica à região denominada sertão. Da forma como são apresentados, o lugar e o homem dessas terras carregam estereótipos que se transformam em um dos desafios a serem superados na cidade grande.

As condições de um ambiente onde a circulação de informação apresentava consideráveis deficiências, de uma cultura de ampla predominância do analfabetismo e da oralidade, dificuldades econômicas que determinavam o trabalho na terra logo cedo ou a migração para os grandes centros etc. Tudo isso, certamente, fomentava um sentimento de que estudar é coisa de desocupado ou coisa para rico, que tem condições financeiras de manter os seus filhos fora do trabalho. Curiosamente, é a partir desse cenário aparentemente sem possibilidades para seguir o caminho dos estudos, que nasce e fortalece uma tradição em Santana dos Garrotes, qual seja: estudar em João Pessoa e morar na Casa do Estudante. O desafio deste estudo é precisamente mostrar os caminhos e descaminhos que conseguiram fazer desse fenômeno uma prática cada vez mais corriqueira, dilatada e defensável.

As argumentações aqui apresentadas, portanto, não são formuladas a partir da evidência dos famosos fatores políticos e econômicos, tão próprio de alguns estudos que se propõem a justificar as necessidades do sertanejo de migrar. A narrativa em construção tem como principal direcionamento a cultura que "começa quando o homem ordinário se torna o narrador, quando define o lugar (comum) do discurso e o espaço (anônimo) de seu desenvolvimento."[276]

Nesses termos, são fragmentos captados por meio dos resquícios das memórias que não se apresentam linearmente, porém, trazem elementos que permitem dar um entendimento próprio a esse movimento de estudantes que são lançados ao mundo para estudar e que vão se afirmando ou ganhando dimensão não apenas pelas necessidades sociais e materiais (condições climáticas adversas, dificuldades na atividade agrícola, sistema escolar inexistente, falta de cultura escolar, quase nenhum acesso à informação, poucas possibilidades de aprender), mas pelas suas trajetórias e suas formas de recordar. Consiste, portanto, em sugerir algumas maneiras de pensar as práticas cotidianas que se estabelecem na forma de habitar e circular, falar e ler, criar e contar suas histórias; ratificando, assim, o significado das astúcias e das surpresas táticas na construção deste enredo.

Lançadas as bases mnemônicas construídas afetivamente a partir do lugar de origem do grupo, é chegado o momento de investigar as recordações da Casa do Estudante da Paraíba e como ela interfere na formação desses sujeitos.

---

[276] CERTEAU, 2014. p. 61.

3

A CASA DO ESTUDANTE DA PARAÍBA: PRÁTICAS FORMATIVAS DE UMA EDUCAÇÃO INFORMAL

A Casa do Estudante foi precisamente a forja que moldou essas personalidades, uma linhagem curtida nas dificuldades das sobrevivências, e, quem sabe por isso, temperada com cadinho de solidariedade humana, da amizade fraterna que atravessa os anos e desafia preferências políticas e diferenças ideológicas para se manterem na condição de velhos companheiros, e que se firmam como valores na medicina, na advocacia, na magistratura, nas mais altas investiduras da política e nos mais elevados cometimentos da vida pública da Paraíba.

(Firmo Justino)

3.1 A INSTITUCIONALIZAÇÃO DE PRÁTICAS POLÍTICAS CONSERVADORAS

Adentrar nesse universo confuso da CEP, em um longo período, marcadamente caracterizado por momentos de incertezas, euforias e turbulências, exigia primordialmente perícia no cruzamento das informações dos veículos impressos, testemunhos majoritariamente utilizados neste tópico. Os jornais mostraram-me que, entre 1964-1980, a Casa do Estudante teve um espaço considerável nos três principais veículos de imprensa da capital: *A União, O Norte* e *Correio da Paraíba*, cada um à sua maneira, com suas especificidades e interesses na divulgação das informações.

A União priorizava a relação dos estudantes residentes com os representantes políticos, sempre trazendo, portanto, informações que procuravam dar notoriedade às dificuldades por eles vivenciadas. Os encontros com o governador comumente tinham o propósito de obter liberação de verbas pela Secretaria de Educação do Estado (SEE). O referido veículo de comunicação tratava ainda dos discursos de alguns parlamentares (deputados e vereadores de João Pessoa) que geralmente alertavam para a situação de calamidade em que se encontrava a CEP, a destinação de emendas por deputados federais, o acompanhamento legal do processo anual de eleições

145

e a divulgação da abertura de vagas para novos residentes. Dava visibilidade às questões relacionadas às ações oficiais, sempre colocando o governador como sujeito condutor das operações. Essa postura do jornal já era esperada, em virtude da condição de veículo de comunicação oficial do Estado.

O perfil do jornal oficial é sinteticamente bem definido por Araújo[277], pois, segundo a autora, ao longo dos anos permaneceu exercendo essa função:

> Quanto ao estilo, em nada mudaram: continuam emocionais e redigidos com o propósito de atingir a sensibilidade do leitor. Quase sempre, esses editoriais são doutrinários – tencionam reforçar a política da situação e enfraquecer a da oposição. [...] o jornal reproduz, única e exclusivamente, a ideologia dominante. Tal fato, enquadra-se dentro da maior naturalidade, uma vez que o jornal é de linha oficial.[278]

Enquanto *A União* tinha compromisso com a imagem positiva do governo, já os outros dois jornais eram mais abrangentes, abrindo espaço para as denúncias contra os representantes administrativos da Casa – é muito comum encontrar matérias em defesa dos acusados – que circundavam entre as acusações de práticas autoritárias, os desvios de conduta dos gestores, não prestação de contas e suspeição de mau uso do dinheiro da instituição e a situação desumana em que viviam os estudantes daquela instituição. Em síntese, ficou evidente que, nas décadas de 1960-1970, a Casa do Estudante expusera suas vísceras de maneira mais realista possível, notadamente pelo abandono financeiro em que foi colocada, devido à falta de destinação de verba pelo Estado, o desvio de conduta ética na condução administrativa das verbas, além da adoção de práticas autoritárias que violavam a liberdade dos que ali residiam e discordavam das posições políticas majoritárias. Por essas razões, aos poucos aquela imagem positiva construída na década de 1950 foi se esfacelando, restando o apego ao passado glorioso e à trajetória das personalidades bem sucedidas que se destacavam na política, na magistratura e nas profissões liberais.

Em relação à imprensa na Paraíba, segundo anuncia Araújo,[279] de maneira geral, o que sempre prevaleceu foi uma postura truculenta e autoritária por parte das autoridades políticas, militares e econômicas, que comumente utilizam instrumentos repressivos, como censura, perseguição, agressão, intimidação, seja às instituições seja aos profissionais. A culmi-

---

[277] ARAÚJO, Fátima. **Paraíba:** imprensa e vida – jornalismo impresso (1826-1996). 2. ed. João Pessoa: Grafset, 1986.

[278] ARAÚJO, 1986. p. 334-335.

[279] ARAÚJO, 1986.

nância dessas práticas repressivas, portanto, ganhou maior ressonância nas décadas de 1960-1970, com a Ditadura Militar. Para a autora, a imprensa paraibana direciona suas energias a questões da política:

> Este assunto ocupa, em média geral, mais de 50 por cento do espaço dedicado a editoriais na imprensa da Paraíba, o que vem comprovar a politização observada desde que aqui foram impressos os primeiros jornais, [...] tais indicativos mostram claramente o temor dos jornais com relação a um envolvimento mais sério com os assuntos comunitários. A imprensa paraibana estaria então, duplamente, se afastando do seu verdadeiro papel de analista da causa social e formadora de opinião pública: quando evita o envolvimento com os problemas que interessam mais de perto à comunidade; quando se prende ao tema Política mais de uma forma descritiva que questionadora.[280]

O presente capítulo adentra de fato na seara institucional da Casa do Estudante da Paraíba, tomando como cerne de investigação dois aspectos: o percurso histórico e as experiências de convivência dos estudantes em suas dimensões social, política e cultural que fomentaram suas práticas formativas. A consistência argumentativa em torno dessa proposta de investigação requer, acima de tudo, um olhar direcionado à sua história. Revirar o seu passado torna-se significativo para se entender o sentido de sua existência, suas motivações e, posteriormente, seu papel como formadora de sujeitos.

Esse exercício de analisar a trajetória institucional é fundamental, pois

> Conhecer o processo histórico de uma instituição educativa é analisar a genealogia da sua materialidade, organização, funcionamento, quadros imagético e projetivo, representações, traições e memórias, práticas, envolvimento, apropriação. [...]. Trata-se, portanto, de uma construção subjetiva que depende das circunstâncias históricas, das imagens e representações dos sujeitos, e que é afetada por dados de natureza biográfica e grupal. As memórias, como repertório cognitivo dos sujeitos, função e papel na dinâmica grupal, afetam a relação pedagógica. A participação e o envolvimento integram o momento instituinte, o momento em que a ação se faz norma.[281]

Nesses termos, não poderia deixar de considerar os primeiros tempos da CEP, mesmo que o recorte dessa investigação compreenda as décadas de 1960-1970. Ao retomar as ações dos sujeitos construtores dessa teia

---

[280] ARAÚJO, 1986, p. 333.
[281] MAGALHÃES, 2004, p. 54.

que se iniciou na década de 1930, época de sua criação, não se tratou, por conseguinte, de uma busca às origens explicativas de sua história. Minha preocupação, contudo, é investigar as circunstâncias que favoreceram a construção de uma representação que se tornou majoritária a partir da década de 1950. O que faço, parafraseando Certeau,[282] é uma espécie de retomada da palavra dos ausentes mediante as narrativas dos jornais, dos relatos memorialistas e, posteriormente (a partir da década de 1960), da oralidade captada pelas entrevistas.

A CEP não nasceu, portanto, com a chegada do primeiro filho de Santana dos Garrotes (grupo delimitado para as entrevistas), na década de 1960. Traçar as linhas desse percurso de criação e funcionamento dessa instituição em seus primórdios foi desafiador, porque o itinerário não se apresentava de forma evidente e uniforme, sendo necessário recuperar fragmentos. Somente a partir dos relatos memorialistas em forma de narrativa escriturária e dos periódicos, pude adentrar nas peculiaridades da criação da Casa do Estudante Pobre da Paraíba[283], identificando certos traços que permaneceram (outros dissiparam) fortemente ao longo de sua existência.

Legalmente, a CEP foi criada oficialmente pelo o **Decreto 698, de 11/04/1936,** no governo de Argemiro de Figueiredo (1935-1945), todavia, só foi instituída mediante o **Decreto 728, de 12/03/1937**[284]. Após um ano de espera e indefinições orçamentárias, o Governo concede a liberação de um crédito especial de 40.000$000 (quarenta contos de réis), acrescido de 20.000$000 (vinte contos de réis), oriundo da Caixa Escolar do Liceu Paraibano[285]. Essa verba inicial possibilitou "a compra do terreno pertencente a

---

[282] CERTEAU, 2002.

[283] A expressão "pobre" foi fincada no seu "registro de nascimento", contudo, Loureiro (1989) ironiza, afirmando que, assim como nas relações sociais, com o passar do tempo o pobre foi excluído do processo histórico, ou seja, nessa passagem o ex-residente está afirmando que a Casa passou a excluir os estudantes sem recursos financeiros, mas apenas da exclusão expressão pobre da denominação da instituição. A partir da segunda metade da década de 1960, o número de residentes dos segmentos sociais menos favorecidos só fez aumentar.

[284] Posteriormente, mais uma Lei foi criada, feita para reconhecer a instituição como instrumento social de utilidade pública. Tal reconhecimento foi estabelecido pela **Lei Municipal n.º 298, de 6 de maio de 1952** (MORENO, 2011).

[285] Em suas narrativas, tanto Moreno (2011) quanto Loureiro (1989) deram grande respaldo documental à criação da Casa do Estudante, procurando evidenciar o papel desempenhado pelo líder estudantil Damásio Franca, que, com outros estudantes, mobilizou-se para conseguir esse equipamento. Destacaram ainda, o melindroso processo percorrido para a aquisição de verbas, o que demandou esforço e paciência que durou um ano entre a sua criação oficial e o seu funcionamento efetivo. Os que lutaram pela criação da Casa são lembrados nominalmente: Damásio Franca (líder estudantil do Liceu Paraibano), Augusto Lucena (Guarabira – tornou-se prefeito de Recife nomeado pela ditadura militar), Fernando Barbosa, Samuel Souto Maior Filho, Áureo Menezes, Antônio Queiroz, Eustáquio de Medeiros, Rossine Lira e Petrônio Cesar de Lemos Campelo (MORENO, 2011).

Aristides Cunha de Azevedo, na ladeira do Góes (hoje Feliciano Coelho), 31, esquina com a Rua da Passagem, (atual Rua da Areia), 567, no começo do Varadouro.".[286]

Desde o início, a Casa do Estudante funciona no mesmo endereço, embora tenha contado com a alteração dos nomes das ruas que a circundam. Foi criada e funciona sem a condução dos estudantes, pois "nos primórdios a Casa era administrada por dirigente designado pelo Governo, subordinada à Secretaria do Interior e Justiça do Estado.". [287] Assim, "a sua administração ficou a cargo do Dr. Matheus de Oliveira, diretor do Lyceu Parahybano e que sempre tem sabido auscultar com elevação e bom senso os altos interesses estudantinos."[288]

A Casa do Estudante não foi resultado de uma ação governamental isolada que determinou a criação de leis regulamentares, também não se tratou de uma conquista unilateral de um pequeno grupo de estudantes do interior que residiam na capital. Para melhor compreender esse cenário, foi indispensável avaliar os diferentes interesses que estavam em jogo naquele momento de sua efetivação. Aos poucos, fui entendendo que a sua criação se encontrava inserida em um contexto bastante complexo e que poderia ser mais bem avaliada, consequentemente, a partir das estratégias políticas de centralização, conciliação, repressão e cooptação adotadas pelo governo de Argemiro de Figueiredo.

Não há como negar que, mesmo sendo esse o perfil do governante, a criação da Casa, sem dúvida, ocorreu devido à crescente reivindicação dos estudantes que moravam em repúblicas estudantis, no centro da cidade e que estudavam no Liceu Paraibano, onde havia um movimento organizado em defesa de reivindicações estudantis (atividades esportivas e recreativas, promoção de festas, organização de eventos estudantis, participação em congressos etc.), entre elas, portanto, a demanda para a criação de uma moradia para os estudantes do interior.

Em primeiro lugar, é importante questionar em que circunstâncias o Governo do Estado criou uma Casa do Estudante em João Pessoa. Para entender suas motivações, foi necessário perceber quais os princípios norteadores de sua política naquele momento, tendo a devida dimensão dos interesses e das determinações conjunturais que comandavam o país.

---

[286] LOUREIRO, 1989. p. 44-45.

[287] MORENO, Napoleão. **A Casa do Estudante:** memória. 3. ed. João Pessoa: [s. n.], 2011. p. 12.

[288] Casa do Estudante da Parahyba. **Jornal A União**, João Pessoa, 08/01/1937.

Argemiro de Figueiredo tornou-se interventor na Paraíba em 1937, sob a designação do Estado Novo varguista, um modelo de regime pautado no autoritarismo, na censura das diferentes liberdades (intelectual, artística, jornalística e individual) e na cooptação de setores sociais por meio de concessões trabalhistas e de uma política assistencialista.[289]

Tomando como referências as historiadoras Santana[290] e Gurjão[291], o período entre as eleições de 1934 e o golpe de 1937, na Paraíba, foi caracterizado pelo reordenamento das oligarquias agrária no poder (algodoeira--pecuarista e açucareira), que contou ainda com significativa contribuição da igreja católica e uma planejada atuação dos meios de comunicação, propositalmente fortalecidos pelos investimentos do Governo que proporcionou melhoramentos na imprensa oficial, com ênfase à ampliação do jornal *A União* e, especialmente, com a criação da rádio "Tabajara", em 1937.

Não resta dúvida de que a grande inovação no campo da comunicação e divulgação dos atos governamentais foi o funcionamento da rádio Tabajara, uma vez que

> Por meio dela, o governador/interventor fazia chegar recomendações a todos os municípios, nas praças centrais de cujas sedes amplificadoras retransmitiam a palavra do chefe do governo, diariamente da 18:45 às 19 h. era algo análogo ao que o presidente Getúlio Vargas empreendia pela Rádio Nacional do Rio de Janeiro no comando de rede de emissoras brasileiras e através do programa "A Hora do Brasil".[292]

Com o discurso de conciliação política, de modernização econômica e de proteção das famílias paraibanas, Argemiro de Figueiredo instrumentalizou-se perante a sociedade para reprimir fortemente o movimento operário e quaisquer formas de manifestações contrárias ao seu governo. A Casa do Estudante foi criada nesse ambiente político e de efervescência social que, tudo levava a crer que obedecia menos à pressão dos estudantes, porém, muito mais aos interesses assistencialistas e midiáticos do governante, que permitiu o funcionamento da instituição de maneira muito precária e sob total controle do Estado, inclusive, com a nomeação de um interventor para

---

[289] SCHWARCZ, Lilia Moritz; STARLING, Heloisa Murgel. **Brasil:** uma biografia. São Paulo: Companhia das Letras, 2015.

[290] SANTANA, Martha Maria Falcão de Carvalho e Morais. **Poder e intervenção estatal – Paraíba:** 1930-1940. João Pessoa: Editora UFPB, 2000.

[291] GURJÃO, Eliete de Queiróz. **Morte e vida das oligarquias:** Paraíba (1889-1945). João Pessoa: Editora UFPB, 1994.

[292] MELO, 2014, p. 197.

administrá-la. Esse modelo de intervenção adotado pelo governo de Argemiro caracterizou-se como um traço da ação governamental do período, do mesmo modo que fazia concessões assistencialistas sem aceitar interferência ou qualquer sugestão dos grupos assistidos, embora deixasse transparecer que os beneficiados fossem os condutores do processo.

Em certo sentido, essa postura governamental transpareceu no anúncio da criação da instituição divulgado pelo jornal oficial. O discurso fundamentava-se nos seguintes pilares: vontade do governante, necessidade dos estudantes e ação de vulto social. Desse modo, anunciava-se:

> Deverá inaugurar-se, por estes dias, á Casa do Estudante da Parahyba. Departamento criado no Governo do Exmo. Sr. Argemiro de Figueiredo por iniciativa da classe estudantina, é uma das mais nobilitantes instituições da atual administração. Destinada á manter, á custa de pensões mínimas, todos os estudantes que dos seus favores necessitarem, a Casa do Estudante da Parahyba representa uma realização de grande vulto social que não pretendia prescindir o estudante paraibano.[293]

Embora a afirmação do periódico seja no sentido de atribuir a iniciativa aos estudantes, quando me deparei com as abordagens de Santana e Gurjão, percebi que os estudantes não aparecerem como articuladores de um movimento organizado de reivindicação. Em suas argumentações, em nenhum momento, há menção a uma instituição de representação estudantil, a manifestações estudantis ou à ação da polícia para reprimir manifestações estudantis. O que havia de fato era a repressão incisiva do Governo contra os grupos operários e as organizações políticas de inspiração comunista, como a Aliança Nacional Libertadora (ANL). Fala-se pouco em educação na política do governo Argemiro, e, quando a expressão aparece, está em um sentido doutrinador/disciplinador, com forte interferência da Igreja. Era um poder protetor que cuidava da educação do seu povo para que este não fosse contaminado pela ação danosa das ideias subversivas dos comunistas.

Em primeiro lugar, precisamos entender melhor a conjuntura da organização estudantil no país, em fins da década de 1930. Devo lembrar que esse era um momento histórico de profunda efervescência na política brasileira, de posições ideológicas bem definidas e extremamente radicalizadas, de um Governo marcadamente interventor perante as instituições representativas de classe. Em certo sentido, a criação da União Nacional dos

---

[293] Casa do Estudante da Parahyba. **Jornal A União**, João Pessoa, 08/01/1937.

Estudantes (UNE, 1937), por uma parcela significativa dos estudantes foi fundamental para expor, com mais evidência, as posições dessa categoria, assumindo, assim, a tarefa de existir com escassos recursos, diminuto apoio do governo federal e coordenar nacionalmente as demandas reivindicatórias dos estudantes universitários.[294] A UNE, por sua vez, assumiu uma postura de autonomia perante o caráter de dominação estatal imprimido pelo Governo aos movimentos sociais. Desvinculando-se do caráter de subserviência, assumiu uma postura contestatória em um cenário que inspirava grandes debates no seio estudantil, seja na academia seja nas ruas, de uma forma geral.[295]

A criação da UNE, portanto, ocorreu no mesmo ano da Casa do Estudante da Paraíba, lembrando que aquela foi originária de uma ruptura com a Casa do Estudante do Brasil (CEB). Criada pelo Decreto n.º 20.559, de 23 de outubro de 1931, segundo destaca Cunha,[296] a CEB foi a primeira entidade estudantil de âmbito nacional, tendo como finalidade a assistência social aos estudantes (inclusive, reivindicando a criação de moradia para os que estudavam fora das cidades de origem) e a promoção, difusão e intercâmbio de obras e de atividades culturais. O presidente Getúlio Vargas doou inicialmente à instituição 730 contos de réis provenientes de fundos angariados em campanhas populares, logo após a Revolução de 1930. Tratava-se de uma instituição, portanto, que se adequava plenamente à política assistencialista e intervencionista do governo Vargas, ou seja, assumia uma postura de subserviência junto ao governo nacional.

A ideia de criar uma entidade de representação estudantil é antiga, provavelmente remonta a 1910, quando foi realizado o Congresso Nacional de Estudantes, em São Paulo. Todavia, Sanfelice[297] acredita que as condições materiais e políticas não permitiram que tais aspirações fossem efetivadas, e, assim, somente na década de 1930 esse desejo consolidou-se com a criação da CEB. Como entidade autônoma (já existia desde 1932 como representação da CEB em eventos internacionais), a UNE instalou-se em dezembro de 1938, com a realização do II Congresso Nacional dos Estudantes, quando elegeu sua primeira diretoria, assumindo, desse modo, a tarefa de entrar

---

[294] SANFELICE, 1986.

[295] PAZ, Fabrício. Da Casa do Estudante do Brasil às ruas. **UNE**, 2013. Disponível em: http://www.une.org.br/2013/08/da-casa-do-estudante-do-brasil-as-ruas-fabricio-paz. Acesso em 13 out. 2016.

[296] CUNHA, Luiz Antônio. A Casa do Estudante do Brasil. **FGV**, Rio de Janeiro, 2009. Disponível em: http://www.fgv.br/cpdoc/acervo/dicionarios/verbete-tematico/casa-do-estudante-do-brasil. Acesso em: 13 out. 2016.

[297] SANFELICE, 1986.

em funcionamento com poucos recursos e coordenar nacionalmente as demandas reivindicatórias dos estudantes universitários. A UNE vai ganhar destaque, entretanto, somente no fim da década de 1950, na medida em que "a entidade dos estudantes projetou-se, de maneira mais acentuada, no panorama político nacional, quando se lançou ao debate de questões que estavam presentes na sociedade brasileira da época.".[298]

Na Paraíba, a organização estudantil mais destacada era o Centro Estudantil do Estado da Paraíba (CEEP), uma vez que contava com a participação de estudantes de várias escolas, notadamente, do Liceu Paraibano, onde estudava o seu presidente Damásio Franca; sobressaia-se ainda o Colégio Diocesano Pio X, instituição controlada pela Igreja Católica e pelo pensamento conservador; por fim, também exercia papel importante a Academia do Comércio Epitácio Pessoa, onde aconteciam a maioria das reuniões[299]. Como base no que foi noticiado pela a imprensa, o CEEP era uma instituição de representação estudantil que atuava intensamente na organização de eventos esportivos (com destaque para o futebol), na realização de festas e eventos recreativos, no apoio à criação de cursos complementares e na organização de eventos acadêmicos (congressos, palestras etc.).

Verifiquei que havia uma estreita relação entre o CEEP e a CEB[300] (a imprensa não mencionava qualquer contato do CEEP com a UNE), sendo que essa aproximação ia além do campo puramente formal, pois se tratava de afinidade ideológica. Uma das mais evidentes preocupações do Centro Estudantil (CE) era adotar uma política de conciliação com os poderes constituídos, abominando o radicalismo estudantil e firmando-se em "defesa da classe contra a infiltração de extremistas em seu seio, principalmente os falsos partidos democráticos e as ações nacionalistas de origens comunistas e integralistas".[301] Como se pode constatar nesses traços divulgados pelo jornal oficial, o CE era uma entidade conservadora, porém, muito bem afinada com os princípios ideológicos determinados pelo Governo

---

[298] SANFELICE, 1986. p. 25.

[299] Entre os anos de 1937-1939, o Jornal A UNIÃO deu ampla cobertura às atividades do Centro Estudantil do Estado da Paraíba, divulgando as reuniões, os pontos de pauta a serem discutidos pelos estudantes, as atividades realizadas, os congressos que os estudantes participavam dentro e fora do estado, suas posições políticas, entre outros.

[300] O maior exemplo dessa afirmação pode ser constatado a partir da realização do 2º Congresso Nacional de Estudantes no Rio de Janeiro, que contou com a solidariedade do presidente Getúlio Vargas e do Ministro da Educação. Nele, a representante máxima da CEB, Dra. Ana Amélia Carneiro de Mendonça, permitiu que Damásio Franca, presidente do CEEP, coordenasse reuniões, fosse tratado com distinção e com direito a ser recepcionado no Palácio do Catete (2.º Congresso de Estudantes. **Jornal A União**, João Pessoa, 08, 01, 1939).

[301] No Centro Estudantal do Estado da Parahyba. **Jornal A União**, João Pessoa, 02/10/1937.

ditatorial do Estado Novo, recém imposto por Getúlio Vargas na esfera federal, sendo materializada na Paraíba pela conversão de Argemiro de Figueiredo em interventor.

O que os memorialistas não mencionaram foi a estreita relação do CEEP com a criação da Casa do Estudante da Paraíba. Moreno e Loureiro, respectivamente, procuraram dimensionar em suas narrativas o protagonismo dos estudantes no processo que culminou com a criação da CEP, notabilizando a figura de Damásio Franca (vinculado ao Liceu Paraibano), como líder inconteste na organização do grupo de estudantes do interior que estavam com dificuldades para arcar com as elevadas despesas dos custos de vida de morar e estudar na capital.

Compreendi, entretanto, que a criação da CEP foi resultado de uma demanda desse grupo de estudantes que também fazia parte do CEEP, todavia, não se pode desconsiderar o empenho de Matheus de Oliveira, Diretor do Liceu Paraibano, que procurou ser o elo entre estudantes e Governo do Estado, inclusive, disponibilizando recursos do colégio para que a moradia estudantil pudesse funcionar em 1937. Pondero ainda que essa estreita relação entre a Casa e o Liceu Paraibano foi além do complemento orçamentário necessário para o início do funcionamento daquela, mas que se estendeu ao longo de sua história.

Essa aproximação se dará por diferentes circunstâncias: Oliveira foi o primeiro interventor da Casa nomeado pelo Governo do Estado; após a autonomia administrativa da CEP (1950), as eleições costumavam ser coordenadas pelo diretor do colégio, contudo, nada aproxima mais a CEP do Liceu que o fato da grande maioria dos residentes terem cursado o ensino secundário nessa escola. Sendo assim, criou-se uma espécie de cordão umbilical, sendo muito comum os acontecimentos na Casa reverberarem no Liceu. Sobretudo, o que se vivenciava na escola estendia-se à convivência na Casa de diferentes formas: por meio dos comentários das aulas, da crítica aos professores (positiva ou negativa), das relações de amizades, paqueras e namoros, dos tratamentos preconceituosos, dos encontros na biblioteca, das atividades esportivas, das experiências no laboratório de ciências, entre outros (discussão aprofundada na Capítulo IV em que procuro identificar os elementos que influenciaram a formação dos residentes).

Ao pensar sobre criação da CEP, é significativo levar em consideração essas circunstâncias políticas, culturais ideológicas dos agentes do poder (político e estudantil) que definiram certas posturas na defesa de determinados interesses desses sujeitos envolvidos. Parti de uma compreensão que esse intento foi além da vontade de um governo bem intencionado, como também das reivindicações de bastidores impetradas pelos estudantes do CEEP.

Nessa tessitura, destaco ainda dois aspectos: as condições educacionais da Paraíba e a origem social dos estudantes. A falta de escolas no interior do estado era algo que não se poderia deixar de levar em consideração nesse momento. De acordo com as afirmativas de Baraúna[302], até princípios da década de 1960, no sertão só existiam escolas com o ensino secundário em municípios como Patos (Diocesano Padre Vieira) e Cajazeiras (Colégio Padre Rolim), ambos sob a tutela de conventos católicos.

No Vale do Piancó, a precariedade era bem mais acentuada, pois nem sequer havia a implantação de um sistema de educação primária funcionando plenamente. Como já mencionei, ao pesquisar sobre a implantação dos grupos escolares na paraíba, Pinheiro[303] mostra que até 1949 essa microrregião dispunha apenas de quatro instituições dessa modalidade de ensino, ficando assim a maior parte dos municípios desassistida. Somente em princípios da década de 1960, iniciou-se a construção dos grupos escolares, primordialmente, em virtude da emancipação de vários distritos que se transformaram em municípios autônomos.

Em Santana dos Garrotes, por exemplo, o ensino secundário só foi implantado em 1986. Em 1981, o município construiu uma estrutura física onde passou a funcionar a Escola Dr. Felizardo Teotônio Dantas, mas apenas dispondo de ensino primário. Não tendo condições de mantê-la financeiramente e com a necessidade crescente de um ensino secundário, a escola foi assumida pelo Estado, sendo esta transformada no Instituto de 1º e 2º graus Dr. Felizardo Teotônio Dantas. Assim, até meados da década de 1980, qualquer jovem (abastado ou desprovido de condições financeiras) que tivesse a pretensão de continuar os seus estudos teria que se deslocar para outras cidades.

Diante dessas condições, imaginemos o que significava alcançar o grau de doutor para uma família do Vale do Piancó! O curso superior no Brasil – na Paraíba não era diferente – povoava o imaginário dos mais abastados, pois a conquista do canudo de bacharel era sinônimo de status para a própria família, como também a possibilidade de exercer cargos públicos de relevância na burocracia estatal; já para os mais humildes significava a

---

[302] BARAÚNA. [Entrevista concedida a Francisco Chaves Bezerra]. João Pessoa, 09/10/2015.
[303] PINHEIRO, 2002.

possibilidade de ter melhores condições de trabalho e salários. Essa aspiração era tão significativa que se configurou na construção de uma espécie de "mito do meu filho doutor" na cultura brasileira.[304]

Ter acesso ao ensino superior no Brasil, portanto, nunca foi uma tarefa das mais fáceis e por razões que reportam ao período colonial. No emaranhado dessa teia, soma-se a essa questão a implantação tardia do ensino secundário em municípios do interior que, sem dúvida, dificultou muito a sequência dos estudos daqueles que chegavam até a conclusão do ensino primário. Sem contar que o ensino universitário sempre foi restrito as maiores cidades, direcionado a elite econômica e política e destinado à preparação para profissões liberais (direito, medicina e engenharia).[305]

Quando se pensa no estado da Paraíba, a situação costuma se agravar mais ainda, pois somente a partir de 2003 (em pleno século XXI)[306] o ensino secundário chegou a todos os municípios, isso sem discutir o aspecto da qualidade que é importante, mas não vem ao caso nesse momento. O mesmo aconteceu com as instituições de ensino superior que, desde as décadas de 1940-1950, começaram a ser implantadas de maneira fragmentada, sem observar as demandas sociais e culturais, como também desconsiderando qualquer planejamento financeiro, estrutural e pedagógico.[307]

Mesmo quando começou a ser implantada, essa modalidade de ensino permaneceu restrita basicamente a poucos municípios, uma vez que em 2003 somente oito municípios possuíam campus universitário: João Pessoa, Campina Grande, Patos, Sousa, Cajazeiras, Guarabira, Bananeiras e Areia. A microrregião do Vale do Piancó, talvez seja o exemplo mais evidente dessa falta de compromisso governamental com a formação superior, pois continua sendo a única que não dispõe de campus universitário, federal ou estadual, até os dias atuais.

A procedência social desses estudantes foi outro elemento a ser considerado. Na verdade, o contingente de jovens estudantes que saíram dos municípios do Vale para estudar na capital era constituído, predominan-

---

[304] CASTELO BRANCO, Uyguaciara Velôso. **A construção do mito do "Meu filho doutor"**: fundamentos históricos do acesso ao ensino superior no Brasil-Paraíba. João Pessoa: Editora Universitária - UFPB, 2005.

[305] AZEVEDO, Fernando *et al.* **Manifesto dos pioneiros da educação nova (1932) e dos educadores (1959).** Recife: Fundação Joaquim Nabuco/Editora Massangana, 2010.

[306] No governo de Cássio Rodrigues da Cunha Lima (2003-2008), a propagada oficial veiculava nos meios de comunicação a "façanha" de ter implantado ensino médio em todos os municípios paraibanos. Lembro que se tornou a principal bandeira da educação básica dessa gestão.

[307] BEZERRA, Francisco Chaves. **O ensino superior de história na Paraíba (1952-1974)**: aspectos acadêmicos e institucionais. 2007. Dissertação (Mestrado em História) – Universidade Federal da Paraíba, João Pessoa, 2007.

temente, por filhos de algumas famílias dotadas de posses (proprietários de engenhos, criadores de gado, comerciantes, donos de cartórios e alguns poucos profissionais liberais – botica, advogado, médico e outros). Quando havia exceções a esse grupo majoritário, geralmente tratava-se de pessoas com relação de parentesco ou estreitos laços de amizade com as famílias aquinhoadas (nesse aspecto Santana dos Garrotes se evidencia). Ou seja, apesar da alcunha de pobre na sua nominação original, o grupo majoritário de estudantes que chegava para morar na Casa não era constituído pelos filhos das camadas mais carentes do sertão; estes sequer estudavam. Nessa linha de raciocínio, vem a calhar o relato seguinte, ao afirmar que

> Tudo isso, a meu ver, nos conduz a uma só lição: a Casa, diferentemente de emprestar acolhida ao estudante pobre, na exata configuração do termo, abrigava a elite de cada uma das regiões do estado, com destaque para a denominada região do Vale do Piancó. Do pobre mesmo, cuidava o Padre José Coutinho.[308, 309]

O trecho mencionado é esclarecedor no sentido de apontar para uma direção contrária ao discurso narrativo dos outros memorialistas sobre as condições sociais dos que passaram pela Casa do Estudante. Em primeiro lugar, trata-se de um relato da experiência de um ex-residente que, morador da CEP nos anos de 1950, teve a oportunidade de conviver e conhecer a realidade dos jovens que se estabeleceram nela. Dispondo de uma retórica irônica afiada, brinca com o fato de a Casa ser mencionada como do estudante pobre da Paraíba, pois, na verdade, a instituição abrigava os filhos da elite, ao menos em sua predominância. Entendo ser esse o cenário que vigorou entre o momento da criação da Casa, no final da década de 1930; estendendo-se até princípios da década de 1960, quando se aprofundou a crise instalada a partir de 1961, com o seu primeiro fechamento.

Com as devidas especificidades de cada localidade ou microrregião, percebi, entretanto, que esse contingente era constituído por uma elite remediada no sentido atribuído por Leal.[310] A linha de raciocínio do autor – sua preocupação maior foi definir o coronelismo – era apontar uma série

---

[308] José Coutinho é um personagem importante das ações filantrópicas na cidade de João Pessoa. Assim sendo, Alves deixa claro que o Padre Zé era quem cuidava dos pobres na capital, mas a Casa do Estudante não era o destino dessa pobreza tão propalada pela imprensa e pelos memorialistas.

[309] ALVES, Luiz Nunes. A Casa do Estudante. In: AGUIAR, Wellington; MELO, José Octávio de Arruda. **Uma cidade de quatro séculos:** evolução e roteiro. 2. ed. João Pessoa: A União Editora, 1989. p. 269-270.

[310] LEAL, Victor Nunes. **Coronelismo, enxada e voto:** o município e o regime representativo no Brasil. 7. ed. São Paulo: Companhia das Letras, 2012.

de elementos nas pequenas localidades (como predomínio do meio rural, ou da cultura rural) brasileiras que favoreceram a manutenção do poder dos proprietários rurais. Sendo o proprietário de terra e o criador de gado os possuidores dos meios de obtenção de facilidades, como financiamentos bancários, tinham o seu prestígio político assegurado pelo governo estadual e mantinham o controle da população mais carente por meio de outras artimanhas, tais como: emprestar dinheiro a juros ao roceiro, abastecer o trabalhador vendendo fiado a feira (muito acima do preço) do mês em seu armazém para pagar com a colheita do algodão (comprado a preços baixos), entre outros. Com isso, Leal procura mostrar que tais mecanismos garantiam o poder dessa elite. Em síntese:

> A massa humana que tira a subsistência das suas terras vive no mais lamentável estado de pobreza, ignorância e abandono. Diante dela, o "coronel" é rico. Há, é certo, muitos fazendeiros abastados e prósperos, mas o comum, nos dias de hoje, é o fazendeiro apenas "remediado": gente que tem propriedades e negócios, mas não possui disponibilidades financeiras; que tem o gado sob penhor ou a terra hipotecado; que regateia taxas e impostos, pleiteando condescendência fiscal; que corteja os bancos e demais credores, para poder prosseguir em suas atividades lucrativas. Quem já andou pelo interior há de ter observado a falta de conforto em que vive a maioria dos nossos fazendeiros. [311]

Penso que a interpretação a respeito da elite rural ou interiorana do Brasil impetrada por Leal adequa ao meu propósito de compreender de que grupo eu estou tratando ao investigar os estudantes que moravam na Casa. Corroborando com Leal,[312] entendi que o mesmo poderia ser distinto do restante da população predominante nas pequenas localidades por tais fatores mencionados. E acrescento ainda que muitos estudantes, apesar de filhos ou parentes de donos de engenhos e proprietários em geral, trabalhavam nas atividades agrícolas, tidas como muito pesada desde muito cedo, geralmente ainda criança (casos descritos pelos nossos entrevistados), ou seja, a geração de riqueza dependia da produção da terra ou de atividades a ela relacionadas.

Quanto ao veículo de imprensa oficial, portanto, afirmava-se que "A Casa do Estudante da Parahyba será, sem dúvida, o guardião do estudante pobre e auxiliará, na sua pobreza, a juventude que se estiola à mingua de

---

[311] LEAL, 2012. p. 46.
[312] LEAL, 2012.

recursos pecuniários.".[313] Trata-se dos primeiros indícios da construção de uma narrativa dominante que se enaltecia a bravura de jovens desprovidos de condições financeiras, mas capazes de superar qualquer atribulação para estudar e ascender socialmente a partir de sua formação. Por meio de uma elaboração mais sofisticada, os elementos de positividade laçados pelo Governo do Estado no momento da criação da CEP serão apropriados pelos estudantes na década de 1950, encarnando-os como narrativa oficial da instituição, o que resulta na uniformização do espaço, dos sujeitos, das práticas, das pretensões, das ações, enfim, do cotidiano em uma imagem força que impede a visualização das disparidades de diferentes naturezas, configurando, desse modo, as relações, os sentidos e os significados do espaço institucional.

Essa condição de elite remediada ficava mais evidente quando se chegava à capital para dar sequência aos estudos. De imediato, já se percebia que o custo de vida com moradia, alimentação e higiene pessoal era bem mais elevado do que no interior, inclusive, porque vinham residir no centro da cidade que era o ambiente mais caro para morar naquela época[314]. Além disso, quando se comparavam os valores de bens e serviços entre as duas realidades, o poder econômico da elite remediada tornava-se ainda menor. Sendo assim, quando tais informações são levadas em consideração é possível admitir que realmente aquele contingente de estudantes enfrentava dificuldades significativas, comumente atestados em seus relatos. Mais adiante, irei mostrar que a exaltação às dificuldades era também uma das estratégias de enaltecimento de suas trajetórias, valorizadas desde os seus primórdios, permitindo a consolidação de uma representação hegemônica.

Entendi, portanto, que a falta de um sistema escolar adequado e a condição de elite remediada colaboraram demasiadamente para a criação da Casa do Estudante da Paraíba. Primeiramente, porque sem escolas secundárias não havia outra alternativa para seguir com os estudos em seus municípios de origem, assim as dificuldades proporcionadas por esse sistema educacional irregular e restrito forçava o deslocamento de estudantes que pretendiam cursar o ensino secundário e, posteriormente, um curso superior. Em segundo lugar, foi preciso compreender que sobreviver na capital não era uma tarefa fácil e tinha custos elevados, mesmo para os filhos de famílias abastadas do sertão.

---

[313] Casa do Estudante da Parahyba. **Jornal A União**, João Pessoa, 17/03/1937.

[314] Os estudantes procuravam as repúblicas estudantis para morar. A convivência nesses espaços aproximava estudantes de várias localidades do Sertão e, certamente, não faltaram oportunidades para que esses jovens compartilhassem suas necessidades comuns, levando-os a engrossarem o movimento de reivindicação por moradia.

Então, diante dessas dificuldades de ordem estrutural, reivindicar um espaço para moradia era algo inteiramente compreensível. Essa deficiência da educação no interior do estado, com a organização dos estudantes, certamente, contribuiu para que o Governo assumisse uma posição conciliatória no sentido de criar uma Casa de Estudante, mas sem levar em consideração as devidas adequações que requeria uma instituição para tal fim.

As circunstâncias que proporcionaram a criação da Casa do Estudante, como vimos, foram abrangentes. O desafio foi procurar elencar os aspectos que mais contribuíram para esse propósito. Houve uma conjunção de fatores que devem ser vislumbrados: o momento histórico vivenciado no país que teve influência direta no modelo gestão impetrado por Argemiro de Figueiredo na Paraíba; a organização reivindicatória dos estudantes, que, mesmo não podendo ser caracterizado como um movimento estudantil contestatório pautado em uma articulação ideológica de esquerda, criou mecanismos de pressão social junto ao Governo. Nesse sentido, o Liceu Paraibano foi fundamental como espaço de concentração dos filhos dessa elite interiorana que se fortaleceu, recebendo apoio da direção do colégio e, assim, ganhando mais força para formular suas ideias e imprimir as reivindicações desejadas.

Somava-se ainda a esses elementos reivindicatórios, a criação tardia dos grupos escolares e, posteriormente, do ensino secundário que dificultava os estudos no interior. Por fim, não deve ser desconsiderado o perfil político do governo Argemiro de Figueiredo, que se destacava pela centralização, reordenação e conciliação dos interesses políticos no estado, como também pela cooptação das forças sociais e proteção assistencialista. Nesse sentido, a criação da Casa do Estudante atendia ainda aos interesses da elite remediada do interior, uma vez que Argemiro sabia da força política que os pais de muitos desses jovens exerciam em suas localidades e, com essa medida, os pais se sentiam agraciados por disporem de mais um instrumento de favorecimento político. Dispondo de um cargo que requer habilidade política (mesmo em um governo ditatorial), Argemiro sabia da importância do apoio desses grupos políticos que se espalhavam pelo interior e que tinham o controle de um número considerável de pessoas (eleitores).

Compreendo que a criação da CEP não poderia ser tomada apenas como uma medida do governo que atendeu àquela necessidade adequadamente. Na verdade, foi uma medida paliativa, pois garantia tão somente uma estrutura mínima de abrigo, sem alimentação, sem orçamento próprio, servindo exclusivamente como dormitório. A própria estrutura física não foi construída para tal finalidade, pois, mesmo o espaço físico sendo amplo, ali foi feita uma grosseira adaptação de um antigo cassarão construído como residência familiar. A descrição a seguir deixa evidente como a estruturação da Casa foi acontecendo improvisadamente:

> De sua fundação, em 1937, até 1942, era só dormitório. Começou abrigando sete estudantes do interior, num casarão enorme de quatro quartos, uma sala, um alpendre e dois banheiros com sanitários. Posteriormente, quando começou a fornecer refeições, o número de estudantes aumentou, transformaram a sala em dois quartos e construíram o anexo, que serve de cozinha e refeitório.[315]

Uma descrição sucinta das condições físicas de uma instituição que nasceu, portanto, sob os desígnios da promoção à assistência ao estudante, conciliação de interesses políticos do grupo dirigente e anseios dos estudantes. Sendo, inclusive, vinculada à Secretaria do Interior e Justiça do Estado, não se mostrava coerente ao seu fim, que era atender jovens estudantes no momento de preparação para o ingresso à universidade ou para o próprio mercado de trabalho. Tratava-se apenas de um instrumento de acolhimento estudantil, uma vez que não dispunha de um aporte orçamentário oficial, de acompanhamento psicológico nem orientação pedagógica.

3.2 A CONSTRUÇÃO DE UMA NARRATIVA ENALTECEDORA

Os fundamentos da Casa do Estudante foram lançados, contudo, para tornar-se um espaço com feições de moradia destinada a um coletivo de estudante, demandaria tempo, esforço e negociação. Sendo assim, como Loureiro[316] ponderou anteriormente, até 1942 funcionou apenas como dormitório, atendendo em parte à demanda de um reduzido grupo de estudantes. A partir do momento em que foram criadas as condições para preparar e servir refeições, a procura de estudantes por vagas aumentou. Com a estrutura de alimentação instalada e o aumento de pessoas interessadas, logo os representantes políticos perceberam que era possível explorar a residência estudantil como espaço proporcionador de dividendos. Então, passaram a usar o cartão que permitia o ingresso à Casa como moeda de troca eleitoral; de tal modo, surgia algo muito comum ao longo de sua existência: a barganha por vagas.

---

[315] LOUREIRO, 1989, p. 48.

[316] LOUREIRO, 1989.

Para ingressar na CEP, portanto, era essencial que o estudante dispusesse de apadrinhamento político, seja por meio das lideranças eletivas ou por intermédio dos próprios residentes que controlavam o poder administrativo no interior da instituição. Dessa forma, o pretendente poderia garantir uma vaga por amizade, parentesco ou compromisso político com o grupo que controlava o terreno das operações de poder na capital ou com os seus aliados no interior. Como atestou Loureiro,[317] foi nesse cenário que Itaporanga (cidade do interventor do estado à época) e o Vale do Piancó assumiram o controle político administrativo da Casa. Sempre seguindo o mesmo preceito: a aproximação com algum representante político, assim, tornava-se bem mais fácil a aquisição do cartão. Não foi por acaso que essa forma de arranjos transformou o cartão de residente em um objeto de valor que

> Rui Carneiro e Odon Bezerra, interventores do Estado até 1945, não souberam explorá-lo. José Gomes da Silva, interventor em 1946[318], mas desde de 1940 mandando no Estado, desceu ao fundo da mina. Trouxe parentes, os amigos e os correligionários de Itaporanga e do Vale do Piancó. Quem queria e não queria estudar era só pedir o cartão para o interventor da Casa do Estudante que ele dava.[319]

Não quero com isso eximir Carneiro e Bezerra dos seus traços mais característicos de representantes da política de benefícios pessoais e trocas de favores, entretanto, é interessante perceber que foi com a passagem de um filho de Itaporanga pelo Governo – o médico José Gomes da Silva – que o Vale do Piancó começou a se destacar como grupo dominante numericamente e, consequentemente, controlador político da Casa do Estudante. Esse foi o momento em que um determinado discurso começava a se configurar como representação dominante, definindo-se como práticas, a partir de meados dos anos de 1940, sendo consolidado com

---

[317] LOUREIRO, 1989.

[318] Nasceu em 1900 na cidade de Misericórdia, atual Itaporanga – PB, da qual foi prefeito em 1929, após ter defendido a cidade de uma possível ocupação das tropas do coronel José Pereira, líder político de Princesa Isabel – PB e que desafiou o governo de João Pessoa. Em 1934, foi eleito deputado para a Câmara Federal, onde permaneceu até 1937 quando o congresso foi fechado pelo governo ditatorial de Vargas. Voltou à Paraíba para ser nomeado interventor federal pelo presidente Eurico Gaspar Dutra, permanecendo no cargo entre 20 de outubro de 1946 a 4 de março de 1947. Médico por formação, sempre procurou aliar sua atividade profissional à carreira política, não escapando das práticas assistencialistas e da política de favor de onde emergiu enquanto representante político. Disponível em: www.fgv.br/cpdoc/acervo_verbete-biografico/José Gomes da Silva. Acesso em: 13 out. 2017.

[319] LOUREIRO, 1989. p. 51

maior consistência na década de 1950 e, posteriormente, perpassando por gerações ulteriores, mesmo em tempos de decadência financeira, administrativa e estrutural.

Nesses termos, os estudantes oriundos das cidades de Conceição, Itaporanga e Piancó apropriaram-se da instituição como espaço de benefícios pessoais. Somente para efeito de ilustração, desde 1950, quando o representante da CEP passou a ser resultado de uma escolha democrática, via eleições, nenhum estudante de outro município conseguiu ser eleito presidente sem o apoio desse grupo majoritário.[320] Esse controle político administrativo estendeu-se até final da década de 1960, quando o Governo do Estado fez algumas intervenções, alegando a má gestão dos recursos destinados à instituição; mesmo assim, a influência do Vale do Piancó ainda permaneceu decisiva na definição dos representantes da Casa. Chama atenção também o fato de que se estimulava a vinda de qualquer indivíduo, não importando se havia interesse em estudar ou não. Essa afirmação de Loureiro[321] contradiz o próprio discurso prevalecente em seu relato de memória – também da maioria dos entrevistados – de que a Casa era um ambiente de jovens imensamente interessados nos estudos, focalizados em seus objetivos de buscarem a todo custo o ingresso no ensino superior e, principalmente, na perspectiva de mudar de vida.

Seguindo esses princípios, a Casa do Estudante foi sendo ainda apropriada pelos políticos para o uso assistencialista generalizado, tais como: abrigar doentes que vinham do interior para tratamento de saúde, pessoas que vinham à procura de emprego, parentes que enfrentavam dificuldades financeiras e apelavam para ficar um período naquele espaço e, especialmente, os conterrâneos que vinham passear na capital, conhecer a praia, ouvir o papo do Ponto de Cem Reis e apreciar a vida noturna da Maciel Pinheiro.[322]

Essas práticas se consolidaram efetivamente quando a instituição alcançou autonomia administrativa em 1950, sem dúvida, um marco fundamental para a história da Casa do Estudante da Paraíba. Sob o controle do Governo do Estado desde a sua criação, o contexto histórico do pós Estado Novo se apresentava como um momento de reivindicações e afirmações de segmentos da sociedade e, sobretudo, do aperfeiçoamento das práti-

---

[320] Essa hegemonia política do Vale do Piancó na Casa do Estudante é propalada pelos relatos de memórias de Loureiro (1989), Moreno (1989) e Alves (1989), como também nas entrevistas concedidas por Baraúna, Oiticica e Carnaúba a mim (2015/2016).

[321] LOUREIRO, 1989.

[322] LOUREIRO, 1989. p. 48.

cas democráticas de escolhas e gerenciamento das instituições, mexendo com as bases da estrutura de poder local que era arraigada em princípios coronelísticos, populistas e autoritaristas.[323] Os estudantes percebiam esse momento histórico favorável e, dessa forma, deram início às manifestações de cobrança junto ao governo estadual. E assim se manifestaram: "[...] esse negócio de interventor não dá certo! Durante a ditadura de Getúlio Vargas, vá lá. Na democracia não é possível".[324]

A identificação das personalidades políticas, o perfil político que compunha a engrenagem administrativa do Estado, associados à cultura política dos agentes sociais (a origem familiar dos estudantes) envolvidos em um processo dessa natureza foi possível constatar que a reivindicação por eleições diretas e a consequente condução administrativa da CEP, pelos próprios estudantes, foi uma movimentação que exigiu mais articulação entre os atores interessados (agentes do Estado e residentes) do que propriamente um movimento de pressão radical por parte dos residentes.

Em variáveis situações de reivindicações, os residentes seguiam uma espécie de rito e, nesse caso, não foi diferente. Então, a atitude inicial dos estudantes foi expor na imprensa – com a conivência do Governo já que o órgão veiculador era o jornal *A União* – o desejo de conduzir adminis-trativamente a Casa, ao mesmo tempo em que solicitavam do governador uma audiência para tratar do assunto. Em seguida, Osvaldo Trigueiro Melo (1947-1950), chefe do executivo na época, recebeu-os para uma conversa sem intermediários, o qual, por sua vez, autorizou a realização do processo eleitoral de escolha direta. O fato é que, em 1950, o intuito dos estudantes de conduzir a CEP foi alcançado e culminou com a realização das primeiras eleições para a escolha do seu primeiro presidente.

A respeito da autonomia dessa importante conquista, foi possível apreender que houve um desencontro de informações entre a afirmação de Loureiro[325] e o que foi veiculado na imprensa. Para o ex-residente, a primeira eleição aconteceu em 1950, numa disputa entre Manuel Lopes (vencedor) e Walmir Brandão. Se houve a realização dessas eleições, com a disputa entre estes candidatos, esse fato não foi noticiado pelos periódicos. A eleição, que recebeu vasta cobertura jornalística, ocorreu em 15 de setembro de 1950, tendo sido eleito presidente o pré-universitário Francisco Leite Chaves. A

---

[323] CITTADINO, Monique. **Populismo e golpe de Estado na Paraíba (1945-1964).** João Pessoa: Editora Universitária/Ideia, 1998.

[324] LOUREIRO, 1989. p. 58.

[325] LOUREIRO, 1989.

posse dessa nova diretoria, eleita para o exercício de 1950/1951[326], deu-se no dia 15 de outubro do mesmo ano. Vale destacar que foi um evento prestigiado, uma vez que

> A solenidade contou com o comparecimento de grande número de estudantes e de pessoas de relevo social, tendo presidido os trabalhos o professor Geraldo Beltrão. Usaram da palavra o ex-presidente da instituição, Sr. Manoel Lopes; o pré-universitário Francisco Leite Chaves, presidente; os estudantes José Soares Madruga e Eslú Eloi e o professor Geraldo Beltrão, encerram os trabalhos.[327]

Ora, sendo eleita a segunda diretoria em setembro de 1950 e se a autonomia da Casa foi uma conquista do mesmo ano, significa dizer que o mandato de Lopes não durou um ano, como era de costume. Analisando as matérias do jornal A União, entretanto, pude verificar que este já respondia como representante da Casa do Estudante em 1949, uma vez que ele enviou um telegrama de agradecimento (em 13/07/1949) ao deputado federal Fernando Nóbrega (UDN), por apresentar emenda em benefício da CEP. A aparente confusão de datas apenas nos mostra a importância do cruzamento das fontes, contudo, o que mais interessa é saber que esse fato representou um novo direcionamento administrativo, político e comportamental dos residentes, tendo implicações nas suas práticas formativas.

A conquista da autonomia administrativa da Casa, portanto, levou os estudantes a assumirem outras responsabilidades de reivindicações que iam além da necessidade de ter um abrigo. Lembrando que, até esse momento, mesmo o Estado tendo o controle administrativo, não arcava com todas as despesas. Para garantir alimentação (um desafio permanente), ampliar as dependências da Casa e, com isso, aumentar o número de estudantes e, sobretudo, ter maior visibilidade perante a sociedade pessoense, os estudantes precisavam encontrar outras alternativas além das já existentes (verbas do Governo, mensalidades dos residentes e doações da população).

Contudo, com autonomia administrativa continuando sem orçamento próprio, os estudantes conviviam com a pressão permanente do possível fechamento da Casa. Segundo Loureiro,[328] a frase mais propalada

---

[326] A nova diretoria da CEP (a primeira que se tem registro) ficou assim constituída: "presidente Francisco Leite Chaves – Presidente, vice-presidente, Orlando Gomes; Tesoureiro – Osíris Viana; Chefe de Cantina – Newton Soares; Tesoureiro Substituto – João Batista Grisanto; Membros do conselho Fiscal: Antonio Andrade, Expedito Pinto, José Fernandes, Ivanildo Maciel e Dorivaldo Soares" (Casa do estudante. **Jornal A União**, João Pessoa, 17/10/1950).

[327] Casa do Estudante. **Jornal A União**, João Pessoa, 17/10/1950.

[328] LOUREIRO, 1989.

durante todo o seu período de residência era que a Casa fecharia as suas portas em breve. A constância da possibilidade de fechamento da CEP trazia muita angústia para todo o coletivo ali residente, especialmente, para os novatos. Essa situação colocava ainda os estudantes residentes em uma espécie de peregrinação permanente, que costumeiramente apelavam para o apoio da sociedade civil, que contribuía com doações e participavam dos eventos beneficentes por eles organizados; ao mesmo tempo, recorriam aos parlamentares por verbas complementares. Geralmente, eram apelos direcionados a todas as instâncias públicas de poder: federal, estadual e municipal; executivo e legislativo.

O controle administrativo não foi a única novidade vivenciada nesse momento nos caminhos da CEP. Houve também uma visível mudança de postura na atitude dos residentes que se mostravam desejosos em construir uma imagem positiva perante a sociedade. Diante desse novo modo de agir, apreendi a esse respeito, entretanto, que foram utilizadas diferentes estratégias de afirmação, sendo fundamental levar em consideração o conjunto de ações impetradas para se atrair a cooperação da sociedade, tanto com ajuda de caridade quanto na tentativa de fazer aceitá-los como jovens humildes e, porém, promissores. Insisto que essa busca de afirmação social, com forte apelo na imprensa, foi algo pensado no interior da Casa e partiu dos próprios estudantes, e não uma ação de agentes do poder estatal interessados em fazer da CEP uma instituição bem aceita socialmente. Pensar diferente é se deixar levar por conclusões apressadas e superficiais. Faço tal observação em virtude da posição dos memorialistas, notadamente Loureiro,[329] que procura enaltecer em demasia o papel de Argemiro de Figueiredo (na criação – 1937), de Osvaldo Trigueiro (na autonomia – 1950) e de José Américo de Almeida (na reforma – 1956).

O movimento partiu da Casa do Estudante com propósito bem definido: chegar aos lares das famílias pessoenses. Emanava do entendimento de que, ao invés da Casa tentar adentrar nos lares e eventos das famílias (geralmente os estudantes burlavam meios para conseguir penetrar nas festas promovidas pela elite da cidade), agora seria o momento de inverter a estratégia de ação: atrair os olhares da sociedade para os problemas e a luta dos residentes em busca de alternativas para resolvê-los. De fato, tratava-se de uma tentativa para se conseguir o apoio da coletividade na luta pela sobrevivência da CEP.

---

[329] LOUREIRO 1989.

Essa iniciativa foi, portanto, uma atitude deliberada dos residentes, tendo início na gestão de Wilson Leite Braga (1951/1952). Em sua primeira reunião com os estudantes, comunicou-os que a Casa do Estudante iria dar "uma festa à sociedade de João Pessoa.".[330] A iniciativa de Braga visava atrair a afeição de senhoras benfeitoras das famílias tradicionais e, com isso, conseguir o apoio de um aliado caridoso nas campanhas de arrecadação que apelavam para doações de mantimentos, ajudar na reforma de ampliação e construir uma imagem positiva do grupo que se mostrava proativo em superar os desafios demandados.

Esse propósito ganhou amplitude com a chegada de José Américo de Almeida (1951-1956) ao Governo do Estado. De imediato, este assume o compromisso de fazer a reforma que os residentes reivindicavam desde longas datas e, ao mesmo tempo, permitiu o acesso deliberado ao jornal *A União* para que se divulgassem as campanhas de arrecadação que complementariam as despesas da CEP, passando a veicular com certa regularidade o empenho dos estudantes pobres da Paraíba em construir dois novos pavimentos para a Casa do Estudante. As matérias ganham contornos duplamente enaltecedores (residentes e governador):

> Há 18 anos vem o estudante pobre da Paraíba, principalmente do interior, sem o conforto necessário de hospedagem, quando procurava o velho casarão da Rua da Areia para morar. É que aquele prédio onde vem funcionando, desde 1936, a Casa do Estudante da Paraíba, com apenas 10 pensionistas pagando a importância de 50 cruzeiros mensais, viu-se, com o tempo, incapacitado para atender o grande número de rapazes vindos do interior para cursar os principais colégios da capital.
> Esse estado de coisas permaneceu até 1950, quando começou o governo do Sr. José Américo de Almeida. À frente da diretoria da CEP, o estudante Wilson Braga apresentou ao Chefe do Executivo o plano de construção do novo prédio. Havendo a importância de 500 mil cruzeiros em cofre, o necessário para iniciar-se a construção, o Governador José Américo autorizou a verba de um milhão de cruzeiros ao benemérito empreendimento. O antigo pardieiro da rua da Areia seria, então, substituído pelos novos e modernos alojamentos que se iniciam, trazendo futuramente o benefício a mais de 60 estudantes do interior.[331]

---

[330] LOUREIRO, 1989. p. 65.

[331] Amanhã, o lançamento da pedra fundamental da "Casa do Estudante". **Jornal A União**, João Pessoa, 10/10/1954.

No texto que muito enaltecia o papel das autoridades havia equívocos a serem melhores esclarecidos. Primeiro, fazia a afirmação de que a Casa funcionava naquele endereço desde 1936, porém, já mostrei que esse é o ano de sua criação legal, mas que o funcionamento somente ocorreu em 1937. Segundo, trazia o compromisso de construir dois pavimentos na Casa, algo que não se concretizou em nenhuma das reformas ali executadas até a década de 1980. Não ficou explícito, no entanto, que o Governo comprometia-se em fazer a reforma, mas exigia em certo sentido uma contrapartida dos residentes: a captação de recursos por meio de uma abrangente campanha que se destacava por sua diversidade de atividades desenvolvidas.

Em uma mesma reportagem, o jornal oficial elencava algumas dessas ações em prol da construção do prédio da CEP, destacando a possibilidade da realização de festas, bingos, seções de cinema etc. O texto jornalístico recorria a uma narrativa que procurava criar certa cumplicidade entre os residentes e a sociedade pessoense "que se tem mostrado compreensiva do significado da aludida campanha, cujo objetivo é melhorar as condições de conforto do estudante pobre da Paraíba".[332] Evidenciava ainda o empenho de outros segmentos como a Polícia Militar que organizou uma partida de futebol entre o Botafogo X Treze (clássico do estado), sendo toda renda destinada à causa estudantil. Nesse caso, elogiava a contribuição da classe militar (15 R.I. e a Polícia Militar), que permitiu a realização do evento nas dependências do quartel. Por fim, enfatizava ainda o apoio do comércio local que se mostrou disposto desde o princípio da campanha em ajudar os "necessitados estudantes".[333]

Entre as promessas e a execução prática, o tempo passou. Sendo assim, dois anos após as primeiras divulgações da proposta de melhorias para a CEP, praticamente todas as ações estavam resumidas à luta dos estudantes em busca de arrecadação de fundos que viria complementar os gastos com as obras. Mesmo nessas condições, os residentes reconheciam que a campanha de captação de recursos tinha boa aceitação da sociedade, destacando também o esforço do governador em apoiar o empreendimento. Veja como os estudantes (pobres e carentes) e o governo (provedor e protetor) estão colocados em lugares bem definidos nesse empreendimento:

> O movimento iniciado, com a Festa do Parque Solon de Lucena, em beneficio da construção do edifício-séde da Casa do Estudante da Paraíba, vem recebendo a melhor aprova-

---

[332] Campanha pró-construção da Casa do Estudante. **Jornal A União**, João Pessoa, 27/04/1952.

[333] Campanha pró-construção da Casa do Estudante. **Jornal A União**, João Pessoa, 27/04/1952.

ção por parte da sociedade pessoense, que se tem mostrado compreensiva do significado da aludida campanha, cujo objetivo é melhorar as condições de conforto do estudante pobre da Paraíba. [...] O Governador José Américo fará a doação do terreno destinado à construção do novo edifico, numa contribuição valorosa para a realização desse justo anseio da classe estudantil paraibana.[334]

Loureiro[335] compartilhou essas ações de perto, seja como irmão de residente, seja como residente. Para ele, o fato de os residentes elegerem seu presidente foi decisivo para que a Casa virasse notícia nos jornais. Tenho a compreensão, todavia, que o fato de as ações dos residentes alcançarem a imprensa nesse momento não se dá por um mecanismo tão elementar como a elegibilidade de seu representante. Esse foi um movimento que passava realmente pela conquista da autonomia político administrativa da instituição, contudo, havia outros elementos bem mais sofisticados que vão além desse fato. Afora isso, esse era um movimento que ia além da aparição na imprensa, não obstante aparentar mero reconhecimento de um ato administrativo, de fato representava ações de uma estratégia que ambicionava mais do que interesse dos estudantes em noticiar suas atividades, conquistas e demandas; priorizava ainda ganhar notoriedade junto à sociedade pessoense e, assim, imprimir uma nova representação imagética que permitisse maior aceitabilidade social.

Essa inserção na imprensa deu-se por duplo mecanismo: muitos residentes conseguiam emprego nos jornais (ainda na condição de secundaristas), o que facilitava a divulgação dos eventos festivos, da realização de eleições e das crises financeiras, por exemplo. Por outro lado, não se deve esquecer que a estratégia do governo José Américo de Almeida era divulgar sua aproximação com a Casa do Estudante, como um representante público preocupado com a educação de jovens obstinados que lutavam para superar suas dificuldades e vencer na vida. Suas boas intenções e os cuidados ocorriam no sentido de melhorar as condições do estudante pobre que vive naquele ambiente.

O papel do jornal oficial era, portanto, divulgar as bondades administrativas do Governo conjuntamente com as necessidades dos estudantes pobres da Paraíba, mas não propriamente se colocar como instrumento de reivindicação dos residentes. As visitas do governador à Casa, o lançamento

---

[334] Campanha pró-construção da Casa do Estudante. **Jornal A União**, João Pessoa, 27/04/1952.
[335] LOUREIRO, 1989.

da reforma (amplamente prestigiada)[336], a destinação de verbas pelo executivo e os agradecimentos dos residentes que homenagearam com uma placa as boas atitudes do governador são matérias destacadas pelo jornal, com o intuito de mostrá-lo solícito às reivindicações do estudante necessitado. Obviamente, José Américo sabia da importância política das famílias daqueles jovens no interior; ajudá-los poderia ser um meio de angariar maior prestígio político perante as suas bases eleitorais, principalmente no sertão.

Ora, essa propalada reforma começou a ser divulgada logo na chegada de José Américo ao Governo, contudo, em outubro de 1954 (lembrando que só foi inaugurada em 1956, no apagar das luzes do mandato de Almeida), o jornal fez uma extensa reportagem para afirmar que os residentes estavam eufóricos com tudo o que estava acontecendo. É importante lembrar que era bastante comum, muitas vezes, na mesma semana, o jornal trazer outra matéria em que os residentes apelavam por complemento de verbas junto à Assembleia Legislativa Estadual, à Câmara Municipal de João Pessoa e ao próprio Governo.

Administrar a Casa sempre foi uma das prioridades reivindicatórias dos estudantes e, por essa razão, Loureiro[337] acredita que a conquista dessa autonomia foi um ato de confiança do governador Osvaldo Trigueiro, permitindo, assim, que os estudantes administrassem a Casa com maior empenho, com mais dedicação aos seus estudos, pois, se "o homem confiou-nos a Casa, então vamos mostrar que merecemos esse crédito"[338]. Com base na pesquisa empreendida, entendo que enxergar essa medida como um ato puramente de confiança do governador é algo bastante simplista. Em certo sentido, a autonomia da Casa diminuiu as responsabilidades do Governo com a manutenção da instituição. Não quero afirmar com isso que a intervenção administrativa era algo positivo para a Casa, mas apenas reformar, o que já foi mencionado no princípio desse tópico, sem um orçamento garantido pelo poder público e funcionando em uma estrutura precária para os estudos, os estudantes praticamente assumiram as responsabilidades pelo

---

[336] Comitiva que participou do lançamento da pedra fundamental da reforma da Casa do Estudante: Dumeval Terceiro Mendes – Secretário de Educação; Tenente Cel. Manuel Ramalho – Chefe da Casa Militar do Governo; Vereadores: Mário Antônio da Gama e Melo, Edésio Rangel, Severino Patrício, Jorge Spilberg; Gal. José de Oliveira Leite; Dr. Lauro Wanderley – representando a Faculdade de Medicina; Dr. Péricles Gouvêia – diretor da Faculdade de Odontologia; uma Comissão de alunos do Ginásio Nossa Senhora das Graças; representantes das escolas superiores da capital; jornalistas (Lançada a pedra fundamental da "Nova Casa do Estudante". **Jornal A União**, João pessoa, 12/10/1954). Curiosamente, Américo de Almeida sempre visitava a Casa do Estudante acompanhado do chefe militar do seu Governo. Penso que não era mera coincidência.

[337] LOUREIRO, 1989. p. 110.

[338] BARAÚNA. [Entrevista concedida a Francisco Chaves Bezerra]. João Pessoa, 09/10/2015.

funcionamento da Casa. Diante desse cenário, os representantes políticos vão se apropriar da instituição como instrumento de troca de favores políticos, ou como ferramenta de propaganda que procuravam associá-los ao segmento de estudantes carentes.

Em que pese os excessivos alardes da imprensa, essa reforma foi importante no sentido de ampliação das acomodações. Com ela, a CEP assumiu uma nova configuração em termos de espaço físico, prevalecendo assim até princípios da década de 1980, quando ganhou novos contornos administrativos e arquitetônicos que prevalecem até os dias atuais. Todo o processo foi cercado de vasta divulgação na imprensa, mostrando que o lançamento das obras contou com a participação do governador, de secretários e de estudantes secundaristas e universitários. A matéria do jornal foi concluída com um discurso de caráter sensacionalista: "O lançamento, não só dos alicerces de um edifício, como também os alicerces da democracia na vida estudantil, dada a finalidade da instituição de abrigar a todos indiscriminadamente.".[339]

O que não se pode negar é que a estratégia de levar a Casa do Estudante aos lares das famílias pessoenses funcionou tanto que as notícias de expansão das instalações chegaram também ao interior, aumentando consideravelmente a demanda de novos interessados em estudar na capital, de maneira que, entre 1956 e 1961, o número cresceu de pouco mais de sessenta para aproximadamente trezentos residentes. Essa foi ampliação de fácil compreensão, se levar em consideração que a CEP passava a ser aceita como espaço de boas referências (estrutura física e componente humana) mediante a divulgação positiva impetrada a partir de 1950/1951. Usando os mecanismos de práticas já consolidadas como instrumentos de acesso, os pais buscaram os políticos para colocar um filho estudioso na Casa, sendo comumente o favor atendido, o número de estudantes rapidamente aumentou e o endividamento para manter o sustento da Casa no comércio não tardou a aparecer.

Poderia parecer contraditório, mas os tempos áureos vivenciados na época do governo americista não resolveram os problemas mais corriqueiros da Casa do Estudante, comprovando que suas ações na condução dos assuntos relacionados à CEP se davam muito mais no campo da retórica do que propriamente de uma transformação efetiva no sentido de solucionar os problemas conjunturais. Obviamente que parte das dificuldades foram

---

[339] Lançada a pedra fundamental da "Nova Casa do Estudante". **Jornal A União**, João pessoa, 12/10/1954.

amenizadas em virtude da própria aproximação que o Governo mantinha com as lideranças políticas da instituição, comumente recorrendo a algumas ações anódinas, reforçadas pela intensa propaganda imprimida no jornal *A União*.

A parceria do Governo do Estado/Casa do Estudante mostrou-se meramente personalista e não institucional, pois, com menos de um ano da saída de José Américo do cargo, em princípio de 1957, os residentes já se manifestavam no oportuno veículo jornalístico, para exporem as condições de falta de verbas para manter as despesas, tendo, assim, acarretado o endividamento da instituição com o comércio local. A retórica das reportagens era sempre a mesma (parecendo matéria recortada) durante a segunda metade da década de 1950: expunham as suas necessidades, adiantavam que haviam uma audiência agendada com o governador ou com a Assembleia Legislativa que prometiam recebê-los no mesmo dia ou no dia seguinte. Após a reunião, outra matéria já dava conta do que havia sido discutido na audiência, destacando a atitude do Governo ou a intervenção de um parlamentar assegurando que o problema seria sanado. Sem dúvida, esse cenário de crise aprofundou-se com a chegada dos anos de 1960.

Nesses momentos, os estudantes faziam barulho, sensibilizavam alguns segmentos (Governo, comerciantes, senhoras da sociedade civil) e momentaneamente resolviam a situação. Impressiona o fato de o Governo do Estado não agir preventivamente em uma situação de crise dessa natureza, já que estudantes chegavam à condição de passar fome. Percebi que a postura do Governo sempre foi de não assumir a responsabilidade de mantenedor da Casa financeiramente. Não sendo reponsabilidade orçamentária do Estado, a principal atitude era mostrar continuamente que a instituição tinha um caráter misto, em que aquele entrava com as instalações e os sócios efetivos e mensalistas arcavam com a manutenção de alimentação e higiene pessoal. Ou seja, não era obrigação do Estado manter a CEP funcionando, quando se dispunha em contribuir financeiramente, era por boa vontade do gestor.

Acompanhando as narrativas da imprensa e, sobretudo, os relatos de memórias, percebi que os problemas financeiros da Casa do Estudante da Paraíba eram permanentes. Ele perpassou gerações, permitindo concluir que era muito comum faltar dinheiro para cobrir as despesas básicas, com estadia, alimentação e higiene. Entretanto, essa condição de precariedade fortaleceu o discurso de heroísmo dos estudantes, tomados como bravos vencedores que superavam qualquer obstáculo. Nessas condições, os representantes políticos – governador, prefeito, deputados – também vão aparecer como sujeitos dessa composição, figurando como salvadores e entusiastas da causa do estudante pobre que, mesmo não sendo de responsabilidade da esfera pública, acudiam a Casa para garantir a estadia daqueles necessitados no incansável desígnio de conquistar seus sonhos.

A imprensa oficial assumia o papel de divulgação das ações e, com essa relação CEP/Governo, manifestavam-se amplamente a esse respeito, geralmente com manchetes contundentes: "Governo resolve o problema da Casa do Estudante", evidenciando a posição desses atores na arena das operações. Para fechar o enredo, ações de caridade de segmentos da sociedade civil procuravam ajudar com doações e atendendo aos apelos reivindicatórios – implícito ou explicitamente – arquitetados pelos condutores da narrativa. Esse auxílio decorria apenas em momentos pontuais, não acontecendo mensalmente. Tais procedimentos parecerem-me um verdadeiro faz de conta, pois com a "esmola de algumas abnegadas da sociedade cristã", seja da esfera pública ou privada, a CEP seguia por caminhos indefinidos, como enfatiza Loureiro.[340]

Não importa, portanto, em que condições essas experiências foram vivenciadas, o que permaneceu foi uma representação majoritária sustentada por essa narrativa fundadora, bem exemplificada pelo fragmento a seguir:

> De 1937 até a década de 60, foram hóspedes da Casa muitas figuras que se projetaram em diversos ramos profissionais e na política do Estado e do País. Nas suas dependências, pouco confortáveis, abrigaram aqueles jovens que mais tarde seriam governadores, senadores, deputados federais e estaduais, prefeitos, magistrados, engenheiros, médicos, advogados, dentistas e profissionais de outros graus.[341]

Por meio desse relato, foi possível identificar o cerne dessa narrativa oficial fundamentada até princípios da década de 1960 e propalada como um mantra a posteriori. No próximo item, a finalidade foi fazer com que outras possibilidades discursivas aparecessem nas frestas das estratégias impostas pela narrativa dominante, alertando ainda para a importância desta narrativa majoritária na constituição de práticas que contribuíram para a formação dos que por ali passaram.

Corroboro com o entendimento de que a narrativa dominante prevaleceu entre os memorialistas, em particular, mas também na maioria das falas dos sujeitos que passaram pela CEP. Nela não há preocupação com a

---

[340] LOUREIRO, 1989. p. 91.

[341] MORENO, Napoleão. **A Casa do Estudante**: memória. 3. ed. João Pessoa: [s. n.], 2011. p. 107.

diversidade histórica, com as contradições da trajetória da instituição, nem com as mudanças verificadas na temporalidade. Seu feitio de representação foi marcadamente pela sua rigidez, por alguma versão do truísmo que confere legitimidade aos seus proponentes perante a sociedade. De fato, trata-se de uma afirmação escriturária que garantiu uma imagem uniforme da CEP e que eliminou as forças destoantes do terreno das operações. O meu intuito aqui tem sido impetrar tentativas de inventariar um caminho alternativo, com a inserção de outros sujeitos, oriundos de um município não nominado nesses escritos (mesmo sendo presente na Casa desde os anos de 1950) e possam falar; trazendo assim situações e práticas díspares daquilo que foi propalado como narrativa oficial a-histórica.

Encerro este tópico reconhecendo que a princípio não tinha como propósito regressar a um período anterior da década de 1960. No contato com os testemunhos (os livros de memória ou as entrevistas), entretanto, a pesquisa mostrou-me a necessidade de fazer esse movimento que permitiu outro entendimento a respeito do que se pensava sobre a Casa do Estudante. Qualquer avaliação da CEP do ponto de vista histórico precisa levar em consideração a década de 1950, momento da construção de uma narrativa fundadora impetrada por um grupo que, posteriormente, tornou-se bem sucedido em suas atividades políticas, profissionais e intelectuais. Essa narrativa, entretanto, esconde outras verdades, outros sujeitos, outros municípios, outras vontades. Em síntese, foi a partir da compreensão das estratégias dessa narrativa que pude problematizar melhor o objeto da pesquisa, procurando o afastamento necessário para melhor confrontar as diferentes versões ou fazê-las aparecer.

3.3 CRISE SOCIAL E FALÊNCIA INSTITUCIONAL NOS TEMPOS DA DITADURA MILITAR

A demanda a ser tratada neste item procurou contextualizar com propriedade as condições sociais, políticas e institucionais nas quais os estudantes, de maneira geral, estavam inseridos na Paraíba, nos tempos da Ditadura Militar, apontando cenários, lutas e anseios que não podem ser desvinculadas das circunstâncias vivenciadas nacionalmente. Não resta dúvida de que esse entendimento foi fundamental, pois permitiu conjeturar o lugar social da Casa do Estudante da Paraíba nesse emaranhado de acontecimentos, interesses e sentidos e, por conseguinte, as implicações que alinhavaram a tessitura das suas práticas formativas. Não seria possível compreender – ao menos sem tomá-los como referencial de contraponto – os elementos constituintes da CEP sem levar em consideração esse panorama histórico. Sem deixar ainda de reconhecer as condições de funcionamento da instituição nas décadas de 1960-1970, marcadamente definidas pela crise financeira, pela intervenção externa, pelos conflitos internos e pela exposição dos desvios de condutas administrativas. Em síntese, a deterioração das relações de convivência que foi se aprofundando gradativamente.

Na década de 1950, como demonstrei no capítulo anterior, era perceptível que a reciprocidade de interesses entre os residentes da Casa do Estudante e o Governo do Estado constituía uma espécie de pacto velado, que se fragilizou, evidentemente, com o fim do mandato de José Américo de Almeida. O exemplo mais significativo do fim dessa ampla convivência está no fato de que, em 1956, o jornal *A União* trouxe apenas uma matéria sobre a Casa, que foi publicada em janeiro daquele ano, ainda na gestão de José Américo, que concluiu mandato em março. A referida reportagem tratava justamente da inauguração da reforma, fechando, assim, o encerramento de uma parceria marcada por exagerada divulgação de ações e discreta resolução efetiva dos problemas daquela instituição, embora não se pode deixar de reconhecer que as demandas dos estudantes eram muito mais atendidas do que na década de 1960.

A partir daí, *A União* limitou-se a divulgar os processos eleitorais e o agradecimento a parlamentares por destinar emendas em benefício da instituição. Outro detalhe a ser considerado era que, nos anos de 1959-1960, as notícias deixam de aparecer completamente, voltando ao noticiário em 1961, já em situação de calamidade. A sua reinserção na imprensa não poderia ser tão simbólica. Com a manchete, "Casa do Estudante: Wilson Braga vai solucionar a crise", o conteúdo da matéria seguia a linha imagética corriqueira:

> O deputado Wilson Braga vem mantendo contato com os diversos setores do Governo Federal, no sentido de uma imediata ajuda a Casa do Estudante da Paraíba, que vem, no momento, passando por séria crise económica. [...] A atitude de Wilson Braga, tentando equacionar o angustiante problema, ecoou simpaticamente na classe estudantil, onde aquele parlamentar goza de alto conceito.[342]

De um lado, havia súplicas aos poderes constituídos para que se resolvessem os angustiantes problemas daqueles estudantes, por outro, a enfática ação salvacionista de uma benevolente personalidade política. O

---

[342] Casa do Estudante: Wilson Braga vai solucionar crise. **Jornal A União**, João Pessoa, 12/02/1961.

destaque nesse momento era o fato de o padrinho político ser o ex-residente e então líder dos anos de 1950, Wilson Braga, de Conceição do Piancó – PB. Lembrando que Braga foi eleito deputado estadual em 1954, ainda como residente da Casa do Estudante, o que nos dá uma boa compreensão do ambiente político no interior dessa instituição que, certamente, estendia--se aos municípios do sertão e, como apontamos nos tópicos anteriores, notadamente do Vale do Piancó.

Ainda me referindo à matéria jornalística mencionada anteriormente, o segundo parágrafo destaca que "o combativo parlamentar sertanejo pretende enviar um representante da classe estudantil para, junto ao Gabinete do senhor Jânio Quadros, conseguir liberação imediata da verba federal destinada àquela instituição, a qual está atrasada a vários meses."[343] Há de se destacar, entretanto, que o combativo deputado não obteve êxito na sua reivindicação junto ao executivo federal, ao menos até a vinda de Quadros à Paraíba, em maio de 1961.

Tal constatação se dá em virtude da continuidade das dificuldades pelas quais passavam os residentes que, segundo Loureiro[344], aproveitaram a vinda do presidente da República a João Pessoa, para externarem a diversidade de problemas enfrentados pela CEP, inclusive, com a real possibilidade de fechamento. Com as reivindicações apresentadas, Jânio aceitou os argumentos dos estudantes e prometeu sanear todos os problemas apontados e, sobretudo, pediu celeridade para a liquidação dos débitos. Os argumentos consistentes do representante da nação proporcionaram certo entusiasmo no meio dos residentes.[345]

O encontro dos residentes com o presidente foi amplamente divulgado pela imprensa com uma tonalidade que mostrava uma Casa agonizando e um Governo determinado a resolver os seus problemas. Dessa forma, o resultado da conversa chegou aos pessoenses, com afirmações otimistas, a começar pelo título da reportagem que disparava: "Júbilo Estudantil: Jânio salvou a casa do estudante". Em seguida o texto assim destaca que

> O Presidente Jânio Quadros vindo ao encontro das reivindicações da classe estudantil paraibana, vem deliberar verbas no montante de mais de cinco milhões de cruzeiros para a Casa do Estudante de João Pessoa, entidade que ameaçava fechar as suas portas em virtude de um "déficit"

---

[343] Casa do Estudante: Wilson Braga vai solucionar crise. **Jornal A União**, João Pessoa, 12/02/1961.

[344] LOUREIRO, 1989.

[345] LOUREIRO, 1989.

mensal de Cr$.... 70.000,00 deixando ao desabrigo os trezentos e cinquenta estudantes pobres que ali encontram pousada.[346]

Se, por um lado, apresentava a situação em termos gerais, em seguida especificava as determinações imediatas:

> O Presidente da República ao tomar conhecimento da patética exposição do sr. Ivanildo Maciel, presidente da Casa, que afirmou que os seus associados estavam passando sérios vexames, fazendo apenas uma alimentação solida por dia, mandou liberar de imediato, a verba federal de três milhões e cinquenta mil cruzeiros destinados a pagar as dívidas daquela instituição ao comércio local, as quais já ascendem a três milhões de cruzeiros.[347]

Presente a esse encontro, Loureiro[348] ponderou que os estudantes saíram entusiasmados da conversa com o presidente. Ademais, teve ampla repercussão na cidade, fruto de uma página inteira do jornal, que, já em seu título, tomava os problemas da Casa como algo já resolvido, ao utilizar o verbo salvar no pretérito perfeito do indicativo ("Jânio salvou a casa do estudante"). Assim, os residentes ganharam confiança no comércio da cidade novamente e começaram a gastar em nome dessas promessas que iam além da quitação dos débitos já existentes, mas apontavam para mais uma reforma de ampliação, novas instalações elétricas e hidráulicas e, até mesmo, a aquisição de um automóvel que ficaria à disposição da instituição.

Os estudantes residentes, no entanto, não contavam com a lacônica renúncia do presidente Jânio Quadros, tampouco deixaram de atentar para o perfil exibicionista do governante, que, diante dos jornalistas, adotou fielmente o seu lado demagógico, prometendo em demasia e cumprindo em diminuto. O comprometimento do presidente em solucionar todos os problemas da Casa afastou outras possibilidades de auxílio que poderia vir de outras instâncias governamentais (estadual ou municipal) e, com isso, a CEP deixou de funcionar pela primeira vez. Sem alimentação, a fome se instaurou e cada um teve de se virar como podia, desse modo, a atitude mais comum foi permanecer na Casa e lutar pela a sua reabertura.[349]

---

[346] Júbilo estudantil: Janio salvou casa do estudante. **Jornal A União**, João Pessoa, 28/05/1961.

[347] Júbilo estudantil: Janio salvou casa do estudante. **Jornal A União**, João Pessoa, 28/05/1961.

[348] LOUREIRO, 1989.

[349] LOUREIRO, 1989.

Faço esse breve retrospecto para dizer que, de fato, a crise estava muito além dos muros da Casa do Estudante da Paraíba. Os desdobramentos desse cenário ganharam outras dimensões desde o seio estudantil, espraiando-se aos demais segmentos da sociedade, com fortes impactos na Paraíba, impulsionados pelos desdobramentos da política nacional e, por que não dizer, internacional.

Não é demais lembrar que a renúncia de Jânio Quadros culminou com a ascensão de João Goulart (Jango) à presidência da República em um contexto em que a situação do país era de crise extrema, por diferentes aspectos, como a inflação alta, o descontrole dos gastos públicos e a volumosa dívida externa. Seu esboço de plano de governo tinha como cerne as reformas de base, todavia, não dispunha tempo hábil para executá-lo de maneira efetiva. Acrescenta-se a esse conjunto de dificuldades, o momento político de instabilidade em que as forças se articulavam na direção de impedir a autonomia administrativa do executivo, instituindo o parlamentarismo. A conjuntura internacional, por outro lado, configurava-se em uma arena de operações movediças, uma vez que as relações com os Estados Unidos andavam abaladas, pois, em num cenário de Guerra Fria, via o Governo brasileiro assumir uma postura de não alinhamento ao bloco capitalista, posicionando-se contrário ao bloqueio econômico à Cuba e acenando para a aprovação da regulação da remessa de capitais estrangeiros que atingia diretamente as multinacionais norte americanas instaladas no país.[350]

Quando se trata desse contexto histórico que antecedia o Golpe militar (1961-1964) e, posteriormente, os desdobramentos imprimidos pelo regime autoritário, um conjunto diverso e complexo de elementos (sociais, políticos, econômicos, culturais e ideológicos) deve ser levado em consideração. Tratá-los aqui demandaria um enfadonho exercício de narração de eventos, personagens, situações, articulações e desfechos já muito bem explorados por historiadores do quilate de Reis,[351] Fico,[352] Gaspari,[353] Schwarcz e Starling,[354] e até mesmo, por historiadores paraibanos como

---

[350] SCHWARCZ, Lilia Moritz; STARLING, Heloisa Murgel. **Brasil:** uma biografia. São Paulo: Companhia das Letras, 2015.

[351] REIS, Daniel Aarão. **Ditadura e democracia no Brasil:** do golpe de 1964 à constituição de 1988. Rio de Janeiro: Zahar, 2014.

[352] FICO, Carlos. **Golpe de 1964:** momentos decisivos. Rio de Janeiro: Editora FGV, 2014.

[353] GASPARI, Elio. **A ditadura envergonhada.** São Paulo: Companhia das Letras, 2002.

[354] SCHWARCZ, Lilia Moritz; STARLING, Heloisa Murgel. **Brasil:** uma biografia. São Paulo: Companhia das Letras, 2015.

Melo,[355] Cittadino[356] e Guedes,[357] pois, mesmo preocupados em discorrer a respeito das condições locais, construíram uma contextualização de ordem nacional.

Desse modo, procurei construir uma narrativa dando maior evidência ao ambiente local – sem jamais esquecer que este se constituiu embricadamente com o cenário nacional –, especialmente, os aspectos ressaltados por memorialistas e entrevistados. Durante as entrevistas, procurei questionar os indivíduos sobre os acontecimentos históricos, políticos e culturais que preservavam em suas memórias. Asseguro que as lembranças são esparsas, não havia uma sequência articulada das situações vivenciadas. Eram reminiscências vagas, corriqueiramente associadas às manifestações estudantis que tiveram maiores desdobramentos com avanço das Ligas Camponesas em Sapé – PB, intensificando-se no governo João Goulart (1961-1964) e a tentativa de implantação das reformas de base, com mais intensidade no governo ditatorial e na repressão oficializada pelo Ato Institucional n.º 5 (AI-5), a partir de 1968.[358]

O que estava na ordem do dia, como anunciam Schwarcz e Sterling,[359] era o problema histórico da concentração fundiária e a reforma agrária que pedia passagem, com muita força, no Nordeste, onde as Ligas camponesas lideradas por expoentes como Francisco Julião – PE e João Pedro Teixeira – PB tratavam-na como inegociável e inadiável. Os grandes proprietários rurais, por sua vez, eram reticentes quanto à reforma agrária, pois a consideravam indiscutível e inegociável. Portanto, como resultado, os latifundiários se armaram; os camponeses intensificaram as reivindicações, pressionaram o Governo, apelando ao apoio popular e não tardou para que a violência no campo se estabelecesse, tendo como ápice o ano de 1962, com o assassinato de João Pedro Teixeira, em Sapé – PB.

A morte de João Pedro Teixeira foi um episódio muito impactante na vida da sociedade paraibana, especialmente, para alguns segmentos que contavam

---

[355] MELO, 2014.

[356] CITTADINO, Monique. **Poder local e ditadura militar:** o Governo João Agripino – Paraíba (1965-1971). Bauru: EDUSC, 2006.

[357] GUEDES, Nonato *et al.* **O jogo da verdade:** revolução de 64 30 anos depois. João Pessoa: A União Editora, 1994.

[358] Determinações do AI-5: "suspendia a concessão de *habeas corpus* e as franquias constitucionais de liberdade de expressão e reunião, permitia demissões sumárias, cassações de mandatos e de direitos de cidadania, e determinava que o julgamento de crimes políticos fosse realizado por tribunais militares, sem direito a recurso. Foi imposto ao país numa conjuntura de inquietação política e movimentação oposicionista: manifestações estudantis, greves operarias, articulações de lideranças políticas do pré-1964 e início das ações armadas por grupos da esquerda revolucionaria." (SCHWARCZ; STERLING, 2015, p. 455).

[359] SCHWARCZ; STERLING, 2015.

> [...] com a participação de estudantes, intelectuais e jornalistas, de operários e líderes sindicais urbanos, de profissionais liberais e políticos de esquerda, vinculados às teses nacionalistas reformistas, o movimento camponês selará, no estado, a aliança político popular, congregadora de todas as forças políticas progressistas do estado.[360]

Com a morte do líder camponês, Cittadino[361] assevera que a Paraíba vivenciou o clímax das tensões sociais instaladas em todo o país. Em primeiro de maio de 1962, João Pessoa parou para mostrar o seu repúdio à maneira como os camponeses e trabalhadores estavam sendo coagidos. As manifestações ganharam tamanha proporção que o comércio, as igrejas e as repartições públicas foram fechadas.

Os residentes não estavam alheios aos acontecimentos. Segundo Loureiro,[362] a trágica notícia da morte de Teixeira chegou em primeira hora, sendo relatada no bar Pedro Américo[363] (espaço imensamente frequentado pelos estudantes, especialmente, os da Casa do Estudante que moravam muito próximo) pelo próprio advogado da vítima. Para os estudantes foi a confirmação de um cenário ainda em definição e que, a partir dos acontecimentos em Sapé, aumentava a possibilidade de um levante popular, ou um golpe militar apoiado pelas forças de direita, o que de fato aconteceu em 1964. E, assim, o advogado Bento da Gama descreveu o perfil ideológico do líder camponês para os estudantes: "Assassinaram um idealista. Um carismático. Um puro. João Pedro fazia o movimento camponês com altruísmo. Estava plantando as bases daquilo que seria a redenção dos trabalhadores rurais."[364]

> João Pedro era o único líder calado de que tive notícia. Não aparentava ser ouvido. Não falava nos comícios nem nas grandes assembleias. Em meio aos camponeses não era mais que um camponês: rosto grosseiro, feições vulgares, sem fala e sem pose. Ninguém poderia adivinhar a hora exata em que se fazia ouvir. Tudo o que se sabia era que liderava. Ia à frente. Essa atitude era a sua maior eloquência. [365]

---

[360] CITTADINO, 2006. p. 93-94.

[361] CITTADINO, 1998.

[362] LOUREIRO, 1989.

[363] O Bar Pedro Américo foi inaugurado em 1955, funcionava 24h e prosseguiu assim até 1975. Em 1970, porém, os militares determinaram que só poderia ficar aberto até à meia-noite e, com essa medida impositiva, colocaram as portas do Bar que nunca fechara, porque não as tinha. Argumentaram que era reduto de comunistas e que "estão fazendo agitação para darem o golpe do proletariado" (LOUREIRO, 1989, p. 33).

[364] LOUREIRO, 1989. p. 30.

[365] RODRIGUES, Luiz Gonzaga. **Filipéia e outras saudades.** João Pessoa: A União, 1997. p. 66.

Segundo o poeta Gonzaga Rodrigues[366], mais tarde, Isaac (filho de João Pedro Teixeira) confessou, em reportagem publicada pelo jornal *O Norte*, que essa era uma estratégia para convencer os trabalhadores, uma vez que não podia convencê-los coletivamente, e, sim, aproximando-se individualmente.

Nessas condições, acreditar em um movimento revolucionário aqui na Paraíba, no início dos anos de 1960, não era apenas um devaneio ideológico, mas partia de algo bem concreto: a mobilização dos camponeses da Mata Açucareira. A capacidade de organização – reconstruir o que foi destruído, cobrar os direitos violados perante os órgãos competentes, pressionar as autoridades políticas, enfrentar a violência dos latifundiários – fazia com que não restasse dúvida da transformação social. Destacava a importância de personalidades como Assis Lemos e José Joffily que morreu acreditando na transformação do sonho revolucionário comunista.[367]

Apoiado por forças conservadoras de diversos segmentos da sociedade civil, das Forças Armadas, da Igreja e do Capital internacional; o movimento golpista assumiu o comando da nação sem qualquer resistência efetiva.[368] Para Schwarcz e Sterling,[369] segmentos importantes não tiveram a devida dimensão dos acontecimentos e não acreditavam que a apropriação do poder pelos militares se transformaria em uma ditadura de 21 anos, com perseguição de toda e qualquer forma de oposição, com um arsenal de perseguição, torturas, mortes, desaparecimento etc. Por isso, lideranças como JK não se posicionaram contrariamente ao golpe, pois já estava em campanha para a eleição de 1965, como determinava a constituição de 1946.

Com a Ditadura Militar instalada,

> A influência na estrutura do Estado foi profunda. Exigiu a configuração de um arcabouço jurídico, a implantação de um modelo de desenvolvimento econômico, a montagem de um aparato de informação e repressão política, e a utilização da censura como ferramenta de desmobilização e supressão do dissenso.[370]

---

[366] RODRIGUES, 1997.

[367] RODRIGUES, 1997.

[368] Partidário do entendimento de que o golpe de 1964 foi um empreendimento civil militar em face do amplo apoio dado pelos políticos, Igreja católica e sociedade, posteriormente, Fico (2014, p. 8) entende, no entanto, que "o regime subsequente foi eminentemente militar e muitos civis proeminentes que deram o golpe foram logo afastados pelos militares justamente porque punham em risco o seu mando". Mais adiante, destaca que ao fazer essa afirmação de "que o golpe civil-militar não pressupunha a ditadura militar, não pretendo atenuar sua dimensão negativa, ao contrário: minha intenção é justamente apontar o fracasso de muitos que o deflagraram. Civis como Magalhães Pinto e Carlos Lacerda pretendiam apenas mais uma intervenção 'moderada' dos militares." (FICO, 2014, p. 120).

[369] SCHWARCZ; STARLING, 2015.

[370] SCHWARCZ; STARLING, 2015. p. 449.

O regime de exceção adotou uma dura política de estabilização econômica que penalizava duramente os grupos sociais mais humildes por meio do controle dos salários, da redução da idade legal mínima de trabalho, do fim da estabilidade no emprego por meio da criação do Fundo de Garantia do Tempo de Serviço (FGTS), da repressão aos sindicatos, da proibição de greves. O contexto apresentado trouxe, como resultado, o profundo empobrecimento dos operários em virtude de a inflação aumentar em índices superiores às reposições salariais. A bruta repressão imposta pelo Governo segurou qualquer possibilidade de reivindicação; a oposição também não podia expor a realidade dos fatos, e a imprensa (censurada) controlada não divulgava as condições da sociedade e da economia. Portanto, "uma ditadura é formada por mandantes arbitrários, oposicionistas tenazes e uma população que precisa sobreviver – parte dela atravessa em silêncio, com medo ou apenas conformada o tempo do arbítrio."[371]

Nesse contexto, portanto, era muito perigoso ser estudante no Brasil, uma vez que essa categoria assumiu uma postura de enfrentar a repressão mostrando a cara, utilizando diversas formas de resistência, como o protesto, a guerrilha armada, o sequestro de autoridades etc. O propósito era apontar o dedo, mas sorrateiramente quando possível pisar na ferida dos opressores. Esse era o panorama em 1968, de perseguição, prisão, tortura e assassinatos de estudantes no Brasil e que se prolongou intensamente até 1978. Diante do cerco, quem se manifestou de forma astuciosa foi uma parte do mundo da cultura que "inventou estratégias para resistir, utilizando-se de entrelinhas, tirando vantagem de oportunidades mínimas de contestação – eram 'as tretas dos fracos', atos de rebelião que irrompem de maneira inesperada na cena pública."[372] A resistência dos artistas tinha uma pretensão:

> [...] burlar a censura, perturbar o poder, comprometer a veracidade da narrativa oficial produzida pelos militares. Afinal, tudo deixa rastro, nada é tão bem apagado, nenhum homem desaparece tão por inteiro que ninguém se lembre de seu nome. O que hoje é banal, já previa Chico Buarque nos versos de uma de suas canções, um dia vai dar no jornal. [373]

Na Paraíba, a movimentação estudantil foi digna de destaque, não somente como defensores no que diz respeito às questões educacionais, mas em defesa das reformas de base propaladas pelo governo João Goulart. Os

---

[371] SCHWARCZ; STARLING, 2015. p. 453.

[372] SCHWARCZ; STARLING, 2015. p. 664.

[373] SCHWARCZ; STARLING, 2015. p. 466.

estudantes paraibanos, segundo Almeida,[374] estavam "dispostos a protestar contra tudo", nada, entretanto, podia ser comparado ao apoio dado à luta encampada pelas Ligas Camponesas e o projeto de reforma agrária sonhado pelo coletivo camponês fincado nas terras açucareiras do estado e as greves gerais encampadas pelo Comando Geral dos Trabalhadores (CGT), que tinha como destaque as ações do movimento operário.[375]

Os camponeses dessa área, desde o assassinato do seu líder Pedro Teixeira (1962), até a consolidação do regime militar com o AI-5 (1968), foram encurralados, caçados e trucidados ferozmente pelas forças repressivas, avalizadas pelo ímpeto dos segmentos conservadores que usavam os mais perversos mecanismos (acusação sem provas, torturas, perseguições e assassinatos) para garantir o status quo. O ápice dessa crise deu-se em 15 de janeiro de 1964, no divulgado caso do massacre dos camponeses de Mari - PB, em que "funcionários das usinas São João e Santa Helena entraram em choque com os camponeses. O episódio foi dos mais sangrentos e, ao final, onze pessoas morreram.".[376] Essa chacina trouxe desdobramentos para o cotidiano paraibano, pois a imprensa mostrava que "Diariamente, grupos de manifestantes ocupavam as ruas de João Pessoa e de outras cidades, exigindo providencias do Governo pra evitar que os trabalhadores rurais continuassem sendo agredidos por capangas das usinas".[377]

Toda essa conjuntura, especialmente, as manifestações dos estudantes e o seu apoio às Ligas camponesas foram objeto de interesses dos mais variados segmentos da produção intelectual paraibana. Cada um, à sua maneira, abordou os fatos que formatou o ambiente político e social do período, constituindo, assim, uma tessitura permeada por alguns episódios marcantes, como a interrupção da vida de João Pedro Teixeira (1962); a invasão da Faculdade de Direito (1962); as manifestações que tomaram conta

---

[374] ALMEIDA, 1994. p. 201.

[375] O líder estudantil na época, Rubens Pinto Lyra, afirmou em entrevista que o movimento estudantil da Paraíba não era organizado do ponto de vista de base. Ele existia em nível nacional, e os paraibanos seguiam mais as orientações do comando nacional e apoiavam as reformas de base propostas pelo governo Jango em seu conjunto. Os estudantes estavam integrados por meio da União Nacional dos Estudantes (UNE) e a União Brasileira dos Estudantes Secundaristas (UBES). Afirmou ainda que a esquerda católica dominava a UNE, e aqui, na Paraíba, "o movimento estudantil era dominado pelo Grêmio Estudantil Católico." (COSTA, 1994, p. 269). Na contramão desse entendimento, provêm as afirmativas do então vereador, militante da esquerda e ex-presidente da UEEP aqui na Paraíba, Antônio Augusto Arroxelas, que via o movimento estudantil muito organizado e atuante, sobretudo, em virtude da debilidade do movimento sindical, assumindo a condução do pacto operário-camponês-estudantil orientado pela UNE (HORÁCIO, 1994).

[376] ALMEIDA, 1994. p. 208.

[377] ALMEIDA, 1994. p. 209.

da Praça João Pessoa em defesa das Ligas camponesas e contra a morte dos trabalhadores no campo e revide agressivo da polícia que causou as mortes de civis, ganhando dimensão mais sombria durante o período militar que armou um aparato repressivo, esfacelando a luta camponesa, o movimento estudantil e calando a opinião crítica de setores da imprensa.

Essa trama histórica, portanto, percorrida pelos autores é muito aproximada, o que se alteram são as formas de argumentações, o posicionamento ideológico, como também a evidência dada a certos personagens ou instituições em detrimentos de outrem. Perante tamanha diversidade, é importante mencionar a opinião da imprensa em uma coletânea organizada por Guedes[378]; nela é possível observar diferentes versões (inclusive opostas) relatadas por jornalistas, com algumas entrevistas de personalidades que participaram das operações (militares, lideranças camponesas, políticos da esquerda e da direita). No campo historiográfico, destaco ainda as narrativas de Mello[379] e Cittadino[380] que enfatizam a movimentação do xadrez político, o crescimento das forças sociais e a consolidação do golpe. No que tange a participação estudantil nessa conjuntura, serviu como referência Bezerra[381] e Cittadino,[382] que avaliam a atuação dos estudantes universitários, enquanto que Rodrigues[383] e Loureiro[384] relatam suas memórias estudantis (secundarista e universitária), trazendo ainda o depoimento de seus contemporâneos.

No caso específico das ações estudantis foi fundamental entender o desempenho de João Agripino no comando administrativo do estado. Desde o controverso apoio dado pelos estudantes à sua campanha para governador, em 1965, até o desfecho repressivo assumido pelo representante do executivo com a aprovação do AI-5, em 1968, e que atingiu fortemente o movimento estudantil. Durante a campanha eleitoral

> João Agripino teve, no setor estudantil, uma das principais fontes de apoio popular à sua candidatura, o que levaria a um dos primeiros episódios de embate entre ele e os militares na Paraíba. O fato é que os estudantes começaram a fundar, nos

---

[378] GUEDES, 1994.

[379] MELO, 2014.

[380] CITTADINO, 1998.

[381] BEZERRA, 2007.

[382] CITTADINO, Monique. **A UFPB e o Golpe de 64.** João Pessoa: ADUFPB/SSIND, 1993.

[383] RODRIGUES, Cláudio José Lopes. **Alienados e subversivos:** a aventura estudantil (1950-1999). João Pessoa: Ideia, 2000.

[384] LOUREIRO, 1989.

> bairros, os comitês pró-João Agripino, indo de encontro ao que rezava a Lei Suplicy de Lacerda, e atraindo, portanto, a atenção da guarnição do Exército em João Pessoa.[385]

O candidato udenista defendeu os comitês eleitorais alegando que não se tratava de órgão estudantil (que não era permitido), ao mesmo tempo apoiou a organização de uma passeata em favor de sua campanha, desafiando a ordem contrária dada pelo exército. Percebo nesse gesto uma manifesta desfaçatez dos estudantes paraibanos no apoio a Agripino. Não tendo o direito de fazer atos políticos, os estudantes tiveram na campanha oficial ao Governo do Estado uma forma de expressar disfarçadamente as suas aspirações e confrontar as forças militares dominantes. Sabiam que o candidato da UDN tinha uma trajetória pessoal e política que se adequava a esse propósito, por dois aspectos: sempre esteve em defesa das forças conservadores durante toda sua vida política, além disso, por ser considerado um homem de personalidade forte afeito a não seguir fielmente as ordens superiores, garantindo, assim, a realização das manifestações.

Essa postura de enfrentamento foi constatada quando João Agripino saiu à frente da passeata dos estudantes, mesmo sem o consentimento dos órgãos censuradores. Nesse momento, o simples fato de os estudantes ganharem às ruas, desconsiderarem uma determinação do regime autoritário e terem a possibilidade de extravasar em vias públicas tinha um significado simbólico bastante representativo, mesmo que se utilizando de um próprio adverso, qual seja a defesa de uma candidatura da UDN. Enfim, essa postura representava uma dupla afronta: desafiava a ordem oficial e colocava Agripino na linha de discórdia com os militares.

A Paraíba, segundo Cittadino,[386] acompanhou o protagonismo estudantil das manifestações ocorridas em todo o país em 1968. A polícia paraibana reprimia os estudantes com violência, principalmente, nas manifestações em repúdio à morte do estudante Edson Luiz, no Rio de Janeiro. No dia da missa, três secundaristas (menores de idade) foram atingidos à bala. Mediante esse imbróglio, os estudantes intensificaram as manifestações, reivindicando a liberação dos presos, inclusive, sendo preciso a intervenção do arcebispo da Paraíba Dom José Maria Pires[387] junto às autoridades. Munidos

---

[385] CITTADINO, 2006.

[386] CITTADINO, 2006.

[387] Além da postura de combate às ações repressivas do Estado autoritário, Dom José Maria Pires tinha um programa de ampla audiência na Rádio Arapuan, onde fazia a defesa dos mais humildes e da liberdade. Assim, "a Igreja passava a ser menos contemplativa e se voltava por a luta por uma vida por mais dignidade para todos aqui mesmo, neste vale de lágrimas." (RODRIGUES, 2000, p. 282).

de acusação de ambas as partes, estudantes e governador colocavam suas posições nos jornais. Aqueles expondo as ríspidas ações impetradas pela polícia em reprimir as manifestações, estes, por sua vez, alegando excessos do movimento e justificando a necessidade de se manter a ordem. Diante do exposto, estava claro que nesse momento os interesses de João Agripino e dos estudantes eram divergentes e que aquela conciliação não passava de conveniências da campanha política. Assim, os estudantes não se calaram perante a repressão, e o governador não rompeu com o lugar político no qual foi forjado.

Até chegar à fase de distensão política, a partir do governo Geisel, as ações foram intensificadas e muitos rumaram para a ilegalidade, buscando caminhos alternativos para angariar fundos que financiaria a resistência clandestina, principalmente levantar dinheiro, violando as empresas do setor financeiro. Na Paraíba, essas formas de enfrentamento foram tímidas, ganhando notoriedade a atuação de Eduardo Jorge Martins Alves Sobrinho, talvez muito mais por ser filho do então reitor da Universidade Federal da Paraíba, Guilardo Martins. A movimentação mais visível "foi um assalto, frustrado, em João Pessoa, a veículo de transporte de valores do Banco da Lavoura de Minas Gerais."[388] Não obtendo sucesso, o jovem revolucionário foi preso, sendo poupado da violência física por ser filho do reitor.

Entre os incipientes episódios da luta armada na Paraíba,[389] esse nos chamou atenção porque apareceu também no relato de um entrevistado. Embora não tenha sido uma participação de comando das operações, os residentes da CEP contribuíram indiretamente para essa tentativa de assalto. Segundo Baraúna, Eduardo Jorge esteve na CEP algumas vezes fazendo reuniões, e, em uma delas, foi apresentada uma pauta de atividades para os residentes. Então,

> Disse [Eduardo Jorge]: *"e qual é a finalidade de vocês? Vocês vão pra fila dos ônibus e vocês ficam lá. E nada de entrar. Chega na fila, fica atrasando... Aí, quando a população gritar, entra um". Então era isso. Esse período de espera, dava um certo espaço [...] pra haver atraso. Que era pra aliviar a Epitácio Pessoa. E nossa missão era só essa. Depois foi que estourou no outro dia* [a notícia do assalto]. *Até porque eles não confiavam as coisas à gente.*[390]

---

[388] RODRIGUES, 2000. p. 289.

[389] Rodrigues (2000) menciona um assalto bem sucedido aqui na Paraíba, mas teria sido comandado por militantes de Pernambuco e que teria sido muito danoso para a militância estudantil paraibana, uma vez que a perseguição, violações e prisões teriam se intensificado aqui no estado.

[390] BARAÚNA. [Entrevista concedida a Francisco Chaves Bezerra]. João Pessoa, 09/10/2015.

As ações do movimento estudantil, portanto, após a instalação do golpe iam além das manifestações públicas e do enfretamento da força repressiva. Havia ainda movimentações bem mais sutis que, devido à natureza secreta de suas atividades, não eram noticiadas pela imprensa, assim *"nada saía, evidentemente, sobre frequentes pichamentos efetuados a desonras por tímidos estudantes sorteados para a tarefa relativamente perigosa"*[391], retifica Baraúna. Nesse segmento de atividades disfarçadas, merece destaque as Semanas de Arte organizadas pelo diretório do Liceu Paraibano, "que, a exemplo de outras promoções culturais, bem camuflavam encontros de lideranças.".[392] O autor elenca alguns espaços destinados às reuniões dessa resistência sorrateira na capital: a casa do maestro Pedro Santos, o cabaré da Berta, a Casa da Pólvora, o semiabandonado Hotel Globo, o Bar Escondidinho, a Casa dos Frios, o Bar do Grego, o Luzeiro, o Bambu, o Bar do Mário e nos assustados da classe média. onde aconteciam as reuniões secretas da resistência, a participação de estudantes e jornalistas, a ação repressiva da força policial a esses lugares e a esses agentes, porém, não mencionou a Casa do Estudante em qualquer momento.

A participação de santanenses na militância estudantil engajada foi algo bastante restrito, uma vez que não foi identificado ou mencionado o envolvimento de nenhum estudante, nem pela imprensa, nos relatos memorialistas, nem pela produção historiográfica. Rodrigues[393] traz uma lista de estudantes considerados subversivos, porém, nenhum filho de Santana apareceu na relação de militantes do Partido Comunista Brasileiro Revolucionário (PCBR), divulgada pelo Departamento de Polícia Civil.

Da mesma forma, quando cruzamos as relações de nomes dos que moravam na Casa, em suas respectivas épocas, trazida por Moreno[394] e Loureiro[395], com as do referido autor e com a coletânea *O jogo da verdade*, foi possível identificar que havia a participação de residentes e ex-residentes nas manifestações engajadas (embora seja bastante diminuta pela quantidade de estudantes abrigados na CEP), durante e depois do golpe de 1964, todavia, mais uma vez, nenhum de Santana dos Garrotes.

---

[391] BARAÚNA. [Entrevista concedida a Francisco Chaves Bezerra]. João Pessoa, 09/10/2015.

[392] NÓBREGA, Evandro. Algo do que a imprensa viu (e não viu!) entre o pré-golpe de 64 e o ano de 68. *In*: GUEDES, Nonato *et al.* **O jogo da verdade**: revolução de 64 30 anos depois. João Pessoa: A União Editora, 1994. p. 149.

[393] RODRIGUES, 2000.

[394] MORENO, 2011.

[395] LOUREIRO, 1989.

Vale salientar ainda que essa participação dos residentes pode ser definida como individualizada, quero dizer com essa afirmação que não havia uma articulação coletiva dos residentes no sentido de dar apoio aos movimentos de resistência. Asseguro ainda que a CEP não deve ser considerada como um espaço institucional de resistência ou de subversão ao regime autoritário. Mais adiante, veremos que a convivência com o segmento militar era muito mais de aproximação do que de refutação.

Na verdade, a sua maioria comungava com os relatos do entrevistado (este morou na Casa entre 1964-1969) que, ao ser perguntado se participava das manifestações políticas na época de residente da CEP, assim reagiu: *"Não! Odiava aquele negócio! Eu sempre fui desligado. Eu num participava de nenhum movimento, não"*. Afirmou ainda que dispunha de poucas informações sobre o movimento estudantil e suas reivindicações. Genericamente sabia que *"eles eram contra o regime militar"* e que se concentravam no Cassino da Lagoa, onde era *"um campo de concentração dos estudantes universitários e secundaristas. Tudo contra o regime."*[396]

Para compreender melhor o papel dessa instituição durante o regime autoritário, entendo ser fundamental questionar como a Casa do Estudante estava inserida nesse contexto; quais as suas necessidades em tempos tão sombrios do ponto de vista de liberdades; por que um espaço que chegou a abrigar um contingente de 600 estudantes teve tímida participação nas ações de resistência ao regime. No meu entendimento, partir de 1961, ano do seu primeiro fechamento, a CEP passou a preocupar-se muito mais com sua própria sobrevivência do que com a conjuntura política que se consolidou na década de 1960. Dessa maneira, entre 1961-1980, a situação só se agravou, culminando com o seu fechamento definitivo para uma reforma profunda em suas estruturas física e administrativa.

A constância da precariedade era visível nas matérias dos jornais, tornando-se repetitiva, prevalecendo as manchetes que alertavam para os inúmeros problemas enfrentados pelos residentes da Casa, como as péssimas condições físicas, operacionais e financeiras; o apelo às autoridades (governador, deputados, prefeitos, Exército, sociedade filantrópica, ex-residentes ilustres etc.); a destinação insuficiente de recursos, o que aumentava a dependência da boa vontade desses agentes solidários. Por outro lado, as divergências entre os residentes se aprofundavam, e a crise era exposta nos jornais, na sua forma mais realista possível (acusações, agressões e denúncias).

---

[396] OITICICA. [Entrevista concedida a Francisco Chaves Bezerra]. João Pessoa, 24/02/2016.

Se antes o discurso único dos estudantes residentes apontava na direção de cobrar das autoridades públicas solução para os problemas da Casa, a partir da década de 1960, as exigências vinham acompanhadas de acusações entre os próprios residentes. O primeiro caso de maior repercussão ocorreu em 1965, quando os residentes acusaram o presidente de cometer irregularidades administrativas na gestão. O episódio foi submetido a inquérito policial militar que constatou a procedência da denúncia, pois muitos que ali residiam não se enquadravam na condição de estudante pobre, uma vez que eram funcionários públicos com remuneração acima de um salário mínimo. Dentre os citados, estava Genival Fausto de Oliveira, o presidente denunciado. Esses abusos na Casa do Estudante prejudicavam "aqueles que não podem pagar um quarto para estudo, alguns faziam meio de vida comprando carros e lambretas morando ilegalmente na Casa do Estudante Pobre da Paraíba."[397]

Esse caso era significativo e sintetizava bem aquele momento da CEP, porque não se resumia apenas a um desvio de conduta de Genival de Oliveira em permitir funcionários públicos morarem na Casa, o que por si já era muito grave, contudo, tratava-se de uma situação de excesso de autoritarismo do grupo político que comandava a instituição desde quando se tornou autônoma administrativamente, na década de 1940. Os abusos desse segmento chegaram ao ponto que *"se você discordasse dele, se você pensasse alguma coisa contra ele, você tinha que ficar calado, porque ele botava você pra fora e não queria nem saber."*[398] A força política do referido estudante demandava do apoio dado pelo grupo de Conceição e, por essa razão, qualquer um que reclamasse das condições da alimentação, tivesse opinião divergente e, principalmente, colocasse o nome para a disputa eleitoral seria ferrenhamente perseguido dentro da Casa.

Eis que surgiu um opositor para enfrentá-lo:

> *Biu era um rapaz daqui do Brejo [...] Aí esse rapaz inventou de ser candidato a presidente, havia um processo eleitoral todo ano, era anual, com direito à reeleição eterna, certo? E ele disse que iria se candidatar a presidente. Ele soube que o rapaz pretendia. [...] Resultado: aí ele disse que ia se candidatar, os caras pegaram e fizeram o seguinte [ele, o presidente, apoiado pelos caras de Conceição]: butaram ele pra fora da Casa de noite, jogaram os troços dele no mato, a mala, tudo e tal. Ele foi de pé lá pro agrupamento de engenharia falar com o General, contou a história.*[399]

---

[397] Só estudantes pobres agora têm vez na C.E. **Jornal Correio da Paraíba.** João Pessoa, 26/05/1965.

[398] BARAÚNA. [Entrevista concedida a Francisco Chaves Bezerra]. João Pessoa 09/10/2015.

[399] BARAÚNA. [Entrevista concedida a Francisco Chaves Bezerra]. João Pessoa 09/10/2015.

Em tempos de comando autoritário no país, nada mais incomum do que um estudante perseguido pedir auxílio ao Exército que prontamente o atendeu e bateu à porta da CEP com toda sutiliza que lhe era peculiar:

> Aí, o General chegou um dia, 13h, eu lembro como hoje, a gente tava almoçando. Chegou o Exército. "Quem é o presidente aqui da Casa do Estudante?" O Exército autoritário como sempre, né? Aí disse: "Cadê o presidente? Seu Genivaldo!" Aí, o cara (o presidente se identificou)... Disse (O General): "era! A partir de hoje você não é mais! Vocês agora tão aqui pra dizer tudo o que vocês sofreram aqui dentro". Aí a turma aproveitou, teve alguém que até exagerou. Sei que ele foi expulso da Casa, ele e toda a diretoria. Nilo Ramalho era o diretor de economia. Nilo! Esse nosso desembargador. E, eram todos de Conceição, tesoureiro [Nilo]! Resultado: eles ficaram tomando conta da Casa e a gente achando bom porque podia falar. Era o contrário, os militares [risos]... Nós estávamos sendo dirigidos por um civil e não tínhamos liberdade, né? Aí, o pensamento nosso, da maioria, que eles ficassem até porque tava trazendo a comida boa que era do Exército. O Exército tinha um poder da porra e eles tavam querendo conquistar a sociedade, porque eles tinham dado um golpe militar, talvez começando pela juventude. Aí, eles disseram: "nós não viemos aqui pra isso, nós vamos organizar e vamos fazer uma eleição aqui entre vocês, vocês vão escolher um presidente". Só que nós ficamos na retaguarda, se esse presidente [o que seria eleito] praticar as irregularidades que esse praticou, a gente intervém de novo.[400]

Numa situação em que ocorreu uma aparente inversão dos valores democráticos, o que houve de fato fora uma derrocada da Casa do Estudante como instituição que abrigava um considerável número de estudantes e que, reconhecidamente, sempre lutou pela manutenção de sua autonomia. Se prestarmos atenção, dois aspectos são cruciais nesse imbróglio: o autoritarismo do grupo dirigente, que, por não ter seu poder ameaçado, exagerava nas suas determinações, inclusive, cometendo deslizes de ordem ética, como a não prestação de contas das verbas que recebiam dos órgãos públicos e das mensalidades dos pensionistas.

Por outro lado, não se pode deixar de levar em consideração o estado de dificuldades que enfrentava a instituição, pois a possibilidade de obter-se uma alimentação de melhor qualidade fazia com que os residentes tivessem a seguinte reação perante a intervenção: *"o pensamento nosso, da maioria, que*

---

[400] BARAÚNA. [Entrevista concedida a Francisco Chaves Bezerra]. João Pessoa, 09/10/2015.

eles ficassem até porque tava trazendo a comida boa que era do Exército".[401] Chegou um momento, portanto, que a situação desprezou o orgulho próprio, pois o segmento que garantisse o funcionamento da Casa poderia conduzi-la com ampla aceitação dos residentes.

Mas o Exército não estava interessado em assumir a responsabilidade de manutenção de um contingente de estudantes pobres que superava os 500 residentes, daí porque,

> Concluída a intervenção militar, determinada pelas autoridades militares, na Casa do Estudante Pobre da Paraíba, denúncia do estudante Severino Augusto de Andrade (Biu – citado por Baraúna), aquela entidade assistencial volta a oferecer hospedagem e alimentação aos estudantes realmente necessitados de ajuda para poderem estudar.[402]

Acompanhando o noticiário, pude perceber que, em nenhum momento, os militares trataram esse episódio nos jornais como abuso de autoridade da gestão da Casa, nem tampouco que o caso acabara em intervenção. Essa informação somente foi possível por meio da entrevista já mencionada. Eles procuraram aparecer na cena como conciliadores do conflito, como agentes capazes de passar a limpo uma situação de desvio de conduta, entregando o comando da CEP logo em seguida a quem era de direito, os próprios residentes. Apesar de mencionar no texto (citação) que a CEP voltava a oferecer hospedagem e alimentação, o novo presidente, José Matos de Brito, afirmava ao Correio da Paraíba (27/06/1965) que a Casa enfrentava problemas financeiros em virtude de ter quitado débitos da gestão de Genival, que havia deixado inúmeros débitos a serem sanados. Alertava ainda que, se as instâncias dos poderes estadual, federal e municipal não tomassem providencias seria impossível colocá-la em funcionamento.

A gestão de Brito também enfrentou várias acusações prontamente noticiadas pelo jornal *O Norte*. Uma dessas denúncias chamou bastante atenção pela semelhança com as insinuações anteriores, ao afirmar que os estudantes da oposição, sob a liderança de José Pereira Belém, denunciavam o presidente José Matos de Brito (que havia assumido no lugar de Genival deposto pelo Exército), por estar utilizando do cargo para perseguir residentes oposicionistas, mencionando, inclusive, a expulsão dos residentes Geraldo do Vale Cavalcanti e João de Deus Anjo. Após posicionar-se contrário a atitude do presidente, Belém, que o acusava de corrupto, também foi afastado do

---

[401] BARAÚNA. [Entrevista concedida a Francisco Chaves Bezerra]. João Pessoa, 09/10/2015.

[402] Só estudantes pobres agora têm vez na C.E. **Jornal Correio da Paraíba.** João Pessoa, 26/05/1965.

quadro de sócios daquela da instituição. O estudante João Teotônio acusava o presidente ainda de instalar uma "ditadurazinha" na Casa do Estudante, inclusive, "torpedeando a candidatura de outros estudantes, desejosos em promover a renovação, naquela velha entidade estudantil da nossa terra."[403]

Brito respondia às acusações elencando as conquistas de sua gestão: trouxe mais iluminação com a Saelpa; a restruturação e ampliação das dependências físicas, com o apoio do Grupamento de Engenharia; a compra de uma televisão para que os estudantes tenham lazer nas horas de descanso; fundou uma pequena barbearia; promoveu a captação de verbas junto à Secretaria de Educação do Estado etc. Todo esse esforço visava abrigar estudantes pobres do interior que não dispunham de recursos para pagar hotel, "[...] e o local que deve acolhê-lo é a velha CASA DO ESTUDANTE DA PARAÍBA. Por que a oposição, liderada pelo sr. João Teotônio, não publicou em sua medíocre nota foi contra a admissão dos novos sócios que vieram do interior este ano?".[404]

Essa operosa gestão aparentemente não passava apenas de uma tentativa de rebater as denúncias, uma vez que, logo em seguida, o mesmo jornal trazia a informação de que, por irresponsabilidade de sua administração, a Casa do Estudante não teve mais condições de prestar seus serviços e atender aos seus residentes. Os desmandos cometidos pela gestão foram denunciados por uma comissão de estudantes que disseram não concordarem com as irregularidades e, até mesmo, com fraudes de diversas naturezas. Mais uma vez, recorreram ao grupamento de engenharia, contudo, o caso foi repassado para a Secretaria de Finanças, que abriu sindicância para apurar as denúncias. Diante desse cenário, é importante perceber que o Exército tornou-se uma espécie de guardião, e, mesmo sendo a Casa do Estudante responsabilidade do Estado, os residentes comunicavam os desmandos administrativos ao grupamento de engenharia.

Este caso, entretanto, foi conduzido pelos agentes do Estado, que também foi alertado junto à Secretaria de Finanças do Estado e sob a condução da Casa Civil do Governo, dando a entender que

> [...] é de se esperar que a única saída para solução do caso que em muito vem prejudicando a classe estudantil, seja o afastamento da atual diretoria. Somente assim, poderá a Casa receber as verbas destinadas a sua administração, porque "as

---

[403] Casa do Estudante tem ditadurazinha. **Jornal O Norte**, João Pessoa, 10/05/1967.

[404] "Casa do Estudante tem ditadurazinha" – Esclarecimento. **Jornal O Norte**, João Pessoa, 12/05/1967.

autoridades estão no firme propósito de somente liberar as verbas aos estudantes ou a uma diretoria que não esteja implicada nas irregularidades.".[405]

Tendo essas acusações como justificava, em 1967, o governador decidiu fechar a CEP mais uma vez, para apurar as denúncias de irregularidades praticadas pela diretoria comandada por José Matos de Brito. Enquanto isso, aquele grupo de estudantes pobres enfrentavam transtornos na iminência de parar os estudos e voltar para o interior. Essa indisposição com o Governo terminou com a reabertura da Casa no segundo semestre daquele ano, passando a ser administrada pelos superintendentes (que na verdade eram interventores) Nelson Coelho e Severino Ramalho Leite (ex-residente), nomeados pelo governador do Estado. Uma saída que aparentemente foi bem aceita pelos estudantes, porém, em menos de seis meses, já reclamavam da postura dos interventores acusados de não sentirem na pele as verdadeiras necessidades dos residentes.

A partir de 1968, a Casa voltava a ser comandada pelos próprios residentes, cuja credibilidade não era das melhores. Caiu a intervenção, no entanto, suas condições de funcionamento eram cada vez piores. Essa desconfiança poderia ser confirmada por um dos entrevistados que relatou a posição do governador da época a esse respeito, como também de sua visão sobre a conduta ética de quem comandava aquela instituição estudantil. Segundo Baraúna, o líder do executivo paraibano recebeu uma comissão composta por um grupo de residentes e de forma incisiva

> João Agripino disse: "eu não tenho condições legais pra intervir na Casa [...]. Agora tem uma maneira, o dinheiro é do Estado e eu não dou o dinheiro a eles, pra eles roubarem. Vocês vão criar um comitê. E também não vou dar o dinheiro a vocês. A verba que resta desse ano de 71, nós vamos dar". E a essa altura eu já tava eleito. Eu já tava eleito para a gestão seguinte de 72. Aí, ele [João Agripino] disse: "olhe, eu vou dar o dinheiro, agora dinheiro a vocês também eu não dou, eu quero que vocês façam uma lista e não cometam injustiça na lista, quem for rico, vocês não coloquem. E à Diretoria, de jeito nenhum!" Ele achava que a Diretoria tinha comido o dinheiro, essa era visão dele, né? Aí nós fomos fazer essa lista.[406]

Essa postura, de certa forma agressiva, de Agripino com os residentes não apareceu nos jornais. A imprensa noticiava apenas o discurso positivo do governador prometendo que iria resolver os problemas da Casa do

---

[405] Casa do Estudante fechou por descaso. **Jornal O** Norte, João Pessoa, 15/09/1967.

[406] BARAÚNA. [Entrevista concedida a Francisco Chaves Bezerra]. João Pessoa, 09/10/2015.

Estudante, mas, para isso acontecer, fazia-se necessário apurar as possíveis irregularidades denunciadas por uma comissão de estudantes. O Governo estava disposto a contribuir com a velha Casa da rua da Areia, reconhecia o seu papel para a continuidade dos estudos do estudante pobre do interior do estado, todavia, responsabilizava os estudantes pela situação de penúria em que a Casa se encontrava naquele momento.

Em nenhum momento de sua história, a CEP foi financiada pelo Estado oficialmente, ou seja, não aparecia no orçamento de nenhuma secretaria, embora o Governo frequentemente destinasse recursos de forma extraordinária, por meio da Secretaria de Educação, da Secretaria de Finanças ou da Loteria do Estado. Essas subvenções, assim eram denominadas de emendas orçamentárias da época, nunca eram a contento, nem tampouco se destinavam antes que houvesse uma organização articulada dos estudantes demostrando as condições de escassez, os quais apelavam, junto à imprensa, por audiência, reunião ou boa vontade do gestor do momento.

O que de fato aconteceu, a partir da década de 1960, foi o aumento considerável do número de residentes, por um lado e na contramão dessa expansão, o retraimento dos recursos provenientes do setor público. Além disso, esvaíram-se as ações de filantropia (muito comum na década de 1950) que sempre proporcionavam boas arrecadações e, principalmente, mantinham um segmento importante da alta sociedade (as senhoras de família) em defesa da causa dos bravos estudantes pobres do interior.

Entre as décadas de 1960 e 1970, apenas em 1976, estudantes universitários e secundaristas organizaram uma campanha que tinha como objetivo evitar o fechamento da CEP. Com a finalidade de conseguir numerários e meios, os articuladores estavam "dispostos a lutar pelo bem estar dos estudantes pobres do interior que compõem a Casa, entabulou contatos com autoridades, firmas comerciais, instituições e órgãos públicos"[407].

Outra inciativa ocorreu em 1972, quando o presidente da CEP, José Nildo de Araújo, articulou uma reunião com personalidades públicas que haviam morado na instituição. Nesse caso, tinha-se como propósito a recuperação do prédio daquela entidade, que se encontrava na iminência de desabar. Participaram das discussões o prefeito da capital, Dorgival Terceiro Neto, o deputado federal Wilson Braga, o subchefe da casa civil do governador, José Barbosa de Lima e o jornalista Luís Gonzaga Rodrigues. A campanha conseguiu arrecadar dividendos que serviram para a

---

[407] Encerrada campanha pró Casa do estudante da PB. **Jornal O Norte**, João Pessoa, 21/12/1966.

aquisição de utensílios domésticos, porém, a recuperação da estrutura física ficou mesmo (como era corriqueiro) aos cuidados dos reparos feitos pelo grupamento de engenharia. Mais uma vez, não foi nessa oportunidade que os ex-residentes notórios conseguiram sanar as precárias condições de infraestrutura da Casa.

Obviamente, os residentes cometeram seus desmandos, no entanto, não se pode atribuir tamanha crise a essas práticas destoantes. No meu entendimento, os governantes foram os principais responsáveis por esses descaminhos, pois, como afirmou João Agripino, o Estado não se sentia responsável pela Casa e não podia intervir nela (embora sempre o fizesse quando lhe convinha). No entanto, o Estado tinha poder sobre o dinheiro a ela destinado, que poderia ser liberado ou não, dependia do seu entendimento como gestor que, certamente, dependia também da sua relação com os estudantes. Sendo assim, qualquer contratempo era motivo para que a verba não fosse liberada, quando não ocorria, responsabilizava os estudantes pela não liberação.

O fato é que, na segunda metade da década de 1970, a Casa do Estudante da Paraíba "de tão antigas tradições e onde se hospedaram jovens vindos do interior, hoje desempenhando importantes funções na vida pública do estado e do país e desenvolvendo atividades destacadas nas várias profissões liberais, transformou-se em um pardieiro".[408] Seu espaço físico não oferecia as mínimas condições de moradia, sendo os estudantes submetidos a mais revoltante promiscuidade. Tal situação foi minunciosamente relatada nos seguintes termos:

> Os quartos que não oferecem condições de ocupação foram aproveitados pelos estudantes para as suas necessidades fisiológicas, ensejando a propagação de um odor insuportável, que já está provocando constantes reclamações dos moradores da Rua da Areia, local onde se situa a Casa do Estudante. Também a vizinhança está a reclamar providências das autoridades pelo o uso que estão fazendo os estudantes dos quartos, transformando-os em locais de encontros amorosos, geralmente acompanhados de libações alcoólicas que terminam em ruidosas confusões. [...] Segundo José Davi Xavier, que veio de Natuba para estudar na Capital, bronquite e disenteria são as doenças mais frequentes, em vista da situação em que se acha o teto dos quartos, com inúmeras goteiras e a falta de aparelho sanitários, obrigando-os a atender as suas

---

[408] Casa do Estudante abandonada. **Jornal Correio da Paraíba**, João Pessoa, 15/03/1977.

> necessidades fisiológicas em locais inadequados, ensejando o aparecimento desusado de moscas e ratos. [...] Como o refeitório não se encontra em condições de utilização, os estudantes fazem refeições em barracas do Mercado Central, ou em pequenos restaurantes quase todos sem oferecerem uma sadia alimentação.[409]

A narrativa anterior tece, de forma extrema, a falência institucional, social e humana da CEP. Sem dinheiro, com muitas dívidas a pagar, sem credibilidade no comércio, sem confiança das autoridades, com uma estrutura física precária, mas com a permanência de estudantes que não deixavam de chegar do interior e pressionavam por moradia, esse estado de degradação humana já se mostrava em profunda defasagem em princípios do governo Ivan Bichara (1975-1978).

Entretanto, o referido governante foi o único do estado a reconhecer que a CEP, com aquele modelo de funcionamento, tornara-se um problema insolúvel, pois a situação havia se agravado ao longo da última década, ganhando contornos de abandono. Para Bichara, não havia mais condições do estado permanecer agindo paliativamente, seria necessária uma intervenção mais profunda, inclusive, alterando a situação jurídica da instituição. Com esse entendimento, em 1976, o governador nomeou Tarcísio de Miranda Burity (secretário de educação do Estado) para, de imediato, apresentar o que considerava como solução mais viável: a Casa do Estudante seria fechada, passaria por profunda reformulação estrutural e jurídica, sendo transformada administrativamente em fundação.

As mudanças propostas tiveram boa aceitação por parte dos estudantes, porque

> O Presidente da Casa dos Estudantes de João Pessoa agora transformada em Fundação Casa do Estudante da Paraíba Francisco Carlos de Sá Freitas, disse ontem que essa transformação veio realmente beneficiar a classe que há muitos anos sofria com os inúmeros problemas de alimentação, alojamento, falta de recursos financeiros e outros.[410]

Essa euforia era provocada porque o Governo sinalizava em seu discurso com muita determinação, levando a crer que as transformações seriam imediatas. Conjuntamente com a proposta de reforma (seria executada

---

[409] Casa do Estudante abandonada. **Jornal Correio da Paraíba**, João Pessoa, 15/03/1977.

[410] Presidente da Casa do Estudante diz que a Fundação acabará com problemas. **Jornal O Norte**, João Pessoa, 08/04/1976.

com brevidade pela Secretaria de Planejamento – Suplan), apresentaram-se alternativas para que os residentes tivessem alimentação e dormida. Nas primeiras semanas usaria as dependências do Comando da Polícia Militar (COM), mas o CPM não permitiu que os estudantes ficassem por mais de uma semana. Então, Burity fez um acordo com a Universidade Federal da Paraíba para que 200 refeições (em torno de 2/3 da demanda) fossem realizadas no Restaurante Universitário (RU), enquanto que a dormida seria no Centro de Instrução da PM (Bica) e, assim, os residentes passaram a ter uma carteirinha semelhante a dos militares. Com esse instrumento, segundo Loureiro,[411] os estudantes usavam e abusavam dessa identificação militar, entrando em festas e em cinema sem o devido pagamento e, até mesmo, intimidando os transeuntes de bares e cabarés do centro da cidade. Para o restante, o Governo instituiu bolsas que auxiliavam os estudantes na estadia.

Esse fechamento da CEP, em 1976, para reforma foi extraoficial, por dois motivos: primeiro, a instituição tão somente tornou-se fundação em 1979; segundo, a reforma não foi iniciada como o Governo havia divulgado. Sem derrubar as paredes, muitos estudantes recebiam a bolsa, contudo, continuavam abrigados nas dependências da Casa, incluindo, ainda, ex-residentes que já estavam na universidade (em João Pessoa e outras cidades); acrescentam-se também os estudantes que não se adequavam às exigências estatutárias da instituição (secundarista, baixa renda, não empregado e ser do interior) e os que sequer eram estudantes. Observemos o relato:

> [...] como eu estudava em Campina Grande, eu morava em um quarto chamado trinta e oito, era na Vila, [...] a Casa tinha ficado nesse período de meio abandono e eu acabava voltando para passar o final de semana aqui e ficava nesse quarto. Então eu fiquei, mas eu já não morava lá. A Casa não tinha mais direção, mais nada! Já era um período que a Secretaria de Educação do Estado é que estava tomando conta. Mas todo final de semana eu vinha para cá, eu ficava lá, a Casa estava meio, assim, sem comando, sem dono, não tinha mais direção, não tinha mais nada.[412]

Pode parecer contraditório o fato de a Casa do Estudante encontrar-se oficialmente fechada e, ao mesmo tempo, permanecer ocupada. O que ocorreu de fato foi o afastamento imediato dos estudantes da gestão administrativa e o fechamento do refeitório, porém, sem o Estado assumir efetivamente o controle do prédio e sem iniciar a execução da

---

[411] LOUREIRO, 1989.

[412] AROREIRA. [Entrevista concedida a Francisco Chaves Bezerra]. João Pessoa, 10/11/2015.

reforma, tal situação proporcionou, até mesmo, a invasão de mendigos e marginais que saquearam e levaram equipamentos, como geladeira, fogão, portas, janelas, chuveiros e outros. Diante dessa situação, a CEP tornou-se um ambiente perigoso para se morar, pois "os estudantes assinalam que os marginais passam o dia inteiro trancados nos aposentos da casa e à noite saem, para, mais tarde, por volta das 4 horas da manhã, retornarem, fazendo todo tipo de badernas e ameaças, chegando até a sacar de facas-peixeiras."[413]

Nessas condições, todos sobreviviam precariamente sem disporem do conforto necessário que garantisse uma preparação razoável para o vestibular. Sem os equipamentos de cozinha e o refeitório desativado, os estudantes preparavam suas refeições em fogões improvisados, dispondo apenas de alimentos básicos, muitas vezes, trazidos do interior (queijo, rapadura, farinha, doce, arroz da terra, entre outras coisas), uma vez que a bolsa era insuficiente para a aquisição dos mantimentos. Nesse sentido,

> Nós tínhamos uma bolsinha na Secretaria e a gente dividia carne, pães, todo dia, nós tinha o pãozinho de bem cedo (todo dia), nós tínhamos o charque, entendeu como é que é? A gente complementava a metade com a bolsinha. Cozinhava no fogãozinho à resistência, a gente levava uma vida assim, como se fosse uma vida bem tranquila, para o padrão de vida nosso estava bom demais.[414]

Apesar da situação de abandono em que estava vivendo, o entrevistado considerava um ambiente de vida tranquila. Entendo que além da boa vontade do narrador, o que explica essa concepção de tranquilidade era o fato de o sujeito não dispor de outro meio de sobrevivência na capital, dando-se por satisfeito, portanto, com o que lhe restava: um teto deteriorado, uma bolsa de estudos insuficiente e os estudos entre mendigos e marginais. É importante compreender ainda que o a posteriori preserva uma espécie de memória afetiva/positiva, que tende avaliar o passado pelas condições vivenciadas no presente, ou seja, estando em melhores condições de sobrevivência nos dias atuais, os momentos da juventude são recordados com um ar nostálgico. Romantizar o passado, portanto, alimenta as memórias e fortalece a identidade do indivíduo, construindo um personagem com traços de distinta reputação. Se há um adjetivo que não pode ser atribuído à CEP nesse momento de sua história é o de ambiente tranquilo.

---

[413] Problema sem solução na Casa do Estudante. **Jornal Correio da Paraíba**, João Pessoa, 03/10/1978.

[414] MORORÓ. [Entrevista concedida a Francisco Chaves Bezerra]. Santana dos Garrotes, 21/12/2015.

Para ilustrar melhor a situação de intranquilidade vivenciada nesse espaço, trago as considerações do então estudante Manuel Araújo Leite ao jornal *Correio da Paraíba*. De acordo com suas afirmativas, de fato a CEP havia sido invadida por pessoas envolvidas com a marginalidade criminal, e, com isso, os residentes passaram a ser taxados de criminosos e viciados também. Reconhecia que realmente a CEP fora invadia por marginais que passaram a conviver com os que desejam apenas estudar. Alertava que tudo isso acontecia à contra gosto dos residentes, que nada podiam fazer, apelando à sociedade para que não generalizasse, pois "os malandros têm fácil acesso aqui, mas nós não podemos enfrentar esses criminosos arreados e que nada perdem com a vida."[415] Nesses termos, a CEP fora atingida no que lhe era mais caro: sua imagem acolhedora do estudante pobre e promissor do interior, como atesta memorialistas e imprensa.

Na verdade, tratava-se de um momento bem distinto de toda existência da Casa do Estudante. Para Loureiro,[416] as medidas adotadas pelo Governo (fechamento e abandono da CEP, alimentação no RU e dormida no quartel, bolsas de estudos e a procura de pensões etc.) provocaram um efeito de dispersão dos estudantes (embora achando que a vida melhorou) que enfraqueceu o movimento de luta pela Casa, diminuiu o rendimento escolar e caiu a aprovação no vestibular. Portanto, "dispersos, sem orientação, sem fiscalização, só poderia dar no que deu: os estudos diminuíram, o aproveitamento escolar caiu, e o índice de aprovação no vestibular diminuiu."[417] Reconhece, entretanto, que a implantação da bolsa estudantil pôs fim à influência dos políticos no acesso à Casa, pois o cartão perdeu a validade e, mesmo com a reclamação de muitos representantes políticos, não foi possível reverter a situação.

Tenho um entendimento, entretanto, que, se por um lado a extinção do cartão de acesso inviabilizava a recorrência aos políticos em busca de uma concessão de favor, concomitantemente, os estudantes ficaram reféns da concessão de bolsas estudantis que eram diretamente distribuídas pelo Governo do Estado. Nesses termos, mesmo revoltados com essa situação de ampla dificuldade, o medo de perder o auxílio deixava a trupe estudantil "silenciada por um temor enorme que estes têm de perder suas 'bolsas de estudo' segundo declarou o jovem Paulo Tiburtino, que suporta tudo aquilo há 2 anos, já estando acostumado a 'conviver com germes, ratos ou fezes

---

[415] Casa do Estudante está desorganizada. **Jornal Correio da Paraíba**, João Pessoa, 31/08/1978.

[416] LOUREIRO, 1989.

[417] LOUREIRO, 1989. p. 102.

que se espalham por todo canto."[418] O medo de repreensão paira entre os residentes: a matéria concluía que era perceptível "o medo que os estudantes carregam de dar qualquer declaração à imprensa, exclamando sempre. 'Não me fotografem', ou 'não coloquem meu nome'."[419]

Em 1976, quando o governador Ivan Bichara anunciou as mudanças estruturais, funcionais e estatutárias para a Casa do Estudante da Paraíba, o seu discurso apontava para a brevidade das ações, tudo parecia muito bem planejado. O tempo foi passando, as obras não começavam e sempre se usava o argumento de que não havia verbas suficientes para uma reforma de tamanha amplitude ou que o projeto se encontrava em fase de elaboração, de maneira que nada foi executado dentro do prometido. Até mesmo a Fundação Casa do Estudante da Paraíba (Funecap), que era um dos pré-requisitos necessários para que a instituição fosse assumida pelo Estado, somente foi instituída no governo de Dorgival Terceiro Neto (1978-1979), pelo Decreto n.º 7.984, de 13 de março de 1979, passando a ser definitivamente vinculada à Secretaria de Educação e Cultura do Estado.

Após o decorrer de cinco anos de protelação, o Governo decidiu efetivamente desocupar a CEP para a reforma, mas os estudantes já não estavam mais dispostos a obedecê-lo e, assim, como forma de resistência, recusaram-se a deixar aquelas dependências na rua da Areia. De acordo com os relatos na imprensa, era visível a insatisfação dos estudantes ocupantes com a postura da Secretaria de Educação, que vinha usando o artifício de promessas sem, de fato, dar início às obras de reforma. Penso que essa postura adotada pelos estudantes nesse momento tinha como finalidade pressionar o Governo, para que as bolsas de estudo fossem mantidas, ou seja, pretendiam criar uma situação de resistência para garantir o benefício. Os entrevistados que presenciaram esse momento de tensão afirmam que as máquinas iniciaram a demolição e muitos ainda permaneciam no local.

A reforma propriamente dita tão somente foi iniciada em 1980, no governo de Tarcísio de Miranda Burity (1979-1983), que fez uma profunda transformação estrutural, dando-lhe as feições que permanecem até os dias atuais, com 48 apartamentos, 10 sanitários, 20 banheiros, uma lavanderia, uma caixa d'água, sala de administração, salão de jogos, quadra esportiva, sala de assistência social, sala de psicologia, consultório médico, gabinete odontológico, restaurante, biblioteca, recepção e cozinha.

---

[418] Casa do Estudante está desorganizada. **Jornal Correio da Paraíba**, João Pessoa, 31/08/1978.
[419] Casa do Estudante está desorganizada. **Jornal Correio da Paraíba**, João Pessoa, 31/08/1978.

Assim como demorou a ser iniciada, a conclusão da reforma também se estendeu, sendo entregue aos estudantes apenas em 1984, quando a Paraíba já se encontrava sob o comando do governador Wilson Leite Braga (1983-1987). Não imaginem, no entanto, que o governador tomou essa medida sensibilizado pelo fato de ter morado na CEP. Na verdade, a reforma foi concluída, porém, a instituição não foi aberta para os estudantes, que decidiram arrombar a porta da entrada principal, colocaram colchonetes no chão e, somente assim, o Governo determinou a reabertura.

Pensando a conformação desta pesquisa, este capítulo tem a função de trazer ao foco da operação historiográfica as nuances históricas que permitiram que os sujeitos em ação se portassem de determinada maneira e não de outra, como diria Certeau.[420] Mesmo tendo o entendimento de que não foi o contexto histórico o da história da Casa do Estudante e de suas práticas formativas, não se pode tratá-la como se estivesse em uma redoma, sem qualquer interferência do movimento da história. De fato, as operações acontecem em um terreno movimentado, instável e confuso, difícil de estabelecer determinações rígidas entre os sujeitos da ação/recepção dos fenômenos sociais, políticos e culturais e o bailar dos acontecimentos captados nos caminhos da macro história.

Um evento histórico da dimensão da Ditadura Militar foi significativo, não como condutor das ações humanas/da história; na verdade, eventos dessa natureza tornam-se referenciais de memória para os indivíduos que dão contornos às suas narrativas. Mesmo tendo consciência hoje da implicação social e política desse episódio, o período militar tornou-se uma espécie de aguçador das lembranças, ou ainda, contrariamente, responsável pela omissão de determinadas informações. Funciona como ponto de orientação que os discursos, as lembranças, as representações e os esquecimentos se encontram para dar sentido às narrativas.

Na avaliação dessa trajetória institucional ficou evidente que não se tratava de um percurso contínuo, determinado por um conduto retilíneo de causas e efeitos. A investigação nos mostrou que não havia uma direção única, mas um bailar ardiloso, imprevisível e marcadamente contraditório entre as falas e as práticas. Foi construindo esse panorama histórico (diversificado e específico ao mesmo tempo) que pude elencar os aspectos que, no meu entendimento, foram definidores para a compreensão da CEP como espaço de formação. Pretensiosamente, poderia generalizar afirmando

---

[420] CERTEAU, 2002.

que todos os elementos que dizem respeito à Casa exerceram uma função formativa nos que por ali passaram, todavia, a manipulação das fontes permitiu vislumbrar um direcionamento mais específico.

Nesse sentido, atento ao evidente, mas também ao não revelado, pus os testemunhos em permanente estado de confronto, e, assim, as narrativas foram expondo as concordâncias das falas. Porém, apareceram ainda divergências e contradições, próprias das expressões dos sujeitos ordinários que se deixam abrolhar no terreno das ações daquele que domina as operações nos diferentes campos do poder, da sociedade e da cultura.

Levando em consideração esse jogo de afirmativas aparentes, ou de fazer valer meias verdades, especialmente, propagadas por essa coletividade de estudantes residentes, seja nos relatos das entrevistas, nas narrativas memorialistas e/ou nas matérias de jornais, percebi que havia quatro elementos fundamentais para a compreensão desse espaço formativo, quais sejam: a narrativa dominante que tratava a CEP como uma instituição de tradições grandiosas; as diferentes formas de articulação demandadas para se ter acesso à Casa como residente; as relações de poder e a política que imperaram e que exigiam formas específicas de comportamento do contingente e, por fim, as maneiras de aprender e ensinar que contribuíam para uma formação que estava além das formalidades escolar. Esses são os aspectos, portanto, que melhor dimensionaram a CEP como instituição formadora e que serão tratados no próximo capítulo, com mais propriedade.

4

AS PRÁTICAS FORMATIVAS NA CASA DO ESTUDANTE DA PARAÍBA

Foi preciso ir à escola
Pra aprender o bê-á-bá
Foi preciso ir também
Para aprender a contar
Belisquei tanto a merenda
Na sacolinha de renda
Antes do sino tocar
Na hora da tabuada
Eu botava as mãos pra trás
Pra contar escondidinho
Os noves fora
Os menos e os mais
Por falar em noves fora
Nada era uma palmatória
Vinha com gosto de gás
Nove e nove? Eu: dezenove!
Eu só sabia rimar
Dava a mão à palmatória
Mas não dava o meu pensar
Matemática de poeta
Quem erra depois acerta
Quem acerta pode errar
E eu cá dentro da escola
Comigo falava só
De agora em diante
Eu quero um livro bem melhor
Menino eu te asseguro
Do outro lado do muro
A escola é bem maior
E o tempo foi passando
Levei pau pra entender
Minha escola é o mundo
E o meu mundo é você
Já não sou analfabeto
Porque hoje eu as soletro
Teu olhar meu bem querer.

(Luiz Fidelis)

4.1 IDENTIFICANDO ASPECTOS DA FORMAÇÃO

No que tange aos aspectos da formação propriamente dita, procurei identificar e discutir os elementos constituintes das práticas formativas que, obviamente, não se encontram desvinculadas dessa trajetória histórica da instituição. Trata-se de um conjunto de relações e circunstâncias que fizeram dessa instituição, no meu entender, um espaço de educação informal. O que apresento neste capítulo, entretanto, é o aprofundamento da análise, procurando vislumbrar os elementos que contribuíram para a formação e adentrando nas particularidades do movimento desencadeado dos sujeitos na arena das ações, ou seja, no íntimo do espaço de convivência estudantil. O que estava em questão era a percepção das diferentes formas de convivência dos estudantes, suas estratégias para a construção, o controle dos preceitos normativos e a fomentação das práticas que orientavam as ações do coletivo no referido espaço.

Com o andamento da pesquisa, o excesso de falas (entrevistas, memórias, impressos) foi sendo acomodado e ganhando conformação que me permitiu elencar os elementos considerados fundamentais para a definição da CEP como espaço de formação. Assim sendo, em um ambiente onde a formação decorria nas relações de informalidades, identifiquei como elementos formativos: 1) a apropriação da narrativa dominante que, em certo sentido, as tradições do passado serviam como afirmação do sujeito ativo no presente em acentuada depreciação; 2) a compreensão dos procedimentos legais (e os não oficiais) que permitiam o acesso à instituição. Nesse primeiro contato, o jovem estudante começava a dimensionar certas práticas que dele demandavam novas habilidades, sendo essencial dominá-las ou dispô-las para tornar-se residente; 3) a leitura dos processos eleitorais também exigia astúcias ainda não dominadas pelo sujeito que chegava à Casa. Dominar os códigos desse trança-pés tornava-se imperativo na medida em que todos os esforços (e as artimanhas) eram concentrados no momento de garantir a condução administrativa, a manutenção e o controle dos privilégios; 4) a avaliação das situações/relações de estudos num espaço estudantil que tinha como particularidade a concomitância de diferentes formas de estudar e aprender, enfim, o partilhar de experiências num espaço de divergências. Esse conjunto de experiências formativas, forjado num emaranhado de interesses e vontades, definiu a construção de uma tradição identitária e formacional da instituição conduzida pelos próprios residentes/ex-residentes.

Esse procedimento não foi fácil em virtude da posição discursiva que assumem esses testemunhos (imprensa, memorialistas e entrevistados), pois são atores que reproduzem e consolidam, em larga medida, a narrativa que se tornou dominante (assumida como A História da Casa do Estudante). Sendo assim, adotei alternativas que captam nas frestas das falas, situações que expõem com propriedade outras facetas das experiências vivenciadas pelos sujeitos que não agiam no terreno do próprio. Por meio dessas táticas utilizadas pelos sujeitos periféricos, apareceu outra Casa do Estudante, com seus infortúnios, com suas irresponsabilidades e com seus insucessos. Para isso, tornara significativo saber de qual lugar institucional o discurso foi emitido. Sendo compartilhador desse entendimento, adentro nesse passado da Casa do Estudante com o intuito de revirar as bases desse discurso narrativo, além de entendê-la como espaço de formação para construir minha própria narrativa.

Levando em consideração esses tortuosos caminhos da memória, mesmo o estudante tendo como destino a cidade de João Pessoa, somente adentrando no interior da Casa do Estudante que suas novas experiências de lugar começavam a ganhar forma, posteriormente, a urbe foi sendo desvendada. Não era que o sujeito se encontrava vendado literalmente, que não enxergava aquilo que estava a sua frente, nada obstante os olhos mnemônicos, estavam muito mais voltados às experiências anteriores do que propriamente ao novo formato que se apresentava. Dessa forma, *"quando a gente chega assim de imediato você não tem muita visão, não; mas à medida que a gente vai andando vai tomando conhecimento. Eu andei muito [...]".*[421]

Um contato primeiro que ia muito além do visual por tratar-se de sensações que tocavam o sujeito enquanto práticas e símbolos. Nesse sentido,

> Ler não é tanto um exercício óptico, e sim um processo que envolve mente e olhos, um processo de abstração, ou melhor, é extrair o concreto de operações abstratas, como identificar sinais característicos, reduzir tudo que vemos a elementos mínimos, reuni-los em segmentos significativos, descobrir ao nosso redor regularidades, diferenças repetições, exceções, substituições, redundâncias.[422]

Perceber a cidade, portanto, era muito mais amplo do que simplesmente direcionar o olhar e ter a sua frente pessoas circulando apressadamente, sentir o barulho perturbador dos motores e das buzinas dos

---

[421] MORORÓ. [Entrevista concedida a Francisco Chaves Bezerra]. João Pessoa, 21/12/2015.
[422] CALVINO, 2006. p. 145.

carros, caminhar pelo emaranhado de ruas e vielas, ver a imponência de alguns prédios, como o edifício Dezoito Andar, o edifício Regis e mais um ou dois na Lagoa. Na verdade, tratava-se de uma percepção tátil em que se aprendia a tocar em apetrechos diferentes que a nova realidade apresentava, tais como: fazer ligação de orelhão (telefone público), ser conduzido por uma escada rolante, apertar o botão do elevador e nele adentrar, passar na roleta do ônibus, esperar a vez no semáforo, entre outras coisas mais. Era uma acomodação da escuta, pois os sons intensos do trânsito deixam de ser perturbadores para adquirir o sentido de deslocamento e referências para se passear no centro ou na praia. A novidade urbana, portanto, ganhava um novo contorno visual com apreciação de uma paisagem exuberante que se apresentava com suas cores, suas formas e seus cheiros. Dessa forma, "a cidade é o lugar do estranho, do diferente, do não rotineiro, da mudança, do combate e do distanciamento das manifestações tradicionais da cultura. [...]. Espaço da confusão de cores, de gentes, de cheiros, de muito ruído."[423]

O que estava em jogo, portanto, era a construção das relações desses sujeitos com um novo lugar onde não havia elementos de referência de identidade, sentimento relacional e conhecimento histórico. Sem esses laços de identidade, de afetividade, histórico e cultural, de fato, o lugar caracterizava-se como um não lugar. Algo que não se permitia relacioná--lo de imediato com as experiências do lugar de origem, ou os lugares de memória. Assim sendo, "estes, repertoriados, classificados e promovidos a 'lugares de memória', ocupam aí um lugar circunscrito e específico."[424] E essa organização do novo espaço e a constituição de um novo lugar somente acontecia no interior do grupo social e no lugar institucional no qual estava sendo inserido.

João Pessoa como um novo lugar, porém, as referências da memória ainda se encontravam nos lugares de origem. Embora diante da complexidade que a capital representava enquanto lugar social em face da simplicidade dos lugarejos de onde provinham os sujeitos, não era possível apagar abruptamente os referenciais mnemônicos, simbólicos e culturais já existentes, pois "mesmo com o abandono e a destruição de um local, sua história ainda não acabou; eles retêm objetos materiais remanescentes que se tornam elementos de narrativas e, com isso, pontos

---

[423] ALBUQUERQUE JÚNIOR, Durval Muniz de. **Nordeste:** invenção do "falo" – uma história do gênero masculino (1920-1940). 2. ed. São Paulo: Intermeios, 2013. p. 95.
[424] AUGÉ, 2012. p. 73.

de referências para uma nova memória cultural". São locais carentes de explicações formais, necessitando da tradição oral para manter vivo os seus significados.[425]

Tal compreensão pode ser muito bem avaliada no relato memorialista, descrito na sequência a seguir, no qual o narrador afirmou que:

> Foi nos idos de 47, quando aportei em terras de Nossa Senhora das Neves a cidade de João Pessoa. Cheguei brabo como todo sertanejo. Meio acanhado, bisonho, e como é natural, com saudades de tudo que dizia respeito às minhas origens. Pouco tendo saído de casa, o novo mundo que estava abraçando me indicava que deveria espremer o raciocínio para adaptar-me nesse novo pago, na obrigação de me traquejar em novos hábitos, no vestir e no comer.[426]

Não posso deixar de mencionar que essa acomodação dos valores culturais que o sujeito carrega encontra-se permeada por traços estereotipados como produto de uma construção do preconceito de lugar, imputados ao homem do sertão por uma historiografia dominante que de tão arraigado leva o indivíduo a se definir bravo como um sertanejo, com evidentes traços grosseiros e carregados de uma saudade telúrica. O preconceito contra o sertanejo tem dimensão de origem geográfica, de classe social, de cultura e de ordem psicológica.[427]

Sair de Santana dos Garrotes, chegar a João Pessoa e tornar-se residente da Casa do Estudante da Paraíba não era algo que se desenrolava de maneira tranquila e segura, especialmente na década de 1960, quando alguns, sequer, sabiam da sua existência (era o caso de Oiticica, em 1964), e os que sabiam não dispunham de aval político ou de amizade para ter acesso a esse espaço de moradia (a exemplo de Baraúna, em 1963). Conduzidos pela Viação Gaivota (empresa de transporte da época que fazia o percurso de Santana dos Garrotes à capital), os mais de quatrocentos quilômetros que separam a segurança do lugar de origem e as incertezas de um lugar que ainda não existia enquanto espaço de memória, de convívio social e de apropriação cultural, nada era bem arrumado na cabeça dos jovens e de suas famílias. Sabia-se que todos traziam o desejo de se estabelecer na cidade grande (ao menos por certo período), principalmente, por meio dos estudos.

[425] ASSMANN, 2011. p. 328.
[426] MORENO, 2011. p. 165.
[427] ALBUQUERQUE JÚNIOR, 2012.

Cada um, à sua maneira, foi deixando, em suas narrativas mnemônicas, um lastro de impressões e sensações fruto do que se apresentava como novidade ao longo do trajeto (o posto de gasolina, o semáforo, as luzes da cidade grande, o asfalto, o ônibus lotado e outros) e, concomitantemente, as inúmeras expectativas com a cidade grande (conseguir um trabalho, arrumar uma vaga na Casa do Estudante, ir ao cinema, conhecer o mar, passar no vestibular etc.). Obviamente que a intensidade desses sentimentos era motivada por interesses e perspectivas distintos, porque era da particularidade de cada sujeito.

Essa situação evidenciava-se por dois aspectos: em primeiro lugar, porque se tratava de um grupo constituído de sujeitos com experiências e representação de mundo próprias, com formas específicas de agir e com uma maneira particular de recobrar as suas memórias. Por outro lado, há de se considerar o intervalo temporal de aproximadamente 20 anos investigados nesta pesquisa, um período histórico marcado por momentos de lutas, tensões e acomodação de interesses, quando as mudanças não eram apenas vivenciadas, mas representavam um fim, assim, permanências entrelaçavam-se no cotidiano que se movia lentamente nas ações e nas memórias dos agentes das operações.

E, acima de tudo, um arquétipo que ia se moldando ou acomodando como fenômeno social e, do mesmo modo, esse contingente de estudantes vai adquirindo forma ao longo desse período que recortei como temporalidade da pesquisa (as décadas de 1960 e 1970), ou seja, se em 1963 era apenas um estudante de Santana, inclusive, poucos conheciam a capital, pois era

> [...] uma coisa fantástica, não tinha dez pessoas de Santana dos Garrotes nessa época, eu acredito, que conhecesse João Pessoa. Que eu lembre, quem conhecia João Pessoa era os estudantes, Juvino, Mané Lopes e Livino Nicolau e os comerciantes. João Primo que vinha fazer compras e Teotônio Neto que era um homem rico, né? Tou falando dos que moram lá, da convivência de lá. [...] Ademar Alvino também que era um cara que vinha assistir posse do governador aqui e tal, porque ele gostava da política e tinha condições econômicas pra isso.[428]

No final da década de 1970, a situação era bem diferente, inclusive, já havia de fato um grupo de santanenses que morava na Casa, logo não se tratava apenas de uma constituição física, mas também de uma conformação relacional, uma configuração de ritos e uma formatação de um coletivo de memória que aprendia e ensinava, dando outra conformação ao sujeito em formação.

---

[428] BARAÚNA. [Entrevista concedida a Francisco Chaves Bezerra]. João Pessoa, 09/10/2015.

Ao se deparar com a CEP e, por conseguinte, com a capital, estavam em evidência ainda as aventuras no centro histórico da cidade como também as novas imagens de um cotidiano urbano que se apresentava como contraste à vida pacata, prevalecendo ainda definidora das práticas e dos gestos, mesmo sendo o indivíduo transeunte de uma nova arena: um verdadeiro mergulho no desconhecido. Exigia atribuições que cobrava do sujeito nova postura. A submissão ao pai (uno) dava lugar à imposição institucional com normas internas que eram acompanhadas por um conjunto hierárquico de pessoas (diretoria administrativa, conselhos administrativo e fiscal, cozinheiras, porteiros, serviços gerais, entre outros) que determinavam as normas, mesmo sendo estas definidas pelos próprios estudantes, ao menos foi assim até o seu fechamento definitivo em 1980, quando outro formato arquitetônico, administrativo e funcional se estabeleceu a partir de 1984.

4.2 NARRATIVA DE AFIRMAÇÃO DAS TRADIÇÕES DA CASA DO ESTUDANTE DA PARAÍBA

A discussão desse componente de investigação foi fundamentada na avaliação das informações contidas nas narrativas dos livros de memórias sobre a CEP. Trata-se da produção de Napoleão Pereira Moreno,[429] intitulada *A Casa do Estudante – memória* que, segundo o ex-residente, jornalista e professor José Barbosa de Souza Lima (Apresentação) foi resultado das horas de lazer do autor. Nela, Moreno ressaltou que para escrevê-la utilizou apenas suas memórias, aguçadas por conversas com velhos amigos da residência, no Ponto de Cem Réis. A outra obra, creio que a mais conhecida entre os ex-residentes, é de autoria de Paulo Soares Loureiro,[430] nominada de *Nos tempos de Pedro Américo*, o ex-residente não se dispôs apenas de suas lembranças, contudo, procurou ir além da capacidade de relatar sujeitos, lugares e situações, mas também recorreu à investigação documental, especialmente ao arquivo da instituição que nos anos de 1980 ainda permanecia preservado.

Ambos de cunho memorialista trataram de suas experiências na Casa do Estudante, da movimentação do Centro Histórico, do convívio estudantil nas escolas e, no caso do segundo, das situações vivenciadas no curso de Medicina da Universidade Federal da Paraíba, especialmente o momento da criação do Restaurante Universitário. O primeiro concentrou-se nas histórias entre 1947-1954, enquanto que o segundo priorizou o período

---

[429] MORENO, 2011. p. 165.
[430] LOUREIRO, 1989.

entre 1955-1965 (seu período de Casa de Estudante é de 1957-1963), embora tenha se estendido superficialmente até a década de 1980. Cada um à sua maneira tratou o momento que residiram na CEP como o mais destacado entre os demais, repetindo o bordão de que vivenciou "a geração de nomes mais bem sucedida que por ali passaram", ou seja, o propósito foi o da exaltação, deixando-se transparecer que a época gloriosa foi aquela da qual compartilhou as experiências.

A partir de uma avaliação criteriosa dessas narrativas memorialistas, essa investigação tem corroborado com o entendimento de que a Casa do Estudante da Paraíba tem sido uma instituição portadora de uma representação que foi sendo construída gradualmente mediante o uso de artifícios impetrados por uma narrativa dominante, proferida ao longo de sua existência por os que ali passaram (sim, porque ela foi sendo reproduzida e reforçada pelas gerações seguintes!), especialmente, tendo na geração da década de 1950, suas bases fundadoras. De maneira que a instituição foi ganhando contornos de exuberância positiva – onde abrigava os mais estudiosos, os mais responsáveis, a constituição de grandes amizades –, quando esses sujeitos já se encontram na condição de ex-residentes, ou seja, trata-se de uma narrativa formulada a posteriori. Esses atributos foram provenientes de construções respaldadas por relatos mnemônicos que, aos poucos, foram sendo imputados aos que chegavam e à medida que os egressos foram se constituindo enquanto personagens de notoriedade na carreira política e em profissões liberais, enfim, indivíduos de considerável aceitação no meio social dominante. Esse discurso prevalecente criou suas próprias estratégias de afirmação dentro e fora da instituição.

Na tessitura desses traços, destacava-se o fato de a Casa do Estudante ter sido tomada como espaço que abrigou o que se notabilizou de mais bem-sucedido na vida pública e privada paraibana. Nesse sentido, não se minimiza nos elogios, como já esbocei anteriormente. Assim sendo, as argumentações de Moreno[431] são bastante ilustrativas no sentido de evidenciar que o intervalo entre a fundação (1937) e o momento que identifico como sendo a crise institucional (1960-1961), a CEP abrigou muitas figuras que se projetaram em diversos ramos profissionais e na política do estado e do país. Obviamente, não deixando de enaltecer as dificuldades de uma Casa de dependências pouco confortáveis, mas que "abrigaram aqueles jovens que, mais tarde, seriam governadores, senadores, deputados federais e estaduais, prefeitos, magistrados, engenheiros, médicos, advogados, dentistas

---

[431] MORENO, 2011.

e profissionais de outros graus.".[432] Uma CEP, portanto, notável pelo seu conteúdo de jovens valiosos, nunca pela sua condição de moradia, o que torna a trajetória desse grupo mais louvável.

Nesse caso, como toda narrativa de cunho tradicionalista, o ano de 1937 foi tomado como marco da origem fundadora da história da CEP, porém, em seus escritos, não se pretendia uma avaliação criteriosa a respeito da criação da instituição, pois, de acordo com o seu entendimento, ela foi resultado do empenho inconteste da individualidade da jovem liderança estudantil do Liceu Paraibano, Damásio Barbosa Franca. Nesse relato, Franca fora tratado como instrumento orquestrador de uma linhagem distinta que se consolidaria profeticamente ao longo do tempo; nesse caso, nos idos de 1950. Do mesmo modo, as etapas inexoráveis dessa trajetória seguiam o seu curso, produzindo seus frutos, como uma engrenagem atemporal que não se altera mediante as influências e o movimento da história, nem mantinha relação com as dimensões espaciais.

Nos contornos dessa narrativa dominante, não havia espaço para o fracasso do coletivo, muito menos, para deixar de reconhecer os laços de amizades e de solidariedade que foram construídos durante aquela estadia e, posteriormente, fortalecidos ao longo da vida. Assim sendo, as mais variadas atribulações pelas quais todos passaram no interior da CEP, enquanto estudantes pobres, recém-chegados do interior, foram tomadas como exemplos que reforçavam o valor e o brilho dos que fizeram aquela história. Uma narrativa, portanto, que tomou como estratégia o enaltecimento de uma geração que, nas décadas de 1960-1970, já se encontrava operando nas instâncias do poder político, transitava nas rodas da alta sociedade e ocupava os espaços de cultura e de comunicação. De fato, como a Casa do Estudante representou uma página de suas vidas que não poderia ser apagada, usava-se o artifício de costurar novos adereços a esse passado e, assim, a instituição passou a ser apreendida como espaço de afirmação do grupo que, desde a juventude, já era provido de postura altiva. Não sendo possível apagar o passado de morador da Rua da Areia, portanto, criou-se um passado glorioso que dignificava e exaltava a trajetória desses sujeitos no próprio passado, com uma notória necessidade de afirmação no presente.

Ao tecer tais considerações, não se apagara com isso a importância histórica e cultural da CEP, nem deixara de reconhecer o seu papel na formação dos sujeitos que por ali passaram, ao contrário, foi desconstruindo

---

[432] MORENO, 2011. p. 107.

essa narrativa dominante que se tornou possível vislumbrar, com certa plausibilidade, os elementos que contribuem para a formação desse contingente de jovens, num espaço educativo de educação não formal. O que se tornou necessário trazer ao centro do texto foram as inúmeras facetas que se cruzaram naquele ambiente de convivência e sobrevivência, divergências e convergências, aprendizagem e ensino. Sendo assim, não se poderia restringir essas complexas experiências em uma narrativa uniforme que se alimentava do sucesso profissional e político de um grupo, camuflando as díspares experiências daquela coletividade.

Fui encorajado pelas leituras de Michel de Certeau a buscar o que estava ausente nessa narrativa controladora das operações, sobretudo, os fragmentos que destoaram ou que foram negligenciados por essa representação hegemônica que institui um passado único à Casa do Estudante da Paraíba. Em certo sentido, a substância que nutriu a consistência da minha narrativa foi os restos desse passado, sem dúvida, uma conexão dos fragmentos que teve como principal desafio alinhar as memórias que estavam dispersas ou mal colocadas, fazendo com que tomassem o seu curso, assumissem uma coerência de enredo e as ligassem em uma narrativa historiográfica. A ausência dos sujeitos opacos, dispensados da narrativa dominante e deixados escondidos como elementos ordinários, aos poucos, foi sendo rompida, aparecendo fragmentadamente por meio de táticas que utilizaram para dar sinais de existência. O meu desafio, neste trabalho, portanto, foi tentar me aproximar desse estranho que se afastava toda vez que imaginava tê-lo controlado.

Durante o desenvolvimento da pesquisa, fui percebendo que o discurso narrativo hegemônico sobre a CEP foi fundamentado em um momento anterior ao recorte temporal aqui proposto. Tornou-se necessário, então, situar historicamente sujeitos e instituição e, posteriormente, dar seguimento ao desvelamento dessa representação predominante. A década de 1950 deve ser o momento considerado como fundador de um modelo de instituição que fora propagado por aqueles que controlaram as falas no terreno das operações. Período quando os sujeitos tiveram seus nomes evocados como protagonistas de uma época de ouro em que a Casa era ocupada por jovens estudiosos e audaciosos, que superavam os preconceitos por ser do interior, transformando-se nos melhores alunos do Liceu e passando no vestibular para os cursos mais concorridos.

Tenho o entendimento de que a efetivação dessa era de ouro estendeu-se até princípio da década de 1960, e que alguns elementos foram cruciais para que essa representação majestosa se consolidasse. Nesse sentido, elenquei como aspectos fundamentais a chegada ao poder dessa geração, a criação do Restaurante Universitário[433] e o aprofundamento da crise financeira da Casa, inclusive, sendo fechada momentaneamente em 1961. Esses, portanto, foram aspectos significativos para a compreensão desse movimento de construção dessa identidade. Não tendo aspectos positivos para se apegarem no presente, os estudantes dos anos de 1960-1070 passaram a recobrar esse passado como justificativa de afirmação da condição de residente no presente. Em crise, restava o passado como referência identitária do grupo.

Em suas narrativas de memória, Moreno[434] procurou reforçar esse estereótipo. Para o autor – sertanejo de Pombal – PB, que veio a ser funcionário do Fisco estadual e que exerceu cargo de confiança no governo Wilson Braga –, o percurso histórico analisado da Casa do Estudante estendia-se a princípio da década de 1960, período destacadamente lardeado como um tempo em que a Casa abrigava homens gloriosos. O seu livro tem a finalidade de manter a memória dessa instituição acesa, para que as novas gerações de residentes tivessem conhecimento e orgulho da luta dos pioneiros da velha Casa. Seu relato exerceu a função de trançar as primeiras linhas desse tecido, cristalizando as falas soltas, e os murmúrios dispersos passaram a ser tratados como a história da Casa.

Com uma narração de exaltação, as dificuldades não os impediram de galgar êxito e, superando os anos de dificuldades, vieram as recompensas no futuro, graças à obstinação e a vontade de vencer. Evidencia os nomes que considera como grandes personagens daquela época, especialmente da primeira metade da década de 1950, argumentando com a propriedade de quem tratava os fatos como verdade inquestionável e justificando que a imagem dos anos de residente ainda estava muito presente na sua memória. Um ambiente constituído por valorosa juventude que tinha em Wilson Braga sua mais notável liderança dos estudantes daquela instituição, ou seja, da geração de nomes mais bem sucedida que por ali passou. Vale ressaltar que, nas páginas 28 e 29, Moreno trouxe uma relação de aproximadamente cem nomes (com seus respectivos codinomes) que os considerava notáveis, destacando Dorgival Terceiro Neto, François Leite Chaves, Wilson Braga, Soares Madruga

---

[433] Com a criação do Restaurante Universitário, a CEP praticamente ficou sendo ocupada por estudantes secundaristas, sendo assim, as principais lideranças que moravam naquele espaço passaram a militarem na instância universitária que, segundo Loureiro (1989), enfraqueceu significativamente o movimento no interior daquela instituição.

[434] MORENO, Napoleão. **A Casa do Estudante:** memória. 3. ed. João Pessoa: [s.n.], 2011.

e Judivan Cabral (todos do Vale do Piancó); nomes que, na época da escrita de suas memórias, figuram como personalidades importantes da política paraibana.[435]

Esse arquétipo escriturário não se encerra em si mesmo. Para que se tornasse uma espécie de história oficial da CEP, essas narrativas memorialistas necessitaram de continuidade entre as gerações de residentes, sendo alimentadas por uma memória construtora de referenciais e fortalecidas por uma tradição pautada na oralidade que municiava os recém-chegados e, assim, foi se constituindo numa identidade positiva do grupo. Os que chegavam escutavam atentamente os veteranos repetirem as histórias/memórias dos que passaram por ali e, de tal modo, foram preservando, na memória, os exemplos de uma tradição de vencedores, dando uma configuração histórica à instituição. E, dessa forma, Loureiro sintetizou bem como se processava esse arranjo de preservação dessas reminiscências, porque

> [...] durante a nossa permanência por lá, aprendemos os feitos dos pioneiros e ensinávamos os novatos o que presenciamos. Tudo com riquezas e detalhes. O triste com pinceladas de humor. A piada com seu fundo de seriedade. Sem maldade. Querendo chegar lá.[436]

A recorrência às memórias foi o artifício usado para a construção dessa tradição identitária, seja no formato de livros ou por via da oralidade, tendo como prioridade o fortalecimento de um passado grandioso tomando base de inspiração a geração dos anos de 1950. Os memorialistas procuraram fazer esse movimento de inspiração que estabeleceu no presente uma espécie de essência dessa luta que resultou em vitórias e exemplos. Dessa maneira, resumiu sua prática metodológica:

> Conversei com muitos deles. Com os que encontrei. Contaram-me as estórias da Casa. O que fizeram, repetindo o que fizemos, trilhando os mesmos caminhos, pisando nos nossos rastros. Mudavam o tempo e os personagens. Vi, com alegria, que os meninos estão botando a cabeça de fora.[437]

Mediante ao que foi exposto, tenho entendimento de que essa representação majoritária foi sendo construída de maneira singular, de forma que os livros de memórias (escritos nos anos de 1980) materializam em forma

---

[435] MORENO, 2011.
[436] LOUREIRO, 1989. p. 87.
[437] LOUREIRO, 1989. p. 106.

escriturária algo que vinha sendo disseminado por mais de três décadas. Estou dizendo com isso que a reprodução dessa narrativa não se deu pelo fato da existência dos livros de memórias e, muito menos, que os residentes liam e apropriavam-se daquelas histórias para saírem disseminando como a verdadeira história da CEP. Quero reafirmar que essa tradição mnemônica a respeito dessa instituição foi aprendida e ensinada, mesmo anteriormente à sua materialização em forma de escrita.

Aparentemente, esse processo formativo não se dava racionalmente, de maneira teorizada, planejada e avaliada, mas, sim, utilizava-se de diferentes estratégias que garantiam, a princípio, a inserção no grupo e, posterior-mente, como sujeito ativo no ambiente de convivência. Guardada as devidas especificidades históricas de cada época, essa reprodução das relações e das memórias estabelecia-se na interação entre os estudantes novatos com os veteranos por meio de conversas, compartilhamento de objetos, troca de roupas, empréstimos de livros, passagem de coletivos, inserção em grupos de estudos, entre outros.

Na década de 1970, essa transmissão dos valores da tradição da CEP assumia uma estratégia didática mais bem elaborada, recorrendo à expo-sição dos exemplos vivos. Provavelmente, as condições caóticas exigiam uma prova material de que, de fato, havia pessoas que passaram pela Casa e venceram. Dessa forma, o ex-residente voltava à instituição

> [...] e era uma coisa bacana, porque nesse período a gente fazia muito debate lá, fazia muitos seminários, levava pessoas que tinham passado por lá e que iam contar sua experiência de vida, que aquilo era uma forma de incentivar a um sujeito que chegou do interior, e ele vai ouvir a experiência de um sujeito que passou por lá também, que é médico e que é um médico bem-sucedido.[438]

Sendo assim, como repetiam os memorialistas, as gerações se suce-deram, porém, continuaram fazendo o que os pioneiros fizeram: sendo exemplos nos estudos, na resistência e na construção de grandes amizades. Quando os memorialistas se referem aos pioneiros, fica a indagação: afinal, de quem estão falando? De fato, não ficou evidente se tratava-se do grupo fundador da década de 1930 ou da geração da década de 1950. Penso que a ideia desses narradores não era esclarecer essa questão, porque é próprio desse estilo narrativo primar pela uniformização histórica. A temporalidade histórica não é efetivamente considerada e, muito menos, a diversidade

---

[438] AROREIRA. [Entrevista concedida a Francisco Chaves Bezerra]. João Pessoa, 10/11/2015.

social (todos eram tomados como estudantes pobres do interior da Paraíba). Os pioneiros aqui exaltados não necessariamente são os primeiros estudantes a residirem na CEP, todavia, são os que constituíram essa linhagem de vencedores, de notoriedade social e que dignificaram uma tradição em certo sentido inventada, embora a década de 1950 seja tomada como o momento de afirmação da instituição[439], ou seja, aquela que mais revelou homens notáveis.

Uma construção, portanto, permeada por elementos variados – práticas de convivências, transmissão pautada na oralidade e produção de narrativas memorialistas – carrega traços de uma tradição inventada, sendo entendida como um

> [...] conjunto de práticas, normalmente reguladas por regras tácitas ou abertamente aceitas; tais práticas de natureza ritual ou simbólica, visam inculcar certos valores e normas de comportamento através da repetição, o que implica, automaticamente, uma continuidade em relação ao passado. Aliás, sempre que possível tenta-se estabelecer continuidade com um passado histórico apropriado.[440]

O meu intuito não foi o de mostrá-la como algo arraigado socialmente e imutável de forma cultural, mesmo porque nem todas as tradições perduram, porém, o mais importante não é a sua permanência, mas o modo como elas surgiram e se estabeleceram. São caracterizadas por continuidades bastante artificiais, estabelecem seu próprio passado por meio das repetições quase que obrigatórias. A tradição é caracterizada pela invariabilidade, pelo passado inventado que se impõe por práticas fixas e repetitivas. Nesse sentido, "consideramos que a invenção de tradições é essencialmente um processo de formalização e ritualização, caracterizado por referir-se ao passado, mesmo que apenas pela imposição da repetição."[441]

Como mostrei no capítulo anterior, a partir da década de 1960, as condições de moradia e de convivência na CEP deterioraram-se de modo considerável, ganhando contornos de dramaticidade, principalmente, quando

---

[439] Nomes que reforçam a tradição da CEP de abrigar em suas dependências homens vencedores: década de 1930: Damásio Franca (prefeito de João Pessoa) e Augusto Lucena (prefeito de Recife); década de 1940: Mailson da Nóbrega (ministro da economia); década de 1950: Dorgival Terceiro Neto (governador-PB), Wilson Braga (governador-PB), François Leite Chaves (senador-PR), Soares Madruga (deputado estadual-PB), José Lacerda Neto (deputado estadual-PB), Judivan Cabral (deputado estadual-PB) etc.

[440] HOBSBAWM, Eric; RANGER, Terence (org.). **A invenção das tradições**. Tradução de Celina Cardim Cavalcante. 10. ed. Rio de Janeiro: Paz e Terra, 2015. p. 8.

[441] HOBSBAWM; RANGER, 2015.

foi declarada fechada em 1976. Esse momento de decadência (recorte da pesquisa) tornou-se fundamental para a confirmação do que foi dito até aqui: mesmo sendo um ambiente marcado pela diversidade social do grupo, nem sempre com exemplos bem-sucedidos, enfrentado problemas de violência, escancarada crise financeira e de desvios de conduta moral, seus residentes continuaram reproduzindo uma narrativa de positividade.

Na verdade, o que estava em evidência era o intercruzamento discursivo de dois momentos, ou seja, a crise de identidade institucional vivenciada no presente (décadas de 1960 e de 1970) não interessava como elemento de afirmação social do grupo de residente. Assim sendo, direcionava-se às narrativas de enaltecimento de um passado idílico, sendo este presentificado nas alcunhas de prefeitos, deputados, senadores, governadores e profissionais liberais bem-sucedidos no qual já se encontravam acomodados os ex-residentes.

Como o presente não estava interessante, recobravam-se as memórias do passado bem atestado no presente que, de maneira alguma, representavam socialmente o conjunto de todos que passaram pela Casa, mas os não bem-sucedidos deveriam ser apagados da memória coletiva. O trecho, a seguir, é bastante elucidativo no sentido de mostrar essas condições degradantes em que se encontrava a Casa no fim da década de 1970:

> *E eu cheguei na Casa do Estudante em um dos momentos mais críticos da Casa do Estudante. Naquela época ela estava praticamente abandonada pelo governo do Estado. Nós não tínhamos, por exemplo, acesso a refeição, a uma assistência médica. Não foi concedido naquela época bolsa estudantil, porque num certo período aí, quando a Casa do Estudante estava fechada, mesmo fechada eles fizeram uma concessão de umas bolsas estudantis para um pessoal que lá residiam. E na nossa época foi um dos períodos mais críticos que a Casa do Estudante passou.[442]*

Os relatos dos entrevistados mostraram-me que, mesmo com esse processo de decadência vertiginoso, com a prevalência de um estado de precariedade absoluta, os estudantes que continuavam chegando iam assumindo esse discurso de positividade de um passado de homens gloriosos. Os tempos de crise profunda, portanto, precisavam ser amenizados, sobretudo, pelo fato de a Casa do Estudante ter mantido uma tradição de ser um espaço representativo, especialmente, em virtude dos nomes que por ali passaram. Então, outro entrevistado, assumiu o discurso da narrativa positiva, apegando-se aos nomes das personalidades:

---

[442] MANGUEIRA. [Entrevista concedida a Francisco Chaves Bezerra]. João Pessoa, 19/12/2015.

> *Não todo mundo. Quer dizer, achavam bonito os que passaram vitoriosos, como Wilson Braga é um exemplo; Dorgival Terceiro Neto é o segundo exemplo. Tinha mais: Paulo Soares, que ainda hoje tá aí, médico, foi lá também, irmão de Madruguinha e tinha outros. Quando aquele pessoal se formava, todo mundo tinha emprego, todo mundo vivia bem. Então, a intenção daquela turma que tava lá, era chegar à posição deles, né? Ter uma vida boa.[443]*

Além do corriqueiro artifício de repetição dos nomes notórios, esse relato trouxe outro aspecto muito significativo no que tange aos objetivos desses jovens residentes: ser alocado no mercado de trabalho, ou seja, arranjar um emprego. Esse propósito caminha junto ao desejo de passar no vestibular que, para muitos, era a prioridade, sobretudo, para os mais necessitados financeiramente. Oiticica chegou muito jovem à capital, logo começou a trabalhar em uma empresa do político santanense Teotônio Neto, inclusive, não foi bem-sucedido no vestibular, consequentemente, não conseguiu concluir um curso superior. Fazer menção aos políticos como expressão positiva da CEP, portanto, carregava uma mensagem subliminar: conseguir emprego sob a mediação dessas personalidades políticas, seja na esfera pública (prioridade) ou privada. As articulações ou barganhas que visavam conseguir emprego serão objeto de discussão do quarto item deste capítulo, no qual abordo as práticas políticas forjadas no interior da CEP como um elemento formativo.

Não era o passado pelo passado, como atesta Ricoeur,[444] o presente dimensiona a recordação das memórias que são amplamente moldadas pelas condições do próprio presente. Para os sujeitos que tomaram o rumo da universidade – embora começassem a trabalhar mesmo antes de adentrá-la –, a história dos bem-sucedidos apegava-se ao sucesso nos estudos, não somente à ascensão social. Esse entendimento pode ser observado no próximo relato, que inicia com o mesmo roteiro narrativo:

> *Porque a Casa de Estudante, ela tem uma história gloriosa, uma história bonita sim, de agregar pessoas que vem do interior, pessoas pobres que vem do interior e que têm uma disposição para aprender, para adquirir conhecimento, para estudar, então, a gente lembrava dessas diversas pessoas que moraram na Casa da Estudante, como: médicos, professores, governadores. Wilson Braga, por exemplo, morou na Casa do Estudante, foi governador; Dorgival Terceiro Neto. Então, a gente tinha o espelho dessas pessoas que*

---

[443] OITICICA. [Entrevista concedida a Francisco Chaves Bezerra]. João Pessoa, 24/02/2016.
[444] RICOEUR, 2007.

> vinham do interior, e um período que a gente morou na Casa dos
> Estudantes [...], a Casa era uma Casa respeitada. Por exemplo,
> os meninos que moravam na Casa do Estudante, que iam fazer
> teste no Liceu, a taxa de reprovação era baixíssima. A taxa de
> reprovação no vestibular era muito baixa, o pessoal da Casa de
> Estudante passava tudo. As vagas que tinha a escola técnica, que
> hoje é o IFET, os melhores cursos que tinha quem ocupava era os
> meninos da Casa dos Estudantes [...]. Outros iam estudar no Liceu,
> estudar no Colégio Estadual de Tambiá e quando chegava pra fazer
> vestibular, a Casa dos Estudantes sempre tinha um destaque.[445]

Além de manter a relação de nomes importantes, recorreu à reputação dos residentes nos estudos, outro elemento de afirmação que era bastante mencionado até meados da década de 1960 pelos memorialistas. O entrevistado esteve como residente entre 1972-1975, época em que, como vimos no capítulo anterior, Loureiro[446] fazia duras críticas à perda de potência dos estudantes na aprovação do vestibular, inclusive, desconsiderou a decadência da educação pública e a concomitante ascensão dos colégios privados, pois atribuía essa diminuição da aprovação dos residentes ao fato de disporem de uma vida boa, promovida pela alimentação no RU e pela hospedagem na CPM, e às bolsas de estudo, em que o dinheiro era muito mais usado em farras na rua Maciel Pinheiro do que para sustento pessoal, além de entender que a intervenção do Governo fechando a CEP dispersou os residentes que, desarticulados, não mantiveram a pressão junto aos setores responsáveis pela Casa.

Mesmo assim, chegar à CEP ainda era um grande privilégio para os santanenses, pois a Casa

> Naquela época era boa. O caba chegar na Casa do Estudante
> era um privilégio, entendeu? Era um grande privilégio chegar
> na Casa do Estudante [...], porque naquela época era como hoje
> você ter uma (inaudível) de respeito, de moral. Todo mundo, as
> maiores lideranças, Burity, Wilson Braga, Paulo Soares, Madruga
> [...], Zé Ramalho. Na minha chegada, Zé Ramalho ia saindo. Eu
> lembro de Zé Ramalho tocando violão. Ele não foi meu contemporâneo na época, quando eu cheguei, ele ia saindo. Tonzinho
> que é irmão de Elba.[447]

---

[445] AROREIRA. [Entrevista concedida a Francisco Chaves Bezerra]. João Pessoa, 10/11/2015.

[446] LOUREIRO, 1989.

[447] CARNAÚBA. [Entrevista concedida a Francisco Chaves Bezerra]. Santana dos Garrotes, 22/12/2015.

Veja que morar na CEP representava um orgulho pelo fato de pessoas importantes terem sido residentes, contudo, muitos ainda sequer eram famosos, uma vez que se encontravam saindo da Casa naquele momento. No recorte da entrevista citada anteriormente, parece-me evidente que a afirmação do entrevistado de que foi um privilégio morar na Casa por ter abrigado alguns nomes relevantes, deu-se pelo artifício de tomar elementos que o sujeito dispõe no presente e não propriamente pelo o que o indivíduo mencionado, naquela época, representava enquanto personalidade artística, uma vez que o Zé Ramalho, que estava saindo da Casa, não era o mesmo que se notabiliza como uma das referências da Música Popular Brasileira, na atualidade. Penso que o entrevistado, ao enaltecer a Casa por tê-lo abrigado, apegou-se ao Zé Ramalho artista consagrado e não ao Zé Ramalho residente dos tempos de crise da Casa do Estudante.

Na verdade, para compreender melhor essa postura dos residentes no momento de decadência da CEP, é preciso estar atento ao duplo mecanismo que rege a operação de recordação da memória que se evidencia por uma dimensão cognitiva e uma prática. O elemento cognitivo estar posto na busca bem-sucedida do passado que é retomado, nesse caso, por uma provocação do presente. Por outro lado, a dimensão prática da recordação da memória está no esforço e no trabalho do fazer vir à tona. A coexistência dessas duas dimensões é designada de rememoração, sendo que esta, ao ser recobrada, assume a condição de memorização, pois é modelada a partir dos condicionantes do instante. A memorização, portanto, é maneira de controlar saberes, habilidades e poder-fazer; disponível à efetuação, traz sentimento de facilidade, de desembaraço e de espontaneidade. Uma memória-hábito que se apega a forma privilegiada da memória feliz, sendo que, de maneira simplista, uniformiza o relato, dando-lhe feições positivas, desprezando os infortúnios.[448]

Tenho entendimento de que essa narrativa que prevaleceu sobre a Casa do Estudante da Paraíba exerceu uma função pedagógica na formação dos indivíduos que residiram naquele espaço. Ouso assegurar que muito antes do sujeito deslocar-se à capital já recebia informações dessa Casa ativa e dos exemplos de sucesso que não desconsiderava as dificuldades ali existentes, as quais deveriam ser tomadas como combustível para impulsionar a vontade dessa linhagem obstinada. Poucos não conheciam a instituição, mas, ao tomar conhecimento de sua existência, logo aprendiam e

---

[448] RICOEUR, 2007.

assumiam essa narrativa que passava a ser ensinada aos residentes novatos, mas também divulgada em outros espaços por eles frequentados, como a escola, os bares, os cabarés e, especialmente, as suas cidades de origem. A unificação dessa narrativa, alimentada por um mecanismo de recordação das memórias positivas e a necessidade de afirmação social do grupo, sem dúvida, configuraram em uma representação que foi sendo construída e por meio de estratégias didáticas não convencionais, próprias dos mecanismos da educação não formal ou informal.

4.3 ENTRAR E SAIR DA CASA DO ESTUDANTE: NORMAS, PRÁTICAS E COSTUMES QUE VALIDAM UMA FORMA DE CONVIVÊNCIA COLETIVA

Trazer os santanenses ao centro das operações foi uma tentativa de construir uma narrativa na ausência, dando voz aos que foram silenciados pelas estratégias daqueles que, em nome da história oficial da instituição, suplantaram outras representações possíveis. Na elaboração desse enredo hegemônico, em nenhum momento, a cidade de Santana dos Garrotes foi mencionada pelos relatos memorialistas, nem muito menos pelas matérias de jornais, tornando imperativo o uso de entrevistas. É importante destacar que Nivan Bezerra da Costa foi o primeiro nascido em território santanense a morar na CEP, seu nome aparece no Livro de Registro[449] dos sócios mensalistas da Casa (1951-1952), obviamente mencionado como natural de Piancó, uma vez que Santana ainda figurava na condição de distrito. Portanto, tanto este quanto qualquer outro que viesse daquele lugarejo na década de 1950 seria tratado como natural de Piancó. Aos poucos, esse número de santanenses foi aumentando com a vinda de Oscar Nicolau e José Paulo Meira (ambos falecidos), Wilson Luís Teotônio, Clementino Teotônio dos Santos e José Wilson Teotônio (segunda metade da década de 1950). Os três últimos faziam refeições na Casa e moravam na pensão de dona Augusta, na mesma Rua da Areia. De maneira que falar efetivamente de filhos de Santana dos Garrotes na Casa do Estudante da

---

[449] Livro de lançamentos das matrículas dos associados da Casa dos Estudantes da Paraíba/relação nominativa dos associados (única fonte preservada e que se encontra na instituição). Este menciona apenas aos sócios efetivos (mensalistas), destacando o nome do residente, nome dos pais, da escola onde estudavam (quase todos no Colégio Estadual – Liceu Paraibano), da série em que estavam matriculados e do município de origem. Como não apareceram nessa fonte, as informações sobre os demais foram sendo garimpadas por meio de conversas com os entrevistados, familiares e contemporâneos da época.

Paraíba, somente era permitido partir da década de 1960, quando o distrito foi alçado à condição de município.

É apenas na década de 1970, entretanto, que os jornais fizeram alusão aos nomes de santanenses como moradores da CEP: José Nildo Araújo (1971-1972) e José Ramalho Passos (1974-1975), nos respectivos períodos em que exerceram o cargo de presidente; e José Euflávio Horário como estudante reivindicador. Nesse momento, a Casa já estava em evidência como espaço em profunda decadência, sem a força do passado. Nesse contexto de crise, Araújo tentava articular ex-residentes importantes para sensibilizar as autoridades no sentido de angariar recursos para minorar a situação de abandono. Passos, por sua vez, encontrava-se em situação de questionamento em virtude de os residentes acusá-lo de adotar uma postura autoritária e de sua visível ausência na condução administrativa da Casa. Enquanto que Horário expunha os graves problemas enfrentados pelos residentes, porém, combatia as notícias de que a CEP era um ambiente de promiscuidade, prostituição e criminalidade.

Em seus escritos memorialistas, tanto Moreno[450] quanto Loureiro[451] apresentaram suas relações de residentes da CEP, no entanto, nenhum santanense fora mencionado. Moreno, que era de Pombal, teve que se inserir no grupo majoritário do Vale do Piancó, assim, procurou recordar dos notáveis que se tornaram amigos para o resto de sua vida. Loureiro, por sua vez, direcionou seu olhar aos seus conterrâneos de Itaporanga e aos que se tornaram personalidades importantes na política, na literatura, na arte e no magistério superior. Mais uma vez, volto a reiterar que o grupo por mim entrevistado (foco da pesquisa), assim como a maioria dos que residiram na CEP, foi negligenciado por aqueles que construíram a narrativa dominante. Mesmo assumindo uma postura narrativa (relatos das entrevistas) de protagonismo, os santanenses estiveram numa condição ordinária no teatro das operações. Inclusive, sua aparição nos jornais foi tardia, em um momento da história da CEP que não interessava mais ser protagonista, pois com o presente esfacelado engrossara as fileiras dos que se apegaram às glórias passadas.

Em termos de contingente, não há como desconsiderar a trajetória desse grupo na CEP, então, mesmo reforçando a narrativa dominante, as entrevistas tornaram significativas ao permitir o aprofundamento da inves-

---

[450] MORENO, 2011.
[451] LOUREIRO, 1989.

tigação no sentido de trazer outros elementos que permitissem uma versão destoante do instituído. Mesmo estando à margem da narrativa oficial, esses sujeitos viveram e conviveram no mesmo ambiente, transitaram pelos mesmos espaços e compartilharam as mesmas cenas dos que controlaram o campo das operações e, portanto, não estavam inertes as ações e práticas, ou seja, compartilhavam do mesmo cotidiano de aprendizagem.

Compreender as linhas basilares dessa representação majoritária foi fundamental, inclusive, por tratá-la como um dos elementos de formação aqui investigados. Apesar de impositiva, tenho o entendimento de que outros elementos que teceram as práticas cotidianas também foram significativos para a formação desses sujeitos. Ao tomar a CEP como espaço institucional educativo, estou admitindo-a como construtora de uma mentalidade cotidiana ou de uma cultura estudantil e que foi muito além da condição de espaço de moradia. Nosso desafio, a partir desse momento, foi identificar como uma instituição não escolar fora das normas da educação formal exerceu uma função formacional a partir de suas múltiplas experiências da convivência dos residentes. Dessa maneira, percebendo que a Casa do Estudante se investia de um leque abrangente no que tange a essa ação formativa, atinei por bem precisar melhor os aspectos de formação que seriam avaliados. Assim sendo, concentrei-me no processo de ingresso dos estudantes, nas normas de convivência, nas articulações políticas e nas formas de ensinar e aprender. Como já mencionei, não deixei de levar em consideração as imposições da narrativa hegemônica que perpassaram as décadas em avaliação e que influenciaram as narrativas mnemônicas, valorizando muito mais as táticas de superação destas.

Partindo dessa percepção, vislumbrei a formação como um elemento de amplitude complexa, que vai além dos espaços de escolarização e que extrapola os mecanismos pedagógicos convencionais, sendo assim, avesso aos processos educacionais restritivos dos muros da instituição escolar. Então, nesse caso,

> A escolaridade não promove nem a aprendizagem e nem a justiça, porque os educadores insistem em embrulhar a instrução com diplomas. Misturam-se, na escola, aprendizagem e atribuição de funções sociais. Aprender significa adquirir nova habilidade ou compreensão, enquanto que a promoção depende da opinião formada de outros. A aprendizagem é, muitas vezes, resultado de instrução, ao passo que a escolha para uma função ou categoria no mercado

de trabalho depende, sempre mais, do número de anos de frequência à escola.[452]

Por sermos tão habituados a tomar a escola como o único espaço de aprendizagem, Illich assevera que, muitas vezes, nos surpreendemos com o fato de que quando questionadas a respeito do que aprenderam ao longo de suas vidas, as pessoas dificilmente atribuem o que sabem à escola. Associam-nas ao aprendizado fora da escola, apontando como instrumentos de aquisição do que sabem às relações de amizade, às conversas na rua, ao hábito de ouvir rádio ou assistir televisão, à convivência nos espaços de relações amorosas, aos exemplos de colegas ou indivíduos que se portaram de determinada maneira, ao momento das festas, à troca de experiências nas feiras, aos encontros na praça, entre outros.

Seria o que o autor define como aprendizagem automotivada, em que os indivíduos necessitam vivenciar experiências a partir das quais são oferecidas novas relações com o mundo e não apenas à submissão ao controle verticalizado do professor. De acordo com essa compreensão,

> As coisas são recursos básicos para a aprendizagem. A qualidade do meio ambiente e o relacionamento de uma pessoa com ele irá determinar o quanto ela aprenderá incidentalmente. A aprendizagem formal requer acesso especial às coisas comuns, por um lado, e acesso fácil e seguro as coisas especiais, feitas para fins educativos, por outro.[453]

Se considerarmos que a CEP mantinha um universo de estudantes bastante diverso, posso afirmar que ali se encontrava uma verdadeira miscelânea de jovens estudantes, uma vez que existiam residentes de vários municípios e regiões do estado, como também de condição econômica e social díspares. O primeiro requisito para ser residente era ser de municípios do interior. Em alguns casos, esse critério pode ter sido burlado, todavia, prevaleceram os estudantes oriundos do sertão. Até a primeira metade da década de 1960, era considerável o número de jovens das famílias mais abastadas, uma vez que muitos eram filhos de latifundiários, proprietários de engenhos, comerciantes e profissionais autônomos. A partir desse período, entretanto, a CEP vai se tornado ambiente de estudantes pobres, de fato.

---

[452] ILLICH, Ivan. **Sociedade sem escolas**. Tradução de Lúcia Mathilde Endlich Orth. 7. ed. Petrópolis: Vozes, 1985. p. 26.
[453] ILLICH, 1985. p. 90.

Não havia critérios de exclusão rígidos, com exceção para o envolvimento homoafetivo, atitude passiva de exclusão sumária.

Quando se trata da quantidade de residentes, não há como precisar esse dado, pois não havia um número fixo dos moradores (efetivos/mensalistas e agregados) e os que faziam refeições (pensionistas), tudo dependia das condições financeiras em que se encontrava a instituição. Naquele espaço, funcionava muito bem a lei da oferta e da procura. Quando a situação era de fartura alimentar, aumentava consideravelmente o número de residentes; em situação adversa, o movimento era contrário. Na verdade, do fim da década de 1950 até o princípio da década de 1970, esse contingente total foi crescendo vertiginosamente.[454]

O tempo de duração de permanência na Casa era de três anos, o equivalente ao ensino secundário. Há muitos casos, no entanto, em que esse período era largamente extrapolado, inclusive, chegando a ultrapassar uma década. Era comum o uso de manobras para continuar mesmo tendo concluído os estudos secundários, de modo que era frequente o caso de indivíduos matricularem-se em pequenas escolas privadas, e assim, conseguirem uma declaração de matrícula para continuarem como residente na Casa. Nas entrevistas, muitos afirmaram que, após o ingresso na universidade, o estudante deveria sair da Casa, porém, até a criação do RU, dificilmente isso aconteceu e, mesmo assim, os relatos permitiram identificar a presença de universitários morando na Casa até 1980. O fato é que, do ponto de vista estatutário, havia limitações; na prática, no entanto, quase tudo era permitido, o que não fosse, dava-se um jeito.

Avaliar a chegada dos santanenses à Casa do Estudante da Paraíba a partir da década de 1960 foi um desafio que exigiu perícia no sentido de acomodação de falas e de sutileza na garimpagem de elementos que apareciam e evanesciam de maneira sutil. Nas falas, houve unanimidade no sentido de reconhecer que a procura pela CEP foi motivada pela necessidade de buscar uma alternativa de vida diferente das possibilidades que comumente se apresentavam (agricultura e migração para grandes centros) na cidade onde nasceram, cresceram, aprenderam as primeiras letras e concluíram o nível inicial de estudos.

---

[454] Durante as entrevistas, percebi a dificuldade que os ex-residentes tinham em precisar o número de moradores da CEP. Por essa razão, procurei me orientar pelo que os próprios residentes informavam nos jornais. Geralmente quando denunciavam a falta de verbas, mencionavam a quantidade de residentes que estavam à mercê, inclusive, era uma forma de impressionar a sociedade e mostrar que muitos estavam sendo prejudicados. Resumindo: princípios dos anos de 1960, em torno de 300 estudantes; uma década depois, chegava a quase 600. Penso que a média prevaleceu entre 400 e 450 estudantes até o fechamento em 1976.

Não houve a presunção aqui de buscar uma origem explicativa que esclareça didaticamente a tomada de consciência desses estudantes que se organizaram e decidiram rumar a João Pessoa e abrigarem-se na Casa. Esse propósito não seria plausível, porque os eventos não ocorreram de forma tão organizada como se imaginavam e, muitas vezes, desejavam-se. De fato, esse movimento foi se consolidando ao longo de duas décadas (1960-1970), iniciou-se incipientemente e ganhou consistência à medida que as notícias da Casa do Estudante chegavam até Santana, alimentando assim o desejo dos jovens e a confiança dos seus pais.

Certifiquei-me ser possível ponderar que os principiantes da década de 1960 deslocaram-se à procura de trabalho prioritariamente, embora com o desejo de conciliá-lo com os estudos. As motivações para seguir os estudos são de várias naturezas. Poderiam vir de pais, mães, vizinhos e outros, ou somente alimentando pelo anseio de buscar o próprio sustento. Não se trata, pois, de uma direção única, o que me interessou foram os mecanismos utilizados para que esse movimento fosse se fortalecendo na década de 1960 e consolidado na década 1970. Embora não seja interesse da pesquisa, vale salientar que, a partir do século XXI, Santana dos Garrotes tem sido o município com maior número de residentes na CEP.

Nesse sentido, tenho a compreensão de que esses sujeitos dispunham de táticas que, sem o efeito dos mecanismos didáticos (incentivar parentes, amigos e conterrâneos) apreendidos na CEP, a consolidação desse movimento não teria se dado com a mesma intensidade. E assim, os santanenses foram incorporando esse arquétipo de ser residente, assumindo a memória narrativa de uma Casa de tradição valorosa; intermediando a vinda dos novatos, muitas vezes, sob a influência própria ou por via de apadrinhamento dos políticos; adequando as práticas políticas pautadas no benefício pessoal; por fim, compartilhando dos códigos de aprendizagem do lugar.

Assim como Illich,[455] considero que a experiência de mundo e a riqueza do ambiente social no qual estavam inseridos contiveram papel relevante na formação desses indivíduos, tanto quanto a escolarização. Um exemplo profícuo, nesse sentido, era o momento de ingresso na Casa. Tudo era novidade e o diferente tornava-se comum. Era necessário dominar novos códigos, buscar alternativas de sobrevivência (conseguindo um trabalho) e tentar continuar os estudos. Esse cenário, portanto, apresentava-se de maneiras distintas, pois uns vieram com o objetivo de estudar e trabalhar, caso de

---

[455] ILLICH, 1985.

Baraúna em 1963, que, inclusive, sabia da existência da Casa do Estudante, mas não obteve acesso de imediato e, assim, precisou ser acolhido inicialmente em casa de amigos e parentes. Enquanto que Oiticica, que chegou a João Pessoa em 1964, tinha como prioridade adquirir um trabalho, todavia, ao tomar contato com a capital, decidiu estudar. Ele, por sua vez, não dispunha de informação sobre a Casa do Estudante, o que somente aconteceu posteriormente, quando decidiu procurar um meio de ingressá-la.

O que havia em comum na história desses personagens era que ambos buscaram as acomodações da Casa somente quando se encontravam na capital, mostrando que a instituição ainda não era um instrumento acessível aos que vinham de Santana dos Garrotes, ou ainda não havia a prática de incentivar à vinda dos concidadãos. Outros empecilhos poderiam ajudar na compreensão desse distanciamento entre os santanenses e a CEP. Dentre eles, posso destacar: falta de recursos que permitisse aventurar-se à capital, apostando em algo (os estudos) que não proporcionava o sustento de imediato, como também a indisponibilidade do apadrinhamento político que intermediasse o acesso. Mesmo existindo compatriotas de peso na política paraibana, como Teotônio Neto (deputado Federal) e seu irmão José Teotônio dos Santos (deputado estadual). Os relatos mostraram-me que estes atuaram na facilitação de empregos, muito provavelmente pelo fato desses jovens priorizarem o trabalho e não os estudos. Nesses termos, só foi possível chegar à CEP adentrando no ambiente social onde circulavam os residentes, especialmente, nos espaços de convivência do centro da cidade.

De maneira que nem sempre ser do interior, de procedência social humilde e devidamente matriculado numa escola pública eram garantias de acesso. Diante de tal realidade, logo cedo, o jovem estudante percebia que, para entrar na CEP, era imprescindível apreender certas posturas que exigiam do sujeito o domínio de habilidades como estar inserido no cotidiano frequentado pelos residentes, notadamente, acompanhado de alguém bem relacionado com o ambiente social. Assim, Baraúna resume com propriedade a sua batalha para ter acesso à Casa:

> *Matriculei no colégio, mas cadê a Casa do Estudante que era difícil de entrar? Naquela época tinha que ter influência com um deputado. Manuel Lopes um dia foi lá me visitar, aí disse: "vamos tomar uma cerveja, uma cachaçada..." Fomos pra Maciel Pinheiro e lá, na farra, encontramos com Paulo Soares. Paulo Soares é médico, tinha feito vestibular e tava saindo da Casa. [...] E Manuel Lopes falando, disse que era meu primo (eles são parentes também), aí ele contou [Manuel Lopes]: "olhe rapaz, ele tá numa batalha, não tá*

conseguindo a Casa"! Ele disse [Paulo Soares Loureiro]: *"não, consigo agora! Vou falar com Genivaldo. [...]. Inclusive, eu lhe dou a joia". A joia era um dinheiro adiantado. Na Casa do Estudante, na época, pra gente entrar tinha que dá um dinheiro, um valor lá que quando você terminasse, você recebia de volta, era uma espécie de cooperativa. Aí acertamos tudo isso direitinho. Resultado: deu certo! Entrei na Casa do Estudante dessa maneira.*[456]

De certa forma, esse relato nos deixa muito bem situado a respeito de como o jovem estudante recém-chegado do interior deveria proceder para vislumbrar uma vaga na Casa. Sua primeira lição de aprendizagem era inserir-se nos espaços frequentados pelos moradores da CEP no centro da cidade (Maciel Pinheiro, Ponto de Cem Réis, Bar Pedro Américo etc.), entre diversão, contatos e conversas se estabeleciam as devidas aproximações que poderiam garantir não somente a tão almejada vaga, mas principalmente, permitia a apropriação de determinados códigos de inserção daquele mundo que, apesar de externo à instituição, era uma extensão da convivência dos residentes, provocando uma espécie de influência recíproca, uma vez que não há residente que deixe de reconhecer o papel desse ambiente na convivência no interior da Casa, os quais, por sua vez, deixam suas marcas naqueles espaços.

Frequentar os espaços de convivência do centro, entretanto, não era garantia de resolução do problema. Em grande medida, o sucesso dessa operação estava condicionado ao sobrenome que o sujeito carregava, ou do amigo que lhe acompanhava. Preenchendo esses requisitos, tudo poderia ser facilitado, inclusive, com a concessão de um favor, nesse caso, a transferência da joia (uma espécie de calção que era cobrado ao residente no momento do seu ingresso na CEP), objeto bastante cobiçado pelos pretensos residentes. Em síntese, uma situação de aprendizagem que exigia movimentação, intermediação e adequação às novas regras de convívio.

Como residente, Baraúna continuou trabalhando para pagar a mensalidade, conciliando com os estudos ao longo de sua estadia na Casa que durou uma década, aproximadamente. Conciliar trabalho com estudos era muito comum naquela época, sendo essa a condição para que Oiticica permanece na Casa, residente a partir de 1964. Depois de conseguir se organizar arrumando um trabalho e efetivando-se em uma escola *"e ainda me oferece mais uma Casa do Estudante pra eu estudar, comia praticamente de graça, que*

---

[456] BARAÚNA. [Entrevista concedida a Francisco Chaves Bezerra]. João Pessoa, 09/10/2015.

naquela época a gente pagava uma taxa insignificante. E logo em seguida, uma morada. Quarto, pra gente morar. Pra mim, foi tudo uma vitória!".[457]

A indeterminação do sujeito presente no relato não permitiu identificar de que maneira Oiticica conseguiu ingressar na residência. Certamente não por intermédio de Baraúna, pois nenhum dos dois mencionou esse contato em suas entrevistas. A frase "e ainda me oferece mais uma Casa de Estudante pra eu estudar", entretanto, tem um significado duplo: primeiro, porque reforça a prática da vaga arranjada, ou seja, não havia uma seleção obedecendo às regras transparentes para o ingresso de novos residentes. Embora definida legalmente em estatuto, o ingresso na CEP tornou-se um instrumento de indicação política ou uma intermediação dos próprios estudantes residentes. Outro detalhe foi o fato de a CEP ser mencionada como um espaço de estudo e não apenas como moradia, reforçando a ideia de que tomá-la como uma instituição educativa não é somente um argumento especulativo, contudo, trata-se de mais um elemento que corrobora com o entendimento de que a Casa era um espaço de aprendizagem.

Esse modelo de acesso, portanto, predominou até 1980, quando a Casa entrou em reforma e, com a criação da fundação, a seleção passou a ter critérios mais bem definidos e com maior transparência. Na década de 1970, o acesso dos santanenses foi se modificando, porém, as táticas continuaram sendo as mesmas: o apadrinhamento. Contudo, novos elementos foram incrementados, notadamente, devido à interferência direta dos filhos de Santana que já se encontravam marando naquele recinto. Nesse momento, os códigos de convivência e as relações construídas e praticadas haviam sido apreendidos pelos santanenses, assim passaram a orientar e intermediar a vinda de outros jovens que se mostravam interessados em estudar na capital.

Os próximos relatos mostram-se elucidativos no sentido de confirmar essa postura prevalecente na década de 1970.

> *A questão é que já tinha alguns meninos que eram lá de Santana, que já estudavam aqui. Eles eram mais idosos do que eu. Tinha meu primo Tico Pinto, tinha Dedé Ramalho, tinha René Primo, tinha Zé Alencar. Uns moravam aqui na Casa do Estudante e outros não, outros moravam em repúblicas. Os pais tinham condições e alugavam casas. Mas o que também me traz para cá, é porque eu via os meninos conversando sobre João Pessoa, sobre*

---

[457] OITICICA. [Entrevista concedida a Francisco Chaves Bezerra]. João Pessoa, 24/02/2016.

música, sobre estudar e aquilo... Eu disse: "ah, eu quero morar em João Pessoa"! Eu acabei vindo para cá por conta disso. Então, meu pai falou com Dedé, e Dedé falou que segurava uma vaga para mim, e eu vim [...].[458]

Como fora em princípios da década de 1970, torna-se comum os relatos que demonstram a similaridade dos procedimentos ao longo do tempo, assim como em meados da década de 1970, quando Carnaúba afirma que veio incentivado por Baraúna, porque *"[...] conseguiu essa vaga e eu fiz uma inscrição [...]".*[459] E continua na mesma batuta, em princípios dos 1980, quando Cedro veio através de Aroeira *"[...] que me levou e me ajudou muito".*[460]

Para os poucos santanenses que vieram na década 1960, a prioridade era se estabelecer conseguindo um trabalho para garantir o sustento, estudar foi se tornando uma consequência viável. Embora seja uma questão já discutida no capítulo anterior, volto a lembrar mediante o relato de Aroeira que, a partir do final da década de 1960, as notícias sobre a Casa do Estudante chegaram à Santana dos Garrotes de forma mais incisiva, inclusive, tornando-se uma possibilidade concreta para se estudar na capital. Mesmo não tendo condições financeiras de assumir a mensalidade, havia a Casa do Estudante que poderia ser garantida por aquele colega/conterrâneo que lá residia e que lhe assegurava a vaga. A falta de recursos para bancar a mensalidade era contornada pela disposição de submeter-se a condição de sócio agregado e prestar serviço nas dependências da instituição.

A aproximação dos conterrâneos com o poder institucional da CEP é outro elemento a ser considerado nesse momento. De modo efetivo, mantiveram-se alinhados politicamente ao grupo do Vale do Piancó. Em seguida, chegaram a exercer o cargo de presidente, compuseram várias diretorias e estabeleceram boas relações com seus aliados. Como já mencionei, estabelecer relações, articular-se politicamente e comungar com os interesses majoritários eram decisivos nesse processo de inserção na Casa, seja como novo residente ou como elemento do grupo.

Superada a experiência de tornar-se residente, era chegado o momento de adentrar no cotidiano da Casa, compartilhar os sabores

---

[458] AROREIRA. [Entrevista concedida a Francisco Chaves Bezerra]. João Pessoa, 10/11/2015.

[459] CARNAÚBA. [Entrevista concedida a Francisco Chaves Bezerra]. Santana dos Garrotes, 22/12/2015.

[460] CEDRO. [Entrevista concedida a Francisco Chaves Bezerra]. Santana dos Garrotes, 22/12/2015.

e as desventuras de ser mais um da Casa do Estudante. A diversidade econômica e social sempre foi uma das características mais evidentes daquele coletivo de estudantes. Desse modo, havia uma hierarquia que classificava os sócios nas categorias de pensionista, efetivo (mensalista) e agregado. O pensionista tinha como especificidade o fato de fazer as refeições (café da manhã, almoço e jantar) na Casa, contudo, sua hospedagem era fora, geralmente em pensões localizadas no centro da cidade (a maioria na própria Rua da Areia). Era um contingente importante na composição do quadro de residentes, mas se destacavam por disporem de melhores condições financeiras, por isso mesmo arcavam com as despesas de aluguel e ainda contribuíam com os custos de alimentação, uma vez que pagavam uma taxa para ter acesso às refeições da CEP. Apesar de considerar esse grupo como parte dos residentes da Casa, o qual chegou a constituir um terço dos estudantes, ele não foi entrevistado, pois como afirmaram os que entrevistei, mesmo havendo o contado diário com o ambiente da Casa, eles não participavam das decisões políticas, ou seja, não estavam submetidos às normas internas da instituição.

Os sócios efetivos eram, de fato, quem conduziam a Casa do Estudante, político e administrativamente. Também denominados de mensalistas, por contribuírem mensalmente com certa quantia em dinheiro. Logo na entrada pagavam uma espécie de calção (chamada de joia), algo que

> [...] todo sócio novato pagava uma joia, só que ele tinha direito. Era uma quantia significativa. Por exemplo, nós que pagávamos a joia e pagávamos a mensalidade. A Casa não tinha uma verba pública assegurada. Eram verbas eventuais que o governo dava quando quisesse, sabe? Alguns deputados nessa época (hoje tá modernizado, chama emenda, né?) colocava uma emenda distribuindo tanto (nesse tempo se chamava subvenção). Mais a nossa contribuição era importantíssima pra contribuir com o sustento da Casa.[461]

Sem dúvida, a contribuição dos mensalistas era de suma importância, porém, estava muito aquém das necessidades da Casa, levando os residentes a um estado de peregrinação permanente junto aos gabinetes dos políticos. Em síntese, o orçamento não era compatível com as despesas – e esse é um aspecto que permaneceu ao longo da sua existência enquanto instituição autônoma, pois a reabertura em 1984 já aconteceu sob a responsabilidade do Estado – a tensão dos estudantes era contínua, pois todo ano era a mesma

---

[461] BARAÚNA. [Entrevista concedida a Francisco Chaves Bezerra]. João Pessoa, 09/10/2015.

ladainha: fecha, não fecha, recaindo com mais intensidade entre os novatos. Uma situação em que os veteranos já estavam calejados com o refrão que se repetia a cada ano.[462]

Os agregados compunham o segmento que não dispunha de condições financeiras para arcar com as despesas de mensalidade. Assim sendo, eram desprovidos de direitos políticos, pois segundo Baraúna,[463] ficavam elixados dos processos eleitorais em virtude de sua vaga ser resultante de uma espécie de concessão, o que os tornavam mais dependentes dos representantes da diretoria da CEP. Em termos percentuais, a representação do

> *Agregado era em média de 10%, que a Diretoria escolhia entre aqueles rapazes mais pobres. E você ficava prestando serviço, um dia de garçom, você entende? Não pagava mensalidade, mais ele era discriminado porque ele não votava. [...]. Não votava na disputa, porque tinha influência na disputa, né? Quer dizer, se eu nomeei você pra ser agregado, eu sou o Presidente, entendeu? O estatuto não permitia justamente por isso.[464]*

O que me chamou mais atenção nesse caso foi a consumação segregativa de um segmento abalizado em critérios puramente econômicos, porque a interferência política (amplamente mencionada) no acesso à Casa ocorria nos diferentes níveis sociais dos estudantes, sendo essa, inclusive, uma prática mais evidente entre os que eram dotados de melhor posição econômica e social, em virtude das boas relações que mantinham com a classe política. Sendo excluído oficialmente do processo político, o sócio agregado ainda carregava o ônus de ter que prestar alguma modalidade de serviço (executando alguma tarefa) na Casa ou fora dela (se fosse requisitado por outra instituição) para compensar a falta de pagamento da mensalidade. Por ser agregado e seguindo as determinações estatutárias,

> *Quando eu cheguei à Casa do Estudante tinha que pagar uma mensalidade e eu não tinha dinheiro. Eu não tinha dinheiro e para ficar lá sem pagar uma mensalidade, você era obrigado a ficar dentro de um sistema que tinha lá. Eles chamavam de agregados. Então, o agregado ele tinha que prestar serviços na Casa: uns varriam, outros limpavam, outros auxiliavam nas coisas. A minha função foi lavar bandejas, me colocaram para lavar bandeja. Eu almoçava, entrava para a cozinha e ia lavar bandejas. Então,*

---

[462] LOUREIRO, 1989.

[463] BARAÚNA. [Entrevista concedida a Francisco Chaves Bezerra]. João Pessoa, 09/10/2015.

[464] BARAÚNA. [Entrevista concedida a Francisco Chaves Bezerra]. João Pessoa, 09/10/2015.

> *lavava bandeja até próximo de 1h da tarde. Eu saía, tomava um banho, colocava a farda e ia para o Liceu estudar. Eu passei um tempo. Eu passei bem um ano lavando bandejas.*[465]

A prestação de serviços, entretanto, poderia ser fora da Casa, desde que se tratasse de uma instituição pública e devidamente requisitada por um funcionário ou um profissional da repartição interessada. Foi dialogando ou compartilhando suas aflições que Aroeira conseguiu sair da condição de lavador de bandejas, na cozinha da Casa do Estudante, para se tornar auxiliar de dentista em um consultório no edifício Dezoito Andar. Sendo assim,

> *Depois de um ano, eu fui fazer um tratamento de dente e conheci uma dentista. Eu contando a dentista meu sofrimento de lavar bandejas e não sei mais de que [...]. Ela perguntava sobre a minha vida, eu contava, ela disse: eu vou pedir ao presidente para você ser o meu auxiliar aqui. Aí eu fiquei sendo auxiliar da dentista. Eu pegava aqueles equipamentos e colocava dentro de um negócio com água fervendo, organizava tudo direitinho, deixava pronto para ela trabalhar. Para ela fazer limpeza, obturação, extrair dente. Então, passei mais um ano cuidando dessa parte.*[466]

Sem dúvida, esse foi um bom exemplo de como era possível prestar serviços fora da Casa. Revela ainda a capacidade de articulação e a astúcia do residente que agia no terreno dos que detinham o controle das operações para impor suas vontades, atingir seus propósitos, dispor de um espaço de que não lhe era próprio. Reforça também uma prática bastante comum entre os residentes: recorrer ao estereótipo do sofrimento para sensibilizar as autoridades instituídas.

Em tom de arremate, avalio que, quando se tratava do acesso à Casa do Estudante, as práticas de interferência de amizades e os favores políticos capitalizados politicamente no fenecer da década de 1940 permaneceram com muita consistência nas décadas seguintes, ainda que, de forma gradual, esse mecanismo tenha sido apropriado pelos próprios residentes que, na segunda metade da década de 1960, praticamente assumiram o controle da entrada de novatos na instituição. Não estou afirmando que essa prática deixou de existir, pelo contrário, foi incorporada e aperfeiçoada pelos dirigentes da instituição. O deslocamento dessa modalidade de arranjo

---

[465] AROREIRA. [Entrevista concedida a Francisco Chaves Bezerra]. João Pessoa, 10/11/2015.

[466] AROREIRA. [Entrevista concedida a Francisco Chaves Bezerra]. João Pessoa, 10/11/2015.

ficou evidente na vinda dos estudantes de Santana dos Garrotes que, inclusive, teve seu número aumentado consideravelmente.

Se, para conseguir entrar na Casa era uma tarefa que exigia interferência de um parente conhecido ou de um político amigo da família, e essa articulação nem sempre era tão simples, tomei esse procedimento como um elemento educativo no sentido de que esses jovens estudantes logo cedo começaram a vislumbrar, nessas práticas de apadrinhamento, a possibilidade de conseguir benefícios, de serem inseridos socialmente, ou seja, era necessário negociar para se dar bem. Barganhar favores, portanto, tornou-se um modo de agir apreendido (elaborado) a partir da convivência com esse espaço institucional.

Instrumentos como o cartão, a joia e a própria permanência eram ofertados em troca de apoio político, seja nos meandros da política partidária, ou no convívio na CEP. E, como já foi dito, aos poucos, esse conjunto de produtos tornou-se moeda de troca política. Nesses termos, significa dizer que chegar e permanecer em João Pessoa demandava o domínio desses códigos de negociação. Ser residente da Casa do Estudante, portanto, era se dispor a esse bailar da interferência de alguma força de apadrinhamento. Em nenhum momento foi mencionado o ingresso por meio de uma seleção baseada em critérios isonômicos, seguindo orientação estatutária. Obviamente que os sujeitos detentores de condições financeiras para pagar a mensalidades tinham mais facilidades, mesmo porque já se apresentavam com uma carta de indicação. Para os estudantes pobres, restava-lhes o prestígio e a boa vontade de amigos e conterrâneos.

Tornar-se morador da Casa do Estudante da Paraíba era ser inserido em um espaço institucional de normas, práticas e memórias que têm papel fundamental na formação desses sujeitos. Uma conformação gradual e nebulosa que, aos poucos, ia formatando outra postura, constituída por intermédio de diferentes demandas. Por essa razão, as experiências acumuladas, até o momento do ingresso, ganhavam novos contornos, e uma nova realidade fazia logo perceber que as necessidades de sobrevivência eram bastante diferentes dos utensílios que se usou até aquele instante de sua experiência enquanto sujeito social e cultural. Em síntese, trata-se de jovens estudantes se apoderando das velhas práticas da política de benefício, ou seja, uma reprodução da macropolítica, em que prevalece a força do mando dos que controlam o poder sobre os que dele estão alijados.

4.4 POLÍTICA NA CASA DO ESTUDANTE DA PARAÍBA: AUTORITARISMO, ARTICULAÇÕES E DEPENDÊNCIA QUE GARANTEM PRIVILÉGIOS DE MANDO

Narrar esse cotidiano de experiências não foi uma tarefa das mais tranquilas, porque não se tratava de um movimento estanque. Na verdade, deparamos com uma teia de vontades que se entrelaçavam permanentemente, ou seja, uma questão multifacetada que não se permitia uma única versão. Um conjunto de forças representado pelos interesses das famílias que enviavam seus filhos para a capital a procura de uma vaga na Casa, bem como dos políticos que intermediavam esse acesso interessados na capitalização eleitoral no interior do estado e dos residentes veteranos que detinham o controle político administrativo da instituição (com destaque para os estudantes do Vale do Piancó) e que usavam o acesso para fortalecer o seu grupo internamente e, ainda, dos novatos que chegavam com suas expectativas de resolver a situação em que se encontravam de imediato, tendo como prioridade garantir um lugar para morar e estudar.

De fato, havia a materialização de um arquétipo que ia além do acesso, mas tendo desdobramentos no cotidiano político da CEP, marcadamente assinalado pela constituição de categorias hierárquicas definidas por critérios econômicos que colocavam os residentes em condições de desigualdade nas relações e, em certo sentido, favoreciam os mais aquinhoados, facilitando a cooptação dos mais desprovidos. Um modelo de convivência refletido nas práticas e nas falas dos sujeitos, embora tal situação aguçasse a operacionalização de certas táticas que poderiam burlar estas aparentes determinações.

A Casa do Estudante da Paraíba não era um produto político construído em si mesmo. Quero afirmar com isso que as práticas ali identificadas, apesar de suas especificidades, interagiam concomitantemente com os preceitos da política conservadora pautada, sobretudo, no compromisso clientelista, na troca de proveitos entre o poder público que, progressivamente, ampliava sua força e impunha-se à decadente influência social dos chefes locais. Obviamente que esse era um fenômeno somente passível de compreensão se for considerada a relação das forças políticas dirigentes com a estrutura agrária arraigada no mandonismo local. Essa base de sustentação das manifestações do poder privado era tão forte no interior da Paraíba, mesmo assim, o Governo continuava dependente do eleitorado rural ainda majoritário naquele momento.[467] Dessa estrutura, resultaram as características secundárias desse sistema que entre outras se destacam "o mandonismo, o filhotismo, o falseamento do voto, a desorganização dos serviços públicos locais."[468]

Nesse caso, o benefício não era destinado diretamente ao representante da política local, todavia, tratava-se de algo que ia muito além de um favorecimento simbolicamente representado pelo cartão de acesso à CEP. Na verdade, o que estava em questão era uma forma de apropriação ou readequação dos valores persistentes nas relações políticas partidárias que adentravam àquele espaço e, assim, passava a configurar como práticas predominantes dentro da instituição. Essa análise, portanto, avaliou um fazer político que não estava desvinculado das políticas dominantes da época, provavelmente tratava-se de uma reprodução com as devidas adequações ou particularidades inerentes ao lugar institucional.

A singularidade das práticas políticas da CEP não estava no fato destas serem distintas das posturas hegemônicas, contudo, era resultante da formatação de uma feição própria que bebia do modelo político vigente, mas que também se moldava às necessidades do lugar. Primeiro entender que se tratava de um espaço vivenciado por estudantes que, apesar de arraigado nos vícios políticos, dispunha de um cabedal de informações que diversificava a compreensão das relações no campo do poder, mesmo que esse instrumental fosse utilizado (em larga medida) para sofisticar os métodos de ação que garantia o controle político de um ambiente que poderia ser definido como um espaço dotado de formas de pressão diferenciadas.

Essa arrumação tinha, no processo eleitoral para eleger a direção da CEP, o seu ápice, pois representava o momento de conformação de forças e, em meu entendimento, um fenômeno essencial para se compreender a organização política traçada no interior da instituição, inclusive, como elemento formativo. Como costumeiramente afirmam os entrevistados, a Casa do Estudante respirava política e, como tal, no momento de eleições (ocorridas anualmente) o natural era o afloramento dessa veia. E falo aqui da política em suas diferentes faces: a disputa eleitoral, as articulações entre

---

[467] Dados populacionais da Paraíba, segundo o IBGE: **Paraíba – 1960:** população rural: 1.309.972 hab.; população urbana: 708.051 hab.; **Paraíba – 1970:** população rural: 1.426.0081 hab.; população urbana: 1.019.338 hab. Fonte: BRASIL. **Geografia do Brasil** – Região Nordeste. Rio de Janeiro: IBGE, 1997. p. 142-143.

[468] LEAL, 2012. p. 44.

os grupos, as rodas de conversas que eram permanentes, os debates-palestras com a presença de autoridades políticas e intelectuais, as estratégias traçadas para reivindicar melhores condições de moradia na CEP junto às autoridades públicas, a organização de campanhas filantrópicas que mobilizavam setores da sociedade civil, as participações em campanhas políticas do estado, as lutas no movimento estudantil, sem contar os que não suportavam política que também devem ser inseridos nesse cabedal.

O organograma administrativo da CEP estava estruturado da seguinte forma: a Diretoria Executiva, o Conselho Deliberativo e o Conselho Fiscal. Para exercer estes cargos, os candidatos eram submetidos ao voto direto da maioria dos residentes, uma vez que os mensalistas inadimplentes e os agregados não podiam exercer esse direito. Segundo Carnaúba,[469] *"os juízes eram quem presidiam a eleição. O tribunal designava um juiz pra vim acompanhar a eleição".* Todo o processo eleitoral era munido de algumas formalidades legais, definido a partir do estatuto, porém, especificado por meio de um edital elaborado e aprovado em assembleia geral pelos residentes que estabeleciam as regras de cada pleito. Vencida essa etapa, o passo seguinte era divulgar o edital na imprensa, constando o prazo para inscrição de chapas, condições para votar e ser votado e data da eleição. Como mencionou o entrevistado, nele também estava posto que o processo de votação fosse conduzido por um juiz designado pelo Tribunal de Justiça da Paraíba (TJPB), responsável pela condução dos trabalhos no dia da eleição, fechamento da votação, apuração e publicação do resultado final.

A eleição era coordenada por um juiz do TJPB desde 1950, quando a Casa ganhou sua autonomia administrativa, permanecendo assim até a intervenção do Governo do Estado, em 1976. Uma das exigências do governador Osvaldo Trigueira para que os estudantes assumissem o controle da instituição, com o argumento de dar credibilidade ao processo eleitoral, uma espécie de **dou fé** da justiça aos eleitos. Além disso, creio que o mais importante, assumia uma função de mediação dos conflitos que vinham sendo acirrados durante todo processo, tendo seu ápice no dia da eleição. As rivalidades aguçavam-se, *"principalmente quando era na época da campanha. Eram brigas, aqueles problemas. E a gente ia pra briga mesmo. Era a revolução pra enfrentar, pra tomar o poder."*[470]

---

[469] CARNAÚBA. [Entrevista concedida a Francisco Chaves Bezerra]. Santana dos Garrotes, 22/12/2015.

[470] CARNAÚBA. [Entrevista concedida a Francisco Chaves Bezerra]. Santana dos Garrotes, 22/12/2015.

De fato, a expressão mais adequada seria garantir o poder, ao invés de tomar o poder, uma vez que a liderança do Vale do Piancó fora articulada, consistente e prolongada, sendo que, majoritariamente, os santanenses não destoavam desse grupo dominante, enfim, onde há a expressão, há revolução – leia-se a pressão – exercida para garantir o status quo. E, nesse intuito, realmente não se media esforços, nem se escondia a verdadeira compreensão da face política que vigorava naquele espaço:

> Conceição era quem mandava. [...] E a política era uma coisa rígida, se você não fosse do bloco (como sempre!), a política, você sabe, quando não reza na cartilha, não tem como. Em tese, a gente diz uma coisa, mas as práticas são outras, né? [...] Se você discordasse dele, se você pensasse alguma coisa contra ele, você tinha que ficar calado, porque ele botava você pra fora e não queria nem saber.[471]

Quem não se enquadrava a essa imposição, resistindo aos preceitos norteadores das práticas políticas de quem "diz uma coisa, mas as práticas são outras" era sumariamente rejeitado do processo e, até mesmo, expulso da Casa, como mostrei no capítulo anterior ao relatar o episódio em que um residente oposicionista "inventou de ser candidato a presidente", enfurecendo o grupo político situacionista (Vale do Piancó) que o colocou "pra fora da Casa de noite, jogaram os troços dele no mato, a mala, tudo"[472]. Esse ato extremo culminou com a intervenção momentânea do Exército, entretanto, serviu também para evidenciar um modelo administrativo fundamentado na perseguição aos divergentes do grupo dominante, que ia da agressão física, restrições políticas e à pressão psicológica permanente.

O santanense Baraúna assumiu o desafio de ser presidente fora do circuito, melhor dizendo, por ser um sujeito periférico do grupo (mesmo sendo da Vale do Piancó, não era de cidades como Conceição, Itaporanga ou Piancó) não tinha oportunidade de ser alçado à presidência, todavia, nutria o desejo de romper com a situação. No final da década de 1960, após a intervenção do Exército em 1965, que ironicamente permitiu maior liberdade de expressão aos residentes, Baraúna articulou com Lázaro Bilac (de Boqueirão dos Cochos – PB) e João Teotônio (Pedra Branca – PB) uma candidatura oposicionista, formando, assim, um grupo dissidente para enfrentar José de Matos Brito, candidato da situacionista, mas

---

[471] BARAÚNA. [Entrevista concedida a Francisco Chaves Bezerra]. João Pessoa, 09/10/2015.

[472] BARAÚNA. [Entrevista concedida a Francisco Chaves Bezerra]. João Pessoa, 09/10/2015.

> *[...] nós perdemos a eleição, aí ele ficou na perseguição. Esse foi um dos motivos que me fez ir embora, porque eu não queria me desdobrar dele, eu era um dos líderes do movimento e eu me vi numa situação econômica que tinha que chegar lá e "pedir pinico" pra ele, pra poder continuar os estudos. [...] O orgulho próprio naturalmente, eu preferi... Quando eu perdi o emprego, né?*[473]

Esse relato é bastante representativo no sentido de expor com clareza os métodos políticos que vigoravam na CEP. Profundo conhecedor dessas práticas, Baraúna não se dispõe a enfrentar as restrições que lhe seriam impostos após tomar essa posição de rebeldia. Caso tivesse saído vitorioso das eleições, outro grupo certamente sofreria dos mesmos atos excessivos. O fato de estar desempregado complicou ainda mais a situação do residente que não tinha como pagar a mensalidade, mas também uma faceta do apadrinhamento, ou seja, se tivesse permanecido aliado, o presidente daria um jeito de mantê-lo, teria que pedir penico como atestou.

Baraúna se afastou da Casa por um tempo, retornou no princípio dos anos de 1970, quando a situação era de profunda instabilidade política. Mesmo assim, para entender sua ascensão à presidência, deve-se considerar que o sujeito dispunha de uma experiência de aproximadamente dez anos de residência. O referido entrevistado sempre pautou por um discurso conciliador e geralmente atuava como mediador de conflitos entre as principais lideranças do Vale do Piancó. Sua candidatura vitoriosa só foi possível em uma espécie de vácuo de poder, em virtude do agravamento da crise financeira, da vigência de práticas autoritárias e das acusações de desvios éticos que eram imputados aos gestores da época, enfim, um turbilhão de problemas a serem resolvidos e que conduzia a instituição ao pleno descrédito. Mediante toda essa situação, sua campanha ainda foi bastante movimentada, pois *"era uma briga tremenda, porque eu não tinha aquele, né? Você sabe como é, o caba pobre. Mas eu fui apoiado por quem? Conceição ficou neutra. Fui apoiado por Nova Olinda, Bonito de Santa Fé, Itaporanga. Aí eu me tornei um forte"*[474].

Simbolicamente, a ascensão de Baraúna à presidência da Casa do Estudante foi algo representativo do ponto de vista social e político. Apesar do considerável aumento do número de estudantes carentes na década de 1970, na verdade, no que tange à cultura política, trata-se de um lugar onde

---

[473] BARAÚNA. [Entrevista concedida a Francisco Chaves Bezerra]. João Pessoa, 09/10/2015.

[474] BARAÚNA. [Entrevista concedida a Francisco Chaves Bezerra]. João Pessoa, 09/10/2015.

predominavam o peso do nome da família, a força do poder econômico e a influência de personalidades da política do estado. Tais questões poderiam determinar ou facilitar a chegada ao controle administrativo da Casa. Mesmo tendo o apoio de outras cidades importantes do Vale do Piancó, há de se considerar que os residentes da cidade de Conceição não tomaram partido oficialmente por nenhum dos candidatos. Sem dúvida, um posicionamento significativo se considerarmos que esse grupo (de Conceição) controlou o poder na instituição de forma soberana por duas décadas (1950-1970). Esse protagonismo se deve muito à liderança inconteste de Wilson Braga que, mesmo após deixar a Casa, continuou influenciando as decisões políticas, tendo como principal interesse a manutenção daquele coletivo estudantil como um reduto de agentes influenciadores nos diversos municípios do interior do estado.

Certamente que essa postura dos santanenses acabou contribuindo para que muitos dos residentes de Conceição direcionassem seus votos ao conterrâneo do Vale, principalmente, pelo fato dos estudantes de Santana dos Garrotes sentirem-se confortavelmente incluídos no grupo, a ponto de se manifestarem dessa maneira: *"Era o seguinte: sempre a gente foi maioria. Eu era ligado ao pessoal de Conceição, que era o pessoal mais forte na política, e de Piancó. A gente sempre derrubava a oposição [risos] que era do outro lado. Mas uma relação maravilhosamente".*[475] Enfim, a chegada à presidência da Casa de sujeitos ordinários ao processo não significou uma renovação do grupo ou das práticas políticas, todavia, ocorreu um embaralhamento das forças, proporcionado pelas próprias condições de crise vivenciadas naquele momento de sua história, como também pelo aumento da parcela dos que se identificavam com as lideranças vindas de segmentos sociais mais humildes, pois dispunham das mesmas condições de pobreza.

Ser presidente da Casa do Estudante, no que tange ao prestígio político, era algo a ser considerado, pois, entre outras coisas, significava garantir: o controle de vagas que davam acesso aos novatos, comumente distribuídas com os aliados, além de atender às indicações dos políticos; permitia a definição do quadro de hóspedes, geralmente ocupado por familiares e amigos que vinham do interior conhecer a capital ou à procura de emprego; administrar as verbas destinadas à Casa pelas instância públicas e as mensalidades pagas pelos sócios; ser representante de um considerável contingente de jovens estudantes oriundos de várias microrregiões do estado; ter o acesso

---

[475] OITICICA. [Entrevista concedida a Francisco Chaves Bezerra]. João Pessoa, 24/02/2016.

facilitado junto às autoridades por ter tamanha representatividade; além de ter tratamento diferenciado na sua cidade de origem, uma vez que era considerado um jovem promissor politicamente a Wilson Braga[476] que saiu da CEP para ocupar uma cadeira de deputado estadual na Assembleia Legislativa da Paraíba, em 1954.

Obviamente que a questão política também fazia parte desse mesmo projeto narrativo de autopromoção construído a partir da década de 1950. No entanto, vale ressaltar que, de fato, essa estratégia de valorização teve seu efeito, especialmente, pela boa relação política e institucional mantida com José Américo de Almeida e, ainda, pelo exemplo prático que se tornou Wilson Braga. Sendo que tal prestígio, vinculado ao cargo de presidente da Casa, perdurou até o seu fechamento em 1976, embora fosse visível seu progressivo enfraquecimento após a intervenção do Governo do Estado (1967-1968). Logo depois, foi ganhando contornos puramente de autopromoção, sendo assim sintetizada: *"eu sempre disse a todo mundo, e digo a meus conterrâneos: a Casa do Estudante, ela foi bom exemplo pra o estudante e organizada até os anos 70, porque tem muita gente que quis ser presidente, e foi presidente, pensando em melhorar de vida."*[477]

Nesse cenário de crise, as forças se fragmentaram e o que antes era controlado com rigidez pelo grupo majoritário, agora o conflito era exposto, a oposição cresceu e a lisura dos administradores era permanentemente questionada. Com a "panelinha" rachada, portanto, as agressões físicas se avolumaram. Em 1967, o diretoriano Plínio espancou o estudante José Gomes da Silva com a justificativa de ter sido por ele insultado pela alcunha de "panelinha e desonesto", e mesmo assim sugeria ainda "que saísse da Casa, porque ali não era lugar de agitador, Gomes partiu para agressão e ele se defendeu."[478] Já em 1973, as coisas haviam se alterado bastante, sendo que os dirigentes passaram a ser alvos de agressões físicas. E assim, o presidente Joaquim Nunes da Costa argumentava que havia fechado "o refeitório porque um grupo de associados da chamada oposição não queria obedecer à disciplina interna da diretoria. A decisão veio quando

---

[476] Teve seu perfil político assim definido pelo jornalista Nonato Guedes (2012, p. 107): "de carreira populista, com carreira iniciada em 1954 como deputado estadual e exercendo influência na Casa do Estudante em João Pessoa, Braga, que flertara com o PSB e passou pela UDN, vinha em processo de ascensão.".

[477] OITICICA. [Entrevista concedida a Francisco Chaves Bezerra]. João Pessoa, 24/02/2016.

[478] Associado da Casa do Estudante agrediu secundarista a sôcos. **Jornal O Norte**, João Pessoa, 01/11/1967.

vimos que não havia mais condições de com eles dialogar. Chegaram ao ponto de me agredir fisicamente."[479]

Entre acusações e defesa, o momento apresentava-se sob diferentes alegações no que tange à situação da crise na Casa. Os denunciantes apontavam para os desmandos administrativos (apropriação indevida dos recursos, falta de prestação de contas, autoritarismo, abandono e interesses pessoais), por outro lado, os dirigentes defendiam-se com o argumento de que a postura destrutiva dos opositores emperrava o bom trabalho desempenhado pela gestão. O segundo santanense a ser presidente da CEP, José Ramalho Passos (1974-1975), embora não tenha sido o único naquele momento, enfrentou essa mesma circunstância de acusações. Também com argumentos similares aos demais, Passos rebatia afirmando que tudo não passava de má índole do futuro presidente Francisco de Sá Freitas que fazia questão de expor uma imagem de absoluto abandono da Casa, mas que não correspondia a realidade. Em depoimento ao jornal *O Norte*, Zé Ramalho atribuía o imbróglio ao sentimento de inveja nutrido pelo futuro presidente que, dificilmente, faria uma administração como a que vinha desempenhando no estabelecimento estudantil. Afirmava ainda que a existência de supostos débitos citados pela acusação,

> [...] poderá ser verdadeiro, pois quando assumi a presidência em 1974 já encontrei um débito de 54 mil cruzeiros das administrações anteriores. Como a Casa dos Estudantes não tinha condições para cobrir os débitos, pois a receita é menor do que as despesas, termina se acumulando dívidas, que dificilmente serão liquidadas. [...] Acrescentou ainda José Ramalho que sobre o problema do pagamento das mensalidades por parte dos associados, realmente vem sendo um dos grandes problemas do estabelecimento, pois muitos não pagam as mensalidades, havendo casos de atraso até de quatro meses. O próprio presidente está devendo quatro meses de mensalidade e se nega a pagar.[480]

Como foi possível constatar, o que destoava em relação as demais crises era o fato de que não se tratava apenas da falta de dinheiro, mas também de ampla divergência política entre os estudantes. Não quero aqui assumir uma posição polarizada a respeito dessa questão, ostentando uma postura de enaltecimento de possíveis heróis em detrimento da demonização de supostos vilões, nem muito menos desqualificar os

---

[479] Associado da Casa do Estudante agrediu secundarista a socos. **Jornal O Norte**, João Pessoa 01/11/1967.

[480] Casa do Estudante continua a sofrer falta de dinheiro. **Jornal O Norte**, João Pessoa, 07/11/1975.

devidos argumentos imputados na imprensa pelos atores em cena. De fato, foi razoável considerar todos esses elementos como constituinte de uma teia trançada por fios curtidos em ações e falas, postos numa mesma arena onde se deu o movimento das operações que expunham sujeitos e vontades, antagonismos e conciliações. Entendo que esse jogo argumentativo de ambas as partes deu-me instrumentos para compreender como a CEP, de fato, transformou-se em um espaço educativo, nesse caso, marcadamente influenciado por esse agir político.

Um agir construído na convivência do dia a dia, considerado por todos entrevistados como excessivamente politizado. Um ambiente que respirava política

> [...] porque ficávamos no cotidiano ali. Terminava o almoço, a gente ficava ali discutindo as coisas, assistindo televisão, ouvindo rádio e a política da Casa era uma constância, né? Você sabe. "E já está se preparando pra campanha do outro!" Os caras ficavam olhando ali. Tinha os caras pra olhar. "E esse cara!" "Será que esse cara vai trair nós?". Aquela coisa que é natural em política, não é?[481]

Diante do exposto, os momentos de eleições na Casa do Estudante podem ser percebidos como momento de recordação das memórias que sintetiza esse cotidiano político, muito significativo como elemento de aprendizagem para os sujeitos envolvidos. Afirmo isso em virtude da ampla repercussão na imprensa (inclusive, sendo divulgados os nomes dos eleitos, a festa de posse e o comparecimento das autoridades), como também pelo fato de tratar-se de um evento que permaneceu nas lembranças dos estudantes (tanto pelos memorialistas como pelos entrevistados) e, por fim, como diria Moreno,[482] onde se reproduziam as práticas políticas de que tudo vale para ganhar uma eleição e garantir os benefícios proporcionados pelo poder.

Além dessa questão estrutural que colocava em risco o próprio funcionamento da CEP, a disparidade entre os sujeitos residentes (econômica, social, cultural, simbólica, psicológicas e outros) colocava-os numa condição institucional diferenciada que certamente ainda era intensificada por inúmeras dificuldades enfrentadas na própria convivência, levando-os a situações de conflito. Segundo Loureiro, tais dificuldades poderiam advir do "pouco

---

[481] BARAÚNA. [Entrevista concedida a Francisco Chaves Bezerra]. João Pessoa, 09/10/2015.
[482] MORENO, 2011.

dinheiro (ou nenhum)[483], alimentação deficiente, falta de orientação e do carinho dos paternos, deficiência de livros (a Biblioteca Pública quebrava o galho), inexistência de ambiente social e falta de indumentária". Ou, simplesmente, pelo fato de "[...] muitos não suportavam a convivência com alguns colegas".[484]

Aparentemente a citação anterior contradiz a narrativa dominante, entretanto, Loureiro não destoou do sentido da trama, por ele, muito bem traçada. Na verdade, essa passagem trouxe um dos elementos basilares desse enredo: as dificuldades/necessidades que os residentes eram obrigados a suportar e superar. O que colocava essa narrativa em contradição era o fato de reconhecer que "muitos não suportavam a convivência com os colegas", destoando, assim, da afirmação de que se tratava de um ambiente sofrido, porém, harmonioso e de amizades fraternas. Não era apenas de uma escorregada do memorialista, pois a situação de permanente tensão, na convivência dos estudantes, levou-o a constatar que a diretoria da CEP baixava portaria constantemente (uma pena não serem preservadas) para tentar amenizar as brigas, a depredação, os questionamentos excessivos, a jogatina, bem como andar de cuecas nas áreas comuns, conter a entrada de mulheres nos quartos, evitar relações homoafetivas etc. Como já frisei anteriormente, de todas as determinações apontadas, o envolvimento afetivo entre homens era a que recebia punição mais severa, pois, ao ser constatado o envolvimento, ambos deveriam ser punidos com a expulsão. Os entrevistados, entretanto, procuraram evitar o detalhamento de casos, porém, confirmaram a existência e sua devida punição.

Esse turbilhão extrapolava os muros da CEP, contudo, agir, nesse espaço institucional, exigia planejamento, articulação e astúcia para se conseguir o mínimo de funcionalidade. Impor regras a uma coletividade que dispunha de intensões variadas e fazer reuniões que adentravam pela madruga eram meios de pensar as táticas reivindicatórias. Com a pauta devidamente discutida, nem sempre em tom cordial, colocava-se em ação o plano de reivindicação que se apresentava com um leque variado, que ia desde chamar a atenção da sociedade até pressionar o poder instituído. Entre os mecanismos de cobrança mais evidenciados na mídia e narrados pelos entrevistados, destacavam-se as greves de fome, os panelaços no Centro

---

[483] As crises financeiras na Casa do Estudante eram tão recorrentes que, segundo Loureiro (1989), na apresentação do orçamento anual já havia a seguinte observação: "na falta de recursos, é só fazer uma passeata, ir ao governador e pedir ajuda". Além das mencionadas atividades beneficentes como rifas, bingos, desfiles abrilhantados pelas moças da sociedade, shows com artistas famosos como Luiz Gonzaga, Ângela Maria, entre outros; festas sociais com lanches e bebidas.

[484] LOUREIRO, 1989. p. 44.

Administrativo Estadual e as caminhadas no centro da cidade munidas de cartazes e palavras de ordem.

Tais ações poderiam ser repentinas, ou seja, sem muito planejamento. A falta de alimentação era situação mais tensa na CEP, sendo assim, esse era o momento que se agia no improviso, tanto na feitura das refeições com os colegas (queimando a lata) como articulando uma maneira de sair daquela situação. Foi vivenciando um desses momentos que Baraúna aprendia a cozinhar com Vital Farias e, ao mesmo tempo, discutiam a formação de uma comissão para falar com o governador a respeito da situação causada pela falta de verbas. Sem dúvida, um exemplo significativo de um espaço de aprendizagem, uma vez que, mesmo diante das necessidades impostas pela falta de condições de sobrevivência, os sujeitos burlavam alternativas, saiam da aparente normalidade, aprendiam (ensinavam) como sobreviver distante da proteção familiar e da falta de uma política efetiva de governo assistida que garantisse autonomia aos residentes.

A dependência financeira da CEP fazia com que fosse recorrente o apelo ao governador, embora, nos anos de 1970, os reclames ficassem no âmbito do imediatismo, pois

> [...] só quando faltava a merenda [alimentação] era que nós reunia uma turma de 12 pessoas, ia ao Governo. E muitas vezes nós fomos a Ernane Sátiro, Ivan Bichara, entendeu? Através do nosso representante, Edme Tavares, era deputado na época. Muitas vezes nós íamos e éramos recebidos. Ó, nós éramos tão importante que o Governo recebia nós no Palácio! Várias vezes eu fui mais Zé Nildo pro Palácio da Redenção, pleitear os recursos para a Casa do Estudante, com o acesso que nós tínhamos.[485]

Veja que o entrevistado citou Edme Tavares (posteriormente eleito deputado estadual) como "o nosso representante na época", ou seja, era o responsável pela intermediação entre os residentes e o governador. Na verdade, Tavares era o subchefe da Casa Civil do governo Ernani Sátiro e, assim como existia em outros governos, esse órgão era responsável pelos assuntos relacionados à CEP, independente de quem ou o que fosse solicitado. Ser recepcionado no Palácio da Redenção pelo governador ou por um de seus auxiliares, portanto, era uma imposição administrativa, pois a verba destinada à instituição precisava ser autorizada pelo próprio alcaide. Não se tratava, desse modo, do fato dos estudantes serem importantes como mencionou o entrevistado.

---

[485] CARNAÚBA. [Entrevista concedida a Francisco Chaves Bezerra]. Santana dos Garrotes, 22/12/2015.

Não podendo esquecer que, como já aludi anteriormente, a Casa do Estudante era um nicho eleitoral bastante explorado pelos políticos. Entre outros episódios que confirmam esse entendimento, vale destacar que, nas eleições de 1958, o pretenso deputado federal Alcides Carneiro recebeu um convite para almoçar na Casa e aceitou de pronto "[...] e o fez exatamente pela certeza de que o discurso poético que ali proferisse ia repercutir na comunidade de influência de cada um dos sócios.".[486] E assim, seguindo o mesmo formato, na década de 1960, os estudantes convidaram Soares Madruga para palestras na CEP;[487] na década de 1970, Paulo Soares era recepcionado para falar de política, da história da Casa do Estudante e dos desafios de conseguir adentrar na universidade em um curso concorrido.[488]

Uma relação muito estreita pelo fato de muitos saírem da própria residência estudantil. Nesse sentido, não resta dúvida quanto ao engajamento dos residentes nas campanhas político partidárias, principalmente, em apoio aos representantes do Vale do Piancó (Santana dos Garrotes: Teotônio Neto e José Teotônio; Piancó: Antônio Montenegro; Conceição: Wilson Braga e Ramalho Leite; Itaporanga: Soares Madruga e Paulo Soares; Aguiar: Judivan Cabral e São José de Caiana: José Lacerda Neto), um conjunto de notórios representantes públicos com estreita relação com a Aliança Renovadora Nacional (Arena) e, posteriormente, com os seus genéricos Partido Democrático Social (PDS) e Partido da Frente Liberal (PFL).

Quando indagado a respeito do envolvimento político dos residentes na década de 1970, Carnaúba assim se pronunciou:

> Olha, o que a gente via mais na Casa era só eleição de governador. Quando tinha eleição de governo e da capital. [...]. O que existia era que nós íamos pra o comício. Aí, dizia: "vamos ouvir João Agripino, Ernane Sátiro, vamos ouvir Teotônio Neto falar!" E ia pra vê Argemiro de Figueiredo, Osmar de Aquino, Raimundo Asfora, Vital do Rego. Quer dizer, eu me lembro do comício de Vital do Rego e Raimundo Asfora no encerramento da campanha de governador na lagoa, certo? Eram multidões. O povo ia para ouvir os oradores. E com aquilo, a gente era incentivado... "Eu vou fazer pra Direito, porque eu quero ser um tribuno!" "Eu quero ser um bom advogado!" Era isso que a gente vivenciava [...].[489]

---

[486] ALVES, 1989. p. 270.

[487] LOUREIRO, 1989.

[488] AROREIRA. [Entrevista concedida a Francisco Chaves Bezerra]. João Pessoa, 10/11/2015.

[489] CARNAÚBA. [Entrevista concedida a Francisco Chaves Bezerra]. João Pessoa, 22/12/2015.

Em síntese, o grupo dos residentes *"participava da vida política, comícios, cada um tinha o seu partido, o ponto de vista fora e dentro, agora dentro tinha política interna. Pra reeleger, pra eleger, aquela coisa toda.".*[490] Uma questão importante desse relato foi a tentativa de distinguir a política no interior da Casa do Estudante da política partidária. Entendo que esse mecanismo era possível em partes: o primeiro aspecto a ser considerado era o de que a escolha de um candidato geralmente passava pela definição familiar em seus municípios; segundo, o fato de escolher um nome independente da política da CEP não significava votar em candidatos diferentes ou de ideologia política progressista, ou seja, os votos de uma parte significativa dos residentes acabavam sendo direcionados aos mesmos candidatos, uma vez que se tratava invariavelmente dos mesmos postulantes, especialmente quando se refere ao sertão; por fim, no caso dos santanenses, muitos trabalharam nas empresas de Teotônio Neto (década de 1960) e outra leva conseguiu emprego no Governo do Estado por meio de Wilson Braga e Soares Madruga (década de 1970), sendo assim, fica difícil imaginar esses jovens estudantes rebelando-se claramente contra essas forças políticas.

Obviamente que existiram os exemplos destoantes dessa trilha, assumindo uma postura contestatória perante o regime militar, inclusive, filiando-se aos partidos de esquerda e participando do movimento estudantil organizado.

> *Como secundarista participei do grêmio do Liceu e acabei entrando para o Partido Comunista, quando eu estava no Liceu, acabaram me recrutando, era um partido clandestino e eu acabei entrando nessa viagem e depois já na Universidade, em Campina Grande, e depois na Universidade aqui, aí fui do DCE, fui diretor do DCE e fazia parte do movimento estudantil.*[491]

Esse cenário de militância partidária certamente não foi o que prevaleceu como ação política majoritária entre os residentes, mas, sim, a postura de articulação (não importava a linha ideológica do político), tendo como prioridade a manutenção do funcionamento da instituição. Mesmo porque muitos se valiam de argumentos como a indisposição no sentido de não desviar o foco dos estudos, ou a dura ação repressiva dos militares não permitia manifestações mais exacerbadas,[492] ou, ainda, por

---

[490] BARAÚNA. [Entrevista concedida a Francisco Chaves Bezerra]. João Pessoa, 09/10/2015.

[491] AROREIRA. [Entrevista concedida a Francisco Chaves Bezerra]. João Pessoa, 10/11/2015.

[492] CENDRO. [Entrevista concedida a Francisco Chaves Bezerra]. Santana dos Garrotes, 22/12/2015.

verem o movimento de resistência como atos políticos de badernas.[493] A tirar, destarte, pelos laços clientelistas e da manutenção de dependência da Casa junto aos órgãos oficiais, tudo leva a crer que a postura era mais de acomodação ou de conformação com os valores políticos predominantes naquele momento.

Para Loureiro,[494] os estudantes da Casa foram iniciados na vivência política, lutando pela autonomia da Casa ainda em fins dos anos de 1940, posteriormente embrenharam-se nas campanhas políticas, trabalhando para candidatos (entre as décadas de 1950 e de 1980) e corriqueiramente estiveram envolvidos nos espaços de representação estudantil (presidência da turma, grêmios estudantis, centros literários e outras coisas mais). De fato, quando a luta favorecia assuntos relacionados ao sistema educacional, como a participação nos movimentos docente e estudantil, melhorias nas escolas, diminuição do preço da tarifa de ônibus etc., era muito comum o envolvimento dos residentes. Esse interesse era ampliado quando se referia a algo relacionado aos seus objetivos imediatos, como terminar o 2º grau, ingressar na universidade, prestar um concurso público ou conseguir um trabalho remunerado. Não quero com essa afirmação desconsiderar os exemplos que certamente foram movidos pelo ideário de contestação, que agiram, mesmo indiretamente, para contribuir com movimento de resistência às forças ditatoriais.

Enfim, os residentes não estavam alheios aos acontecimentos, todavia, o envolvimento mais efetivo era limitado, porque

> *[...] naquela época os movimentos estudantis e sociais que, às vezes, se uniam um ao outro, era mais solicitando uma abertura política, uma maior participação do jovem, da população. A gente via um momento também de tensão, de receio também de se expor. Então, a gente, geralmente participava no "grupão", de forma isolada a gente tinha certos receios, principalmente a gente que era oriundo do interior, não tinha muita familiaridade em participar desses movimentos sociais. Então, a gente participava no "grupão", mais assim, uma militância mais ativa e mais individualizada, não. Porque a gente também tinha conhecimento de muitas coisas que acontecia, porque eles faziam questão de expor o que faziam [a repressão]. Mais para que, de certa forma, inibisse a participação*

---

[493] OITICICA. [Entrevista concedida a Francisco Chaves Bezerra]. João Pessoa, 24/02/2016.
[494] LOUREIRO, 1989.

> *popular. Então, a gente sempre participava, mais não de uma forma direta, individual, só em grupos maiores.[495]*

Quando Melo[496] afirma que, na Paraíba contemporânea, não havia equivalência entre mobilização social e resultado políticos, em meu entendimento esse argumento é apropriado para definir a postura política prevalecente entre os estudantes da CEP, pois eles se envolviam nos movimentos de reivindicação estudantil de forma pontual, contudo, as escolhas no momento de votar, ou mesmo quando adentraram à carreira político partidária, alinhavam-se à política fisiológica.

Em sua narrativa, Loureiro[497] descreve como um aspecto positivo essas práticas desse adágio político tecido na Casa do Estudante da Paraíba. Segundo o autor, a partir da década de 1970, as gerações anteriores provenientes da CEP começaram a ocupar os espaços de poder institucional, exercendo os cargos de governador, prefeitos (da capital e de muitos municípios do interior), vereadores, deputados, afora os inúmeros cargos políticos administrativos. Além de tomar esse fato do sucesso na política como o maior exemplo de afirmação desse grupo de homens curtidos que, para o memorialista, o mais significativo de tudo isso era a postura formatada na CEP e carregada pelo ex-residente para o resto da vida, pois por ter sido companheiro de Casa as coisas poderiam ser facilitadas na esfera administrativa.

De maneira hipotética, o autor aponta várias situações que demonstraria esse perfil construído na Casa que, entre outros, procederia da seguinte forma: dando agilidade na liberação de verbas públicas que, em outros casos, poderiam ser negadas ou retardadas, mas, por o agente do Estado ter morado na CEP com o requerente, tudo seria facilitado; concedendo emprego para o colega de tempos de residência estudantil, mesmo que não fosse uma necessidade da repartição e, muito menos, seria submetido a uma avaliação de currículo que pudesse traçar o perfil profissional do solicitante; autorizando o empréstimo financeiro em um banco estatal para um município que fosse administrado pelo companheiro de CEP, não havendo necessidade de apresentar garantias e comprovação de renda, inclusive, dando-lhe rapidez na aprovação; falta de rigor na avaliação dos projetos para a liberação de verbas da Sudene; o contrabando liberado pelo fiscal

---

[495] MANGUEIRA. [Entrevista concedida a Francisco Chaves Bezerra]. Santana dos Garrotes, 19/12/2015.

[496] MELO, 2014.

[497] LOUREIRO, 1989.

aduaneiro, porque ambos, contrabandista e fiscal, foram colegas de Casa do Estudante. E, assim, favores e facilitações de toda natureza se desdobraria para a esfera privada por meio do não pagamento de consultas, concessão de atestados médicos, liberação de receitas controladas, uma vaga de emprego no hospital que um colega de residência dava plantão e outros.

Embora um pouco enfadonho, essa síntese elaborada por Loureiro procura retratar essa postura clientelista como sendo o maior bem construído pelos residentes na Casa do Estudante da Paraíba.[498] São nuances, entretanto, que deixam transparecer os traços dessa política conservadora apreendida pelos sujeitos que, entre outras influências, foram amplamente embasadas naquele espaço. A investigação nos permitiu afirmar que o posicionamento político ideológico dos ex-residentes, especialmente os que ocuparam esses cargos de maior destaque, não foi de confrontação com a ditadura militar. O desenvolvimento dos municípios também não veio com a chegada ao poder dos que moraram na Casa, sequer no âmbito da educação que tanto afirmam ser este o maior mecanismo de transformação de suas vidas.

Aliás, reforçaram a política do compadrio e favores por meio das relações de amizade entre eles, ou seja, apropriar-se da esfera pública e burlar a burocracia do sistema é algo permitido, afinal, todos foram da Casa do Estudante! Um longo receituário da política clientelista, portanto, pautado em ilicitudes e arrumadinho, apenas reafirmando as convicções paternalistas que foram aprendendo e dominando ao longo do processo da formação pessoal, intelectual e político, inclusive, com especial destaque para as contribuições formativas adquiridas no período de convivência na CEP.

Quando se adentra no universo das memórias de um grupo e de uma instituição tão diversa como a Casa, muitas imagens pré-construídas se derretem. Por ser um ambiente de estudantes, em um período em que lutar contra a repressão era um fator ideológico determinante para uma parte dessa juventude, obviamente que há uma predisposição dos memorialistas em tratá-los como sujeitos contestadores por natureza, contudo, não foi o que percebi quando analisei a literatura a respeito da ação dos estudantes contra a ordem estabelecida. Ao tomar esses textos, a CEP não pode ser considerada como um espaço onde forjavam articulações subversivas, pelo contrário, conviviam em larga medida com o Exército e os políticos da Arena. A própria fala dos entre-

---

[498] No poder, ocorre a reprodução das práticas aprendidas na Casa que podem ser bem definidas nas marcas do governo de Wilson Braga, caracterizado como aquele em que "avultaram a descontrolada expansão da burocracia estatal, controle clientelista da máquina, desmensurado fortalecimento de empreiteiras beneficiadas com vultosos contratos de obras públicas e privilegiamento de categorias funcionais." (GUEDES, 2012, p. 110-111).

vistados, por mais que queiram dar protagonismo aos seus papeis, mostrou que o envolvimento da maioria dos residentes era discreto. Por tais razões, era muito comum residentes que se diziam filiados aos partidos de esquerda tratarem de questões relacionadas à CEP e aceitar ajuda financeira de lideranças conservadoras como o deputado Marcos Odilon Ribeiro Coutinho, uma das personalidades mais bem afinadas com as forças reacionárias da época, como um dos principais representante político do grupo da Várzea.

Para mim, o que vigorou na CEP foi a necessidade imperiosa de buscar a sobrevivência da instituição e de quem dela dependia. Certamente a postura de ação dos residentes não se definia por questões puramente ideológicas, pois corroborando com o entendimento de Bauman,[499] é "preciso submeter os seus interesses pessoais em benefício da solidariedade de que o seu grupo necessita para resistir a um grupo ainda maior que pretende tirar de você tudo que lhe é caro e violar os seus interesses", principalmente em um momento que a Casa não dispunha de credibilidade e força política de outras épocas. Sendo assim, mesmo tratando-se de um grupo amplamente diversificado, comungavam com a máxima de que "unidos venceremos, separados seremos derrotados."[500]

É importante considerar, salvo o seu tom determinista, a afirmação de Mariz[501] de que o sertanejo gosta muito de política e que a discute em todos os espaços, embora não destine o devido valor às instituições democráticas. Tenho o entendimento de que, desde muito cedo, esses jovens estudantes compartilhavam de códigos e práticas que fundamentam a política de interesse pessoal, pois a falação em assuntos políticos não se direciona no sentido de consciência coletiva, mas tem um propósito específico: defender o chefe político local ou regional que lhe concede alguns benefícios. Sempre defendendo o seu lado com todos os meios (inclusive, com a força física), mas, em nenhum momento, as falhas de caráter e desvio ético são mencionadas. Essa politização do homem do interior não tem bases conceituais nem de princípios, ela compartilha com as regras do mando local. Assim, obviamente, as instituições sequer são consideradas.

Os diferentes aspectos avaliados apontam para um ambiente de contradições e conflitos que, como já foi dito, caracteriza-se pelo tratamento diferenciado que era estabelecido em função de três elementos significativos: o lugar de origem, a forma de ingresso e a categoria de sócio na qual estava

---

[499] BAUMAN, Zygmunt. **Identidade:** entrevista a Benedetto Vecchi. Tradução de Carlos Alberto Medeiros. Rio de Janeiro: Zahar, 2005. p. 84.

[500] BAUMAN, 2005. p. 84.

[501] MARIZ, 1999.

inserido. Por essa natureza, o interior da Casa do Estudante, portanto, era um espaço configurado pela diversidade, pulverizado por interesses distintos e conflitantes. A imagem de uniformidade de interesses construída e reproduzida pelas narrativas dos próprios residentes não corresponde aos dados captados durante a investigação, sendo assim, o que não era dito passou a aparecer de maneira pujante.

Diante de tamanha complexidade de convivência social e cultural, a preocupação maior circundava no sentido de manter certa estabilidade no ambiente de moradia, amenizando os conflitos relacionais que poderiam incidir em diferentes situações ou ocasiões. Obviamente as necessidades demandadas desse coletivo eram de diferentes naturezas, não havia possibilidade de serem sanadas no âmbito da própria residência e, dessa maneira, extrapolava para outros espaços, com o estabelecimento de outras relações. Tais mecanismos de ações, relações e reivindicações foram se moldando e se afirmando enquanto fazer político dotado de regras, códigos e práticas aprendidos e ensinados no bailar da convivência.

4.5 DIFERENTES FORMAS DE APRENDER E ENSINAR NA CASA DO ESTUDANTE DA PARAÍBA

Já que este trabalho discute as contribuições da Casa do Estudante da Paraíba na formação dos seus residentes, nada mais elementar do que avaliar as táticas utilizadas para os residentes estudarem nesse espaço marcadamente controverso, excessivamente barulhento e visivelmente desconfortável para o exercício da leitura, da resolução da matemática e da produção de escrita na elaboração de redação. Enfim, a difícil missão de estudar, aprender e reforçar o conhecimento para enfrentar o duplo desafio demandado pelas exigências do colégio e da preparação para o vestibular em um ambiente que não oferecia as devidas condições materiais para esse ofício.

Quero dizer com isso que uma instituição de ampla e diversificada convivência (como tenho demonstrado), certamente, para ter como tarefa central estudar, exigia adequação e apropriação às táticas de sobrevivências que eram prioridades (entrar na Casa, participar da política, mantê-la funcionando etc.). Mesmo tendo o entendimento de que uma parcela considerável dos residentes não estava interessada nos estudos (e isso tornava um agravante para os que pretendiam estudar), os que tomavam os estudos como prioridade (a maioria) procuravam superar todos esses contratempos e, em certo sentido, estabeleciam uma estética de aprendizagem.

A CASA DO ESTUDANTE DA PARAÍBA: UMA INSTITUIÇÃO PROMOTORA DE EDUCAÇÃO INFORMAL (1963-1980)

Para análise desse item, levei em consideração um conjunto de ações que determinava a preparação do residente, tendo como objetivo prioritário a aprovação no vestibular. A prática de estudar era conduzida por uma dinâmica que poderia ser exercida no interior da Casa e, nesse caso, em uma estreita relação com as determinações da escola onde cursavam o secundário; o uso dos espaços públicos no centro da cidade, especialmente da Biblioteca do Estado, nas praças e nos parques, aspecto que dimensionava muito bem a diversidade de aptidões e o nível de autonomia dos estudantes que poderiam decidir onde estudar; por fim, trazer para a discussão as implicações dessa autonomia que poderia acarretar em maiores possibilidades de aprendizagem (ir ao cinema e teatro, participar de eventos culturais, estudar em outros espaços etc.), como também rumar nos descaminhos da diversão em excesso, o elemento apontado pelos entrevistados que poderia (e o fez) comprometer o desempenho nos estudos.

Para melhor compreensão da CEP como espaço de formação, tomei-a como uma instituição educativa, vislumbrando-a não como um espaço ordeiro, planejado e amplamente regulado. Na verdade, muito do meu entendimento a esse respeito foi sendo construído a partir das ponderações conceituais formuladas por Magalhães[502] que compreende as instituições educativas (nominação bem mais ampla do que instituição escolar) como organismos vivos, diversificado e conflituoso. De acordo com essa concepção, a própria integração ao sistema normativo resulta de conflitos em face do controle exercido sobre a ação de liberdade, a inibição da criatividade e o cerceamento da postura crítica dos sujeitos tendencialmente afeitos a ações de afirmação, tanto do sujeito individualmente, quanto do grupo coletivo. Nesse sentido, portanto, este estudo sobre a CEP está em conformação com essa orientação teórica, ao entender que

> As instituições educativas são organismos criativos, na sua vivência interna, e construtivos no que se refere à relação com a comunidade e com os públicos com a que se destinam. A construção da identidade institucional ganha sentido e materialidade mediante uma hermenêutica e uma heurística que entreteça nexos entre tais memórias e os arquivos (locais, regionais e nacionais) e pelo cruzamento de planos sincrônicos e diacrônicos, internos, externos e relacionais.[503]

É imprescindível, portanto, considerar esses elementos como essenciais para a compreensão de como se aprendia (estudando) num espaço de tamanha complexidade, pois havia diferentes maneiras de aprendizagem (inclusive,

---

[502] MAGALHÃES, 2004.

[503] MAGALHÃES, 2004. p. 127-128.

algumas aqui já mencionadas), que obedeciam a uma lógica interpretativa própria (modelada naquele espaço), com suas inventividades (cada um procura a melhor forma de aprender), conciliando diferentes temporalidades (novatos com veteranos, iniciantes/burrachas com os feras etc.), vislumbrando objetivos comuns (passar no vestibular) e ao mesmo tempo diverso (cada um com sua motivação familiar/pessoal).

Toda essa ciranda configurava uma estética particular de se estudar e aprender naquele espaço que, não esqueçamos, era destinado à moradia. Não era, entretanto, algo copiado automaticamente, mas, sim, construído desde a adaptação inicial à cidade grande, apresentada por meio da Casa onde o sujeito ia "captando modos e comportamentos dos já traquejados, principalmente, do seu protetor, imitando-lhe os gestos, movimentos e os mínimos trejeitos [...]".[504] Não era apenas a imitação do portar-se, portanto, era mais um aspecto que influenciava na formação dos novatos, a partir da interferência dos veteranos. E, nesse aspecto, essa participação dos veteranos era significativa, inclusive, servindo de motivação para os que desejavam se dedicar aos estudos.

Como já expressei anteriormente, estudar para as provas do ano letivo ou a preparação para o vestibular poderia ser organizada de diferentes maneiras, tudo estava atrelado a um conjunto de relações, circunstâncias e vontades. Quando acontecia no interior da Casa, poderia se estudar individualmente, no quarto ou na biblioteca; formar grupos de estudos, em que consistia basicamente em tirar as dúvidas com os colegas que já estavam em séries mais adiantadas. Nos anos de 1960, era muito comum a formação de grupos de estudos, nos quais os residentes ajudavam-se mutuamente, em especial quem trabalhava e estudava à noite, sendo muito comum adentrar pela madrugada. Quem tinha maior domínio das exatas, tirava as dúvidas de Matemática, Física e Química; os que tinham mais aptidão às humanas procediam da mesma forma com gramática, literatura, redação, História e Geografia e, assim, sucessivamente, como pondera Oiticica.

Sinteticamente, um residente que viveu nos anos de 1970 descreveu os momentos de estudos na Casa com os seguintes traços:

> Geralmente, nosso preparo era o seguinte: a gente participava das atividades escolares normalmente, depois a gente se unia em grupo quando tinha dificuldades. Claro, cada um estudava individual-

---

[504] MORENO, 2011. p. 65.

> mente, mais quando se tinha dificuldade mais em área específica, a gente se unia em grupo. [...]. A gente na Casa do Estudante estudava em grupo, estudava individual, mais nas dificuldades juntava um grupinho e a noite num cursinho.[505]

Essa prática exigia – além das formalidades de estudar com o material didático convencional (livros, apostilhas etc.) – outra possibilidade era as rodas de conversas que aconteciam informalmente, poderia ser sobre um assunto específico, ou sobre vestibular de forma mais generalizada, pois, como diria Loureiro,[506] os residentes aprendiam até mesmo de ouvido, ou seja, escutando dicas de professores ou colegas que, muitas vezes, estavam tratando um assunto com outro indivíduo, mas a necessidade de aprender fazia-os prestar atenção à distância. Nesses momentos, quando aconteciam as rodas de conversas, os mais antigos na Casa também faziam menção aos que foram bem-sucedidos no passado, desfraldando uma lista de personalidades que haviam enfrentado as mesmas condições em que se encontravam, contudo, tinham conquistado os seus objetivos.

Como resultado dessas conversas sobre a trajetória dos ex-residentes, da luta permanente pela sobrevivência da (na) Casa (discutido no capítulo anterior), da convivência com os professores no Liceu Paraibano e do contato com os egressos. Outra possibilidade bastante explorada pelos residentes, nesse processo de preparação, foi a realização de palestras que abrangia temas variados, ministradas por diversificado grupo de personalidades e que proporcionava diferentes possibilidades de aprendizagens. O ecletismo dos convidados demonstra a diversidade de interesses e as relações do grupo,

> Então, a gente levava Paulo Soares, a gente levou Dom José Maria Pires, a gente levou Júlio Cesar Ramalho, a gente levava um monte de gente – professores da universidade – para dá palestra lá, pessoas que tinham passado por lá e pessoas que não tinham passado por lá, iam dá palestras sobre Literatura, sobre Ciências, sobre Política, sobre uma série de coisas. Tinha uma perseguição muito grande, porque era época da Ditadura Militar, tinha que ter muito cuidado, era um negócio complicado.[507]

Obviamente que uma das condições para ser residente era estar matriculado e frequentando uma escola (geralmente pública), assim sendo, essa questão dos estudos na Casa tinha estreita relação com a

---

[505] MANGUEIRA. [Entrevista concedida a Francisco Chaves Bezerra]. Santana dos Garrotes, 19/12/2015.

[506] LOUREIRO, 1989.

[507] AROREIRA. [Entrevista concedida a Francisco Chaves Bezerra]. João Pessoa, 10/11/2015.

instituição escolar e, nesse caso, o Liceu Paraibano sempre foi a grande referência educacional para os residentes, ao longo do período delimitado pela pesquisa. Do Liceu advinham, assumidamente, as maiores influências na formação daqueles estudantes que não deixam de reconhecer a capacidade intelectual dos professores, segundo eles, excessivamente empenhados em passar os conteúdos didáticos e orientá-los para o vestibular, destacando ainda as indicações de leituras e a doação de livros e apostilhas. O relato a seguir dá dimensão da importância dos professores nesse momento:

> Então, eu considero, sobretudo, o professor que tem uma convivência mais próxima com seu alunado que está, vamos dizer assim, no cotidiano ali, principalmente naquela época. Porque hoje você tem os meios de comunicação: rádio, jornal, televisão, internet. Você tem aí a lei de transparência pública que faz com que você praticamente entre dentro dos órgãos e veja o que estar acontecendo, tá entendendo? Naquela época, sobretudo o professor. É diferente de hoje. Hoje, não vou dizer que o papel do professor seja menor, só que hoje o jovem tem infinitos canais de tomar conhecimento da realidade, de aos poucos ir tomando conhecimento da real situação. Então, naquela época os canais eram bem mais reduzidos.[508]

É perceptível que havia uma dependência acentuada com os professores das escolas onde estudavam, notadamente pela visível carência material e afetiva de um jovem estudante que não recebia qualquer apoio de orientação psicopedagógica na CEP, não dispunha de recursos financeiros para complementar a preparação em cursinhos pré-vestibular, assim o Liceu torna-se a referência de apoio pedagógico, psicológico e educacional. No entanto, há de se destacar que o referencial de comparação para esses estudantes era suas experiências escolares no interior, ou seja, o professor e a escola que conheciam. Nesse aspecto, portanto, uma realidade bem mais modesta. Dessa forma, o entrevistado assim se manifesta nessa linha comparativa:

> Eu acredito que [...] os professores de João Pessoa tinha mais, assim, um equilíbrio e um preparo. Não que os professores daqui não tivesse um equilíbrio, e nem o preparo. Agora que lá, você tinha os professores com uma formação intelectual mais capacitada, certo? Tinha ali aquelas salas, eles passavam, tipo assim, um vídeo que era como um daqueles de cinema, que você botava uma máquina [...]

---

[508] MANGUEIRA. [Entrevista concedida a Francisco Chaves Bezerra]. Santana dos Garrotes, 19/12/2015.

> *aí nós via com uma tela aqui, e assistia aula, que naquele tempo, pra nós, era uma evolução que ninguém sabia o que é isso, certo? Eles tinham mais uma eficiência e competência.[509]*

Nesse relato de quem vivenciou a realidade dos anos de 1970, o recurso de vídeo ainda era apontado como a inovação mais evidente na prática docente de uma escola da capital. Vale salientar que da inconteste qualidade do ensino nos de 1960, a escola pública entrou em franca decadência na medida em que se aproximavam os anos de 1970. Esse declínio do ensino público atingiu amplamente o Liceu Paraibano que perdia em qualidade e dinamismo, especialmente, no que tange às suas atividades extracurriculares. Mesmo diante desse contexto, os residentes interpelados continuaram atribuindo-lhe papel primordial na formação escolar.

Na verdade, quanto maior a fragilidade do ensino público, mais se tornou estreita essa relação entre CEP e Liceu, ou seja, o avanço do ensino privado e seus correlatos cursinhos aumentou consideravelmente a dificuldade de acesso ao ensino superior. De maneira que não há como compreender essas maneiras de estudar no interior da Casa, sem mencionar a interferência dos professores e do ambiente escolar no cotidiano de estudos dos residentes.

Discutindo a política educacional adotada pelos governos militares a partir da década de 1960, Scocuglia[510] argumenta no sentido de mostrar os esforços empenhados na implementação de reformas direcionadas a punir os segmentos sociais que compunha e dependia da escola pública, uma vez que, nesse segmento, havia uma parcela considerável de apoiadores às reformas base do governo João Goulart (1961-1964). Com a implantação do regime de exceção em 1964, portanto, os efeitos dessa política foram perceptíveis na Paraíba, notadamente, no Liceu Paraibano que, em princípios dos anos de 1960, destacava-se pelo dinamismo do seu cotidiano de eventos e atividades, pois:

> Para esta escola convergiam todas as atenções da sociedade, assim como nela foram implementadas as primeiras mudanças da expansão da escolarização, nela se construíram algumas das principais atividades político-culturais da época (cinema, teatro, jornal etc.) e, também, no seu cotidiano foram sentidos os impactos do golpe de 1964 na escola secundária.[511]

---

[509] CARNAÚBA. [Entrevista concedida a Francisco Chaves Bezerra]. João Pessoa, 22/12/2015.

[510] SCOCUGLIA, Afonso Celso. **Populismo, ditadura e educação:** Brasil/Paraíba, anos de 1960. João Pessoa: Editora Universitária-UFPB, 2009.

[511] SCOCUGLIA, 2009. p. 99.

Ainda no esteiro de contenção da autonomia da escola pública e de qualidade, o governo incentivou a proliferação das escolas particulares, deixando o setor público a caminho da desvalorização dos professores, da massificação sem planejamento e, enfim, do baixo rendimento. Essa postura dos governantes do período militar de incentivo à privatização do ensino proporcionou ampla exclusão dos despossuídos, pois, apesar de se constatar a ampliação do acesso à escola, houve, por outro lado, restrição das condições de ingresso na universidade, ou seja, como consequência da queda de qualidade da escola pública e do fortalecimento da escola privada (de melhor qualidade) que atuava na formação dos mais favorecidos economicamente.[512]

Não resta dúvida de que a CEP, enquanto espaço de feições educativas, não poderia ser analisada de forma isolada desse cenário. Sua identidade foi construída também a partir de relações com a própria administração do Estado (harmônicas ou conflituosas), com as escolas onde os meninos estudavam e, por que não dizer, com os demais espaços do centro da cidade (praças, cinema, Ponto de Cem Réis etc.) que também poderiam (e foram) ser tomados como ambientes de aprendizagem. Como fenômeno de identidade, por conseguinte, não poderia desconsiderar sua trajetória histórica, seus relatos de memória, sua inserção na sociedade e seu significado enquanto produto de uma cultura histórica. Sendo assim,

> A história de uma instituição educativa inicia-se pela reinterpretação das histórias anteriores, das memórias e do arquivo, como fundamento de uma identidade histórica. Esta identidade implica ainda, para além da internalidade, a inscrição num quadro sociocultural e educacional mais amplo, constituído pela rede de instituições congêneres e pelo sistema educativo.[513]

Se com o Liceu Paraibano – e com outras escolas onde estudavam os residentes – a relação com as maneiras de estudar na CEP era umbilical, há de se destacar também a interação com os espaços de convivência do centro da cidade. Nesse caso, os lugares poderiam ser usados para estudos, contudo, o convívio com o centro exercia uma contribuição na formação na própria personalidade daqueles sujeitos. Trata-se de uma moldagem do ser vivido e do ser compreensível. É o forjar de uma nova concepção de mundo, do entendimento de novos conceitos e, acima de tudo, é o exer-

---

[512] SCOCUGLIA, 2009.

[513] CANÁRIO, Rui. **A escola tem futuro?** Das promessas às incertezas. Porto Alegre: Artmed, 2006. p. 147.

cício de uma nova postura marcada por uma autonomia adquirida com o afastamento do controle dos pais. Uma configuração em construção que apresentou contornos similares nas duas décadas que se atém esta pesquisa. Na década de 1960,

> *Tudo era no centro da cidade! Ali no Ponto de Cem Réis. Naquele bolo ali dos correios até a Lagoa, tudo que fosse de bom em João Pessoa estava ali! Nos bairros não tinha uma farmácia. [...]. Padaria era ali, o bate papo a noite era ali, a política era ali no Ponto Cem Réis. Ali tinha o quê? O Ponto de Cem Réis não era daquele jeito, não existia o viaduto, tinha ali um quiosque na esquina e tinha dos engraxates do lado de cá e ali onde tem aquele prédio do INSS, por aquelas calçadas ali, andava todo mundo. Você podia morar em qualquer lugar em João Pessoa, mas 7 horas da noite você tava ali pra bater um papo da política, de toda discussão. Ali estava os melhores restaurantes, ali era o comércio pra você comprar roupa. Então, João Pessoa girava tudo em torno dali e da Maciel Pinheiro, pro cabaré, né? O Cabaré da Maciel Pinheiro à noite. Durante o dia era comércio, né? Mas à noite era o cabaré da Maciel Pinheiro. Essa era a vida de João Pessoa.[514]*

Sendo o centro da cidade o lugar para onde confluía a população pessoense, para onde convergiam e divergiam em seus propósitos (trabalho, consumo, cidadania, lazer, diversão etc.), há de considerá-lo como cenário de significativa contribuição na formação de estudantes vindo do interior, principalmente, dos residentes da CEP, onde se encontravam permanentemente em face da localização da Casa. Quando me refiro aos estudos propriamente ditos, entretanto, os santanenses quase que se limitavam aos espaços do interior da Casa.

O relato dos entrevistados dá uma dimensão sintética das diferentes formas de aprender e ensinar naquele espaço: reunindo em um pequeno alpendre com alguns colegas onde estudavam e discutiam política (Baraúna); à noite, ao chegar do colégio, encaminhava-se à sala de estudos para tirar dúvidas com os colegas que também trabalhavam durante o dia (Oiticica); estudar com os colegas no próprio quarto (Carnaúba); estudar individualmente, apenas procurando ajuda quando não dominava o conteúdo (Mangueira); concentrado sozinho na Biblioteca, devorando a literatura brasileira (José de Alencar, Machado de Assis, Aloisio de Azevedo etc.) e internacional (Miguel de Cervantes, Eça de Queiroz, Padre Antônio Vieira, William Shakespeare etc.) (Aroeira).

---

[514] BARAÚNA. [Entrevista concedida a Francisco Chaves Bezerra]. João Pessoa, 09/10/2015.

Não posso afirmar, entretanto, que a formação desse grupo se restringia exclusivamente às experiências na CEP, primeiro porque não se aprendia apenas com os livros (já deixei evidente minha posição a esse respeito), segundo porque alguns frequentavam a Biblioteca Pública do Estado, localizada à Rua Gal. Osório, e lá havia uma diversidade de livros a serem explorados no vestibular. Destaco, ainda, o estudo na residência de colegas de Santana que também moravam e estudavam (inclusive, na mesma escola) aqui em João Pessoa. Nesse caso, tinham condições de alugar um pequeno quarto, pagar pensão ou moravam em casa de familiares (algo mais raro).

Os espaços públicos também eram utilizados como ambiente de aprendizagem. Com sua veia poética e em tom memorialista, Gonzaga Rodrigues[515] deixa claro que os estudantes não se limitavam apenas ao espaça físico da Casa para estudar, esse movimento transpunha os muros da instituição e ganhava forma em outros espaços, tais como suas experiências de leitura no Parque Arruda Câmara (Bica). Foi saboreando esse ambiente de tranquilidade bucólica que o jovem estudante conheceu os romances da literatura brasileira, em especial os paraibanos José Lins do Rego e Augusto dos Anjos. Assim sendo, de maneira telúrica, conclui: "Bica que foi retiro afrodisíaco das minhas carências juvenis, onde a leitura era a companhia mais excitante."[516]

Esse é um exemplo que certamente contraria a narrativa produtora de uma representação em que os residentes direcionavam todas as suas energias e empenho aos conteúdos e preparação para o vestibular. Na verdade, a postura diversificada que imperava na CEP também poderia se expressar na escolha do curso superior, que poderia direcionar a uma carreira de relevância social (sendo evidenciado pelos memorialistas e pelos relatos da oralidade), por uma alternativa baseada na aptidão do indivíduo (fora silenciada), ou pela desistência dos estudos (lembrado como exemplo a não ser seguido). Nesse sentido, o estudo responsável focalizado no que era exigido nos exames de ascensão e trancafiado na escola e em Casa não fora o caminho de todos. O relato sequente mostra com beleza o destoante à narrativa dominante:

> Acabara de chegar, largado, para uma empresa da qual eu nunca tive a menor convicção: estudar, ser gente. Demandar o Liceu era apenas um pretexto com que eu me justificava para vir pilungar na capital. Estudar, com as suas sintaxes e

---

[515] RODRIGUES, 1997.
[516] RODRIGUES, 1997. p. 34-35.

> as suas álgebras, sempre me pareceu difícil, impossível. Tanto que nunca cheguei ao outro lado dos cursos, do ginásio, da datilografia, de nada. Jamais terminei as declinações nem o aprendizado elementar de qualquer ciência ou língua. Gostava mesmo de vagabundar, tomar fresca e de outros serviços maneiros como ler romance de verdade e, de mentira, ler as mãos disponíveis e sem sorte das mulheres da Silva Jardim.[517]

Essa passagem representa uma ideia controversa às narrativas dos memorialistas e, até certo ponto, dos entrevistados, sempre afeitos aos estudos, com bons rendimentos na escola e procurando evidenciar habilidades com as letras e com os números. A aptidão expressada por Rodrigues[518] pela literatura vai à concomitância com o interesse do entrevistado Aroeira[519] que, ainda em Santana, já "perdia tempo na luta de botar água", deixando-se levar pelas leituras na casa da professora Adair Oliveira. Semente plantada, na Casa do Estudante, a leitura seria sua maior ocupação, por essa razão, fez o que podia para prestar serviço (era obrigatório na condição de agregado) na biblioteca e tomar conta dos livros, o que lhe permitiu acesso às leituras naquele acervo. São situações que evidenciam, de maneira sutil, outra faceta que não se expressa abertamente na fala dos entrevistados e nos livros de memórias dos que passaram pela Casa. Estar atento às frestas do discurso mnemônico permitiu-me perceber que não era somente a formação nos espaços convencionais que vigorava, mas foi preciso considerar as aptidões dos sujeitos em particular, como também suas relações com outros ambientes de aprendizagem.

Nesses termos, o poeta Gonzaga Rodrigues faz uma síntese do anseio dos que tomavam o rumo das sensibilidades em detrimentos da obsessão predominante de ser doutor:

> Tomava a Biblioteca Pública, minha principal condução, e saía por aí, sem limite de terra nem de tempo, dando-me a conhecer pessoas, lugares, situações que, por mais longínquos e remotas, tinham de chegar em mim, compor a minha circunstância. De tal forma que, andando no Ponto de Cem Réis tanto encontrava Mário Santa Cruz como Julien Sorel. Entrava no antigo 'Alvear' como se entrasse no café parisiense onde atiraram em Jean Jaurés. Não havia absurdo nisso. Pisava em páginas, vivia livros, era mais personagem que

---

[517] RODRIGUES, 1997. p. 48.

[518] RODRIGUES, 1997.

[519] AROREIRA. [Entrevista concedida a Francisco Chaves Bezerra]. João Pessoa, 10/11/2015.

> leitor. O gosto da vida, seu sentido, era o que as leituras me infundiam. Tanto que larguei o Liceu, deixei de ser doutor ou bacharel, simplesmente para tomar as dores de Lima Barreto, o nego Lima.[520]

Embora minoria, traçar as impressões de um perfil ordinário pelas linhas floradas de um poeta, que certamente não estava sozinho nos anos de 1950 e, posteriormente, sequenciado por exemplos que se deixavam possuir pela veia libertina, superando as amarras das convenções sociais, foi mais uma demonstração da falta de uniformidade na definição das práticas formacionais exercitadas pelos residentes na CEP. Tomar os espaços públicos (Ponto de Cem Réis, Café Alvear, vias públicas etc.) em supressão ao Liceu Paraibano, seguir lendo e conhecendo o que dava prazer em detrimento da aprovação no vestibular, só veio ratificar o ecletismo desse ambiente de aprendizagem.

Obviamente que, para a maioria, a prioridade era chegar ao ensino superior. No entendimento de Castelo Branco,[521] a partir do final da década de 1960 – com efetiva consolidação na década de 1970 – esse empreendimento se tornou mais ansiada em virtude do aprofundamento da crise econômica e do desemprego. Portanto, cada vez mais assumindo contornos de inclusão e ascensão social. Se, por um lado, as ações governamentais, no período da ditadura militar, foram responsáveis pela massificação do ensino médio e expansão do ensino superior devido à efetivação do aumento de matrículas, por outro, não priorizou as melhorias necessárias que permitissem um ensino gratuito de qualidade. Por essa razão,

> Vale a pena ressaltar que, se o Ensino Superior se constituiu, historicamente, como privilégio, ao assim delinear-se, ele se configura num dos mais perversos e eficientes mecanismos de regulação do sistema, para normatizar a exclusão social. Aquilo que é um privilégio passa a se configurar ou se constituir como um mito, ou seja, ter acesso à educação passa a representar, no imaginário dos excluídos, uma melhor e almejada posição social (emprego, status etc.), sem a percepção das correlações existentes entre tal privilégio e a estrutura de poder (socioeconômica e política).[522]

Considero que muito dessa afirmação refletiu na própria construção da narrativa dominante a respeito da Casa do Estudante. Destarte, que essa observação nos ajuda a compreender melhor a postura adotada por

---

[520] RODRIGUES, 1997. p. 62.
[521] CASTELO BRANCO, 2005.
[522] CASTELO BRANCO, 2005, p. 206.

memorialistas e entrevistados, pois remetem corriqueiramente a uma representação floreada por uma atitude de jovens estudiosos (os bons exemplos), disciplinados e de mentalidade vencedora e reconhecem a educação como elemento determinante à ascensão social dos residentes. Sendo assim, tornou-se imperativo, apenas, mencionar a invejável aprovação nos cursos de Medicina, Direito, Odontologia, Engenharia e demais da mesma linhagem de valorização social.

Nessa retórica, não havia espaço para os que desistiam ou retornavam para o interior (considerando o número de residentes, certamente, um percentual expressivo), para os que faziam do prazer da leitura e dos passeios no centro sua mais satisfatória atividade, para os que não passaram no vestibular e os que se formaram em curso de pouco reconhecimento social (as licenciaturas, por exemplo). Sem o canudo de doutor, somente haveria outra possibilidade do indivíduo ser inserido no grupo dos bem-sucedidos, tornando-se proeminente na política, na magistratura, na burocracia do Estado; os enriquecidos nas atividades empresariais e comerciais; ou os que ingressaram em respeitados concursos públicos.

Essa representação de ascensão social associada ao curso superior dominava os anseios das famílias e se tornava, portanto, a empreitada prioritária do jovem que vinha morar na CEP. De certa forma, o acesso à universidade (em um dos cursos valorizados socialmente) simbolizava o reconhecimento do esforço, mas, acima de tudo, uma espécie de prestação de contas dos filhos aos pais/familiares no momento do término do ensino secundário. Diante de tamanha responsabilidade, os jovens pegavam-se a diferentes artifícios (muitos já mencionados), sendo o cursinho aquele que foi ganhando relevância ao longo das duas décadas em estudo, logicamente para quem era dotado de recursos financeiros. A ascensão dos cursinhos é produto de um contexto que combina três fatores: crise vertiginosa da escola pública, fortalecimento da escola privada catapultada pelos incentivos do Governo Militar e a consequente elitização da universidade. Nessas condições, a escola pública passa a ser vista gradativamente no país como "sinônimo de descaso, pouco investimento e fracasso no vestibular."[523]

Os cursos (cursinhos) de preparação para o vestibular já existiam na década de 1960, pois segundo Scocuglia[524] "a diretoria do Liceu instalou numa das dependências do educandário um curso pré-vestibular gratuito

---

[523] CASTELO BRANCO, 2005. p. 228.
[524] SCOCUGLIA, 2009. p. 102.

para preparar os candidatos às Faculdades de Direito, Medicina, Engenharia e Filosofia.". Obviamente que, se comparado com o modelo que prevalece na atualidade, essa experiência trazia apenas um dos pilares desse modelo de preparação: exposições que reforçavam os conteúdos ministrados em sala de aula. Não se constituía, desse modo, em um empreendimento privado que tem como essência a obtenção do lucro. Essa experiência mencionada pelo autor fora bastante insipiente, principalmente, pelo fato de o Liceu Paraibano ainda ser, na década de 1960, uma escola de referência na preparação para o ingresso na universidade.

Dessa forma, somente na década de 1970, esse artifício de complementação de conteúdos direcionado à prova do vestibular tornara uma realidade. Um fenômeno que se consolidava, portanto, especialmente pelo enfraquecimento da escola pública.[525] Esse instrumento, entretanto, em nenhum momento foi acessível à maioria dos residentes, pois, se os entrevistados da década de 1960 afirmam não disporem de tempo, por trabalhavam durante o dia, restando apenas à noite para cursar o ensino regular; por outro lado, os que residiram na década de 1970, mesmo com maior disponibilidade de tempo, esbarravam num imperativo óbvio: a falta de recursos financeiros para arcar com os estudos. Havia, contudo, outras alternativas que iam da concessão de bolsas pleiteadas pelo próprio residente junto aos donos dos cursinhos.

Aventando outra possibilidade de assistir aulas em um cursinho, Aroeira relata como procedeu para conseguir uma vaga em um reconhecido curso preparatório da cidade na época, já que não dispunha de condições para pagar. Assim procedeu diante de Antônio Augusto Arroxelas proprietário de cursinho na época:

> *Eu vou fazer o vestibular, eu estava precisando tomar umas aulas, tem uns assuntos que eu não sou bom, em química, por exemplo, tenho muita dificuldade em aprender química, mas eu não tenho dinheiro para frequentar o seu curso. Aí, ele disse assim: "não, vá lá e fale com Isa minha mulher"! Aí eu fui falar e ela disse: "você pode vim aqui e frequentar a aula que você quiser homem". Era só o que eu queria, qualquer folga que eu tinha, eu estava lá.[526]*

Como já mencionei, a maioria saia de suas casas/famílias com o propósito de buscar, nos estudos, uma alternativa de vida daquela que tinham em seu município. Os pais empenhavam sua confiança a um filho em idade

---

[525] SCOCUGLIA, 2009.

[526] AROEIRA. [Entrevista concedida a Francisco Chaves Bezerra]. João Pessoa, 10/11/2015.

de adolescência e, até mesmo pela distância e condições de transportes, não havia como impor um controle rígido das ações desse estudante na capital. À distância, poderia seguir as orientações dos pais ou, simplesmente, portar-se à sua maneira, obedecendo aos seus impulsos e às suas vontades. A autonomia é reconhecidamente por todos os entrevistados como o maior elemento de mudança que vivenciaram ao chegar à Casa do Estudante. Tendo liberdade para tomar a direção que bem entendesse, muitos passavam dos limites, pois

> *Isso você tem que ter uma medida, porque você mora no mundo sozinho, se você é dono de sua cabeça, você não tem hora para chegar em casa, por exemplo. Quando eu morava em Santana, eu tinha hora para chegar em casa, tinha que dá satisfação aos meus pais, aqui não, aqui você tem que ter cuidado, porque senão você descamba para um mundo complicado, tem que ter um norte, né? Você tem que mapear um norte, o que é que você quer e ir atrás daquele objetivo. Diversos amigos meus voltaram, outros nunca conseguiram passar no vestibular, nunca conseguiram entrar na faculdade, porque se encaminharam para uma vida de farra, de festas, de praia, de bares, de beber, de cabaré. Eu fazia tudo isso, eu frequentava tudo isso, mas dentro de um limite.[527]*

Na ausência do controle familiar, portanto, a expressão equilíbrio tornou-se imperativo à liberdade conquistada pela distância territorial, sendo fundamental a sua incorporação ao vocabulário das novas práticas. Para os entrevistados, as posturas extremadas não traziam bons resultados, pois se a autonomia permitia novas possiblidades de apreender a realidade, de conhecer coisas e lugares diferentes, de interagir com pessoas e situações inimagináveis, enfim, a afirmação de uma personalidade que ia moldando-o como um indivíduo que se constituía ser adulto; por outro lado, privar-se desse benefício era abster-se daquele ambiente qualitativo, proporcionado não somente pelas escolas, mas também pela própria vivência nos espaços da capital. Entregar-se em demasia aos encantamentos proporcionados pela liberdade (festas, bebidas, prostituição, ociosidade) era abdicar dos anseios traçados pela família, da sua formação educacional e, provavelmente, de uma carreira profissional que poderia ser de evidência social ou pura sobrevivência. É preciso ressaltar ainda que parte dessas famílias era pobre e que faziam verdadeiros sacrifícios para ajudar a mantê-los na capital. Especialmente, aqueles que não trabalhavam.

---

[527] AROEIRA. [Entrevista concedida a Francisco Chaves Bezerra]. João Pessoa, 10/11/2015.

Sendo assim, a CEP ganhava importância no sentido de trabalhar essa dicotomia: autonomia/disciplina,

> *Eu devo muito a Casa do Estudante, principalmente em disciplinamento. Você tem um disciplinamento pra fazer as coisas, você não pode deixar de cumprir com a sua obrigação para fazer uma farra. Tinha uns que entrava, caía na gandaia. A Casa dos Estudantes contribuiu muito comigo no sentido de ser muito disciplinado. Tem que cumprir as tarefas, tem que cumprir com as tarefas! Não tem conversas, depois que cumprir isso aí a história é outra, aí a gente ver o que vai fazer.*[528]

Em certo sentido, "cair na gandaia" era tudo aquilo que possibilitasse inclinação excessiva à farra (festas, bebidas etc.) e, nesse caso, o envolvimento com mulheres (leia-se as prostitutas dos cabarés do baixo meretrício) equiparava-se aos descaminhos de um estudante, pois sempre fora tratado como elemento que causava desequilíbrio nessa relação autonomia/disciplina, portanto, poderia atrapalhar os estudantes que não soubessem manter o equilíbrio. Sendo assim, nessa extensão feita pelos residentes (da Casa à urbe), ganhava notoriedade o papel exercido pelos espaços de prostituição na Rua Maciel Pinheiro. Recorrente nas lembranças dos que passaram pela Casa do Estudante, entendo que suas experiências na zona e a convivência com as referidas mulheres contribuíram para uma formação amadurecida dos jovens estudantes. Nesse sentido, uma constatação/reconhecimento:

> Naqueles encontros, protagonizamos, presenciamos e ouvimos situações que se tornaram histórias [...]. O tempo nos mostrou, ensinando muitas coisas que, somadas aos acontecimentos adquiridos na Universidade, muito contribuíram para o exercício de nossas futuras profissões. E vimos o quanto aprendemos com aquelas mulheres, as quais a sociedade daquela época, direta ou indiretamente, não as aceitando, confinava em setores específicos da cidade.[529]

Os códigos masculinos alteraram-se com o tempo, porém, novas configurações se estabeleceram, mantendo elementos das bases anteriores, embora, muitas vezes, com outra face, ou com outras formas de se dizer. As práticas têm se alterado bastante, porém, naquele momento, a mulher

---

[528] AROEIRA. [Entrevista concedida a Francisco Chaves Bezerra]. João Pessoa, 10/11/2015.
[529] LOUREIRO, 1989. p. 225.

paraibana ainda era costumeiramente classificada em duas categorias bem definidas: as que são para casar e as provedoras de diversão em uma vida noturna cheia de prazeres e paixões.[530]

Nos bares, nas pensões ou nos cabarés (há uma disparidade de nomes para definir a mesma coisa) da Maciel Pinheiro, as mulheres exerciam essa função de iniciar os mais jovens nos caminhos do prazer e do amor, apaixonar os solteiros e ser alternativa amorosa para os casados. Para os padrões masculinos da época, esses espaços tornavam-se um ato de afirmação de virilidade e diversão masculina, contudo, o que os homens não vislumbravam era o papel protagonista dessas mulheres nesses espaços de convivência social e, acima de tudo, da contribuição na formação da personalidade intuitiva dos jovens residentes.

Levando em consideração esse conjunto diversificado de elementos, a aprendizagem ganhava amplitude tamanha que aprender e ensinar escapava aos meios e métodos puramente tradicionais, tais como: assistir à aula com os professores na escola, responder exercícios, ler livros e apostilas e memorizá-los para a prova. Compartilhando essas experiências também se ensinava, orientado por quem era mais experimentada ou dominava melhor determinado componente curricular poderia sanar certo empecilho dos colegas não aptos a apreender certas fórmulas ou dominar as operações matemáticas.

Penso que esse ambiente de experiências de aprendizagem vivenciado na Casa do Estudante da Paraíba deve ser sensatamente compreendido como educação informal, no sentido de que

> [...] todas as situações potencialmente educativas, em que não se verifica a existência de uma intencionalidade por parte dos intervenientes, os quais, muitas vezes, não têm sequer a consciência de estarem vivendo uma situação educativa. Trata-se de situações pouco ou nada organizadas e estruturadas, definidas mais pelos efeitos do que pelas intenções, aparecendo como co-produtos educativos de uma ação. Social.[531]

Certo estou de que o conjunto de práticas exercidas no interior da CEP configura-se em "situações potencialmente educativas" sob a perspectiva de que a educação coincide e confunde-se com um processo amplo e difuso de socialização. Dessa maneira, a educação informal aparece como a

---

[530] ALBUQUERQUE JÚNIOR, 2013.
[531] CANÁRIO, 2006. p. 118.

matriz fundamental dos processos educativos e como o lado não visível de um conjunto educativo em que a educação escolar ocupa um lugar muito pequeno.[532] No caso específico, o não intencional pode ser identificado na falta de um projeto pedagógico, sem a orientação de um planejamento didático, de uma estrutura curricular a seguir e, muito menos, de uma avaliação da apropriação dos conteúdos ministrados, ou seja, não havia uma condução formal do processo de aprendizagem. Embora houvesse a intenção de aprender dos estudantes, tudo se dava de forma improvisada, consistindo assim em situações próprias do que fora vivenciado na CEP.

Entendo que foi no interior desse cenário de práticas que as experiências de aprendizagem foram modelando os sujeitos que começaram a dispor de novas atitudes, portar outras habilidades: elaborar novas percepções, enxergar outros horizontes, vislumbrar expectativas renovadas. Foi lutando para garantir uma vaga na universidade, ou mesmo, ser aprovado na escola onde estudavam que os residentes criaram suas próprias condições de sobrevivência e dos seus estudos na capital. E, ao mesmo tempo, adquiriram nova feição formacional, por estarem inseridos nesse espaço de sobrevivência material e educativa; além disso, permitiram-se a inserção em outros espaços (de política, de cultura, de afeto etc.) que alimentaram e construíram traços próprios que, por sua vez, estavam arraigados no imaginário que traziam da cidade onde nasceram e a capital, onde passaram a viver, como também por aquilo que ia sendo forjado em seu interior e na sua relação com os elementos que constituíam a cidade.

Por a CEP ser um espaço dinâmico, portanto, ela pode ser vista como um espaço que forma a partir de diferentes referenciais, quais sejam: movimentação estudantil, postura ativa de reivindicação política, marcada pela diversidade de opiniões e de construção de narrativas mnemônicas. Essa teia construída a tantas mãos configurou num arquétipo de aprendizagem que, consequentemente, extrapola os limites das instituições de educação formal, sendo esses elementos responsáveis pela formação de sujeitos. Uma formação cujos elementos só são passíveis de identificação adentrando no teatro das operações, confrontando as diferentes representações evidenciadas nas fontes e desconfiando da aparente normalidade que se expressa nas narrativas memorialistas, na aparente oficialização das regras estatutárias e nas convivências de aprendizagens que se apresentam configuradas nos ditames da educação informal.

---

[532] CANÁRIO, 2006. p. 118.

CONSIDERAÇÕES FINAIS

O Senhor... mire, veja: o mais importante e bonito, do mundo, é isto: que as pessoas não estão sempre iguais, ainda não foram terminadas – mas que elas vão sempre mudando. Afinam ou desafinam, verdade maior. É o que a vida me ensinou

(Guimarães Rosa)

O momento histórico vivenciado na atualidade tem trazido muita preocupação pela exaltação dos tempos da Ditadura Militar (1964-1985). Setores que andavam envergonhados em assumir um discurso em defesa e glorificação do regime autoritário e de seus mais notórios torturadores, agora bradam raivosamente em diferentes espaços (parlamento, atos públicos, veículos de comunicação, mídias sociais etc.) os nomes daqueles que vitimaram a sociedade brasileira em um período de duas décadas. Certamente, esse furor conservador tem proporcionado um desconfortável incômodo aos que conhecem a história do Brasil (mesmo não tendo vivenciado na pele essas práticas repressivas) e, principalmente, aos que foram colocados sob a tortura física, o cerceamento ideológico e as mais diversas arbitrariedades cometidas com o aval do comando militar apoiado por importantes setores da sociedade civil (grandes empresários, ruralistas, ala conservadora da Igreja Católica, sistemas de comunicação etc.).

Estamos (re)vivendo um cenário, portanto, no qual a memória tem sido exercitada a exaustão, por diferentes segmentos sociais. Diante dessa disparidade de falas, confirmando ou desqualificando certos posicionamentos, tem sido imperativo refletir sobre os usos e abusos da memória, desde seu impedimento, passando pela sua manipulação, até sua imposição. Tecer uma narrativa sobre uma trama que se desenrola nesse contexto histórico da Ditadura Militar nos impõe responsabilidades que vão além das formalidades acadêmicas e da própria operação historiográfica, mas, acima de tudo, o dever de assumir uma postura vigilante e atuante no sentido de adequação do uso da memória, recolocando fatos, sujeitos e situações nas suas devidas posições históricas. É preciso alertar para o fato de que os tempos da repressão têm sido recobrados de forma desvirtuada, mas muitos desses rompantes conservadores vêm ganhando força rapidamente, a partir de 2014, quando, na composição do Congresso Nacional, já ficava evidente o aumento de representantes em setores estratégicos do conservadorismo, como bancada da bala, ruralistas e conservadorismo religioso. Um cenário nebuloso, culminando com o golpe parlamentar que destitui do cargo a presidenta Dilma Rousseff, legitimamente eleita pela vontade popular.

Diante do exposto, devo dizer que a luta para superar o esquecimento é em vão, todavia, este não pode ser tomado como um inimigo da memória, mas como um artifício de defesa e sobrevivência dos que tiveram seus direitos violados. Na verdade, trata-se de uma fuga do sofrimento de lembrar daquilo que não quer e de não poder esquecer o que quer, como bem atesta Ricoeur.[533] A lição deixada pelos militares deve ser recordada permanentemente, pois, ao mantê-la viva, é uma forma de evitar que as atrocidades se repitam. Por isso mesmo, há a importância de trazer outras versões históricas que fulminem o discurso conservador que ganha força no Brasil de hoje, impulsionado por segmentos saudosos e, surpreendentemente, por jovens de uma geração pós 1988 que não viveram aquelas brutalidades, também por desconhecimento da história e, certamente, por desilusão com o presente de instabilidade. Uma geração que se tem tornado presa fácil nas mãos da ideologia legitimadora do poder opressor. Seguindo essa retórica atroz, desferem sua ira nas redes sociais contra setores minoritários (homossexuais, mulheres, nordestinos, intelectuais, artistas), porém, que representa uma parcela significativa de resistência, sendo fundamental para a constituição de uma sociedade plural, afirmativa e cidadã.

A manipulação da memória vincula-se aos diversos níveis operatórios dessa ideologia. É preciso tomar cuidado e não estar a serviço de um discurso justificador de um poder ideológico que se estabelece em variadas instâncias de poder, no estado e fora dele. A glória, desejo dos que controlam o poder, pode apropriar-se da memória que passa a ser instrumento manipulável e de manipulação, podendo construir uma identidade aparente dos grupos ou nações somente para reforçar e justificar as ações de determinadas autoridades.

Nesse esteio e diante da surpreendente inoperância da sociedade, advém uma enxurrada de inverdades que ganha contornos de veracidades no que se refere às ações dos governos militares. Essa narrativa aproveita-se dos problemas sociais vivenciados na atualidade para atribuir aos ditadores valores exclusivos. Questões sociais que tanto afligem a sociedade, como violência, crise econômico, desemprego e corrupção, são associados a uma

---

[533] RICOEUR, 2007.

suposta fragilidade dos governos democráticos. Ora, como é possível falar em segurança se a população estava sendo coagida pelo próprio Estado? Como é possível falar de falta de corrupção se não era permitida a investigação dos atos ilícitos infratores, muito menos a existência de uma imprensa livre e comprometida com a sociedade e não com o regime? Sem esquecer ainda que foi nesse período que se aprofundaram as desigualdades sociais no país vertiginosamente.

O movimento de construção desta pesquisa nos deixa um ensinamento de que a Ditadura Militar não isenta lugares, pessoas e ideias. Direto ou indiretamente, tudo está coagido. Suas ações, em maior ou menor intensidade, são vistas e sentidas nos lugares mais distantes e por pessoas que, muitas vezes, desconhecem o próprio conteúdo do regime (caso de Aroeira[534] que ainda menino foi repreendido por ter nominado o seu jumento com o nome do ditador de plantão). Embora de maneira dissimulada, em Santana dos Garrotes suas ações certamente foram presenciadas na atuação do Mobral; nas instituições escolares que passaram a adotar um novo currículo de disciplinas, material didático, além da obediência aos demais rituais cívicos como cantar o Hino Nacional e hastear a Bandeira com os alunos perfilados, os desfiles comemorativos da semana da pátria etc. Destaca ainda a contribuição da Igreja católica que tocava o Hino Nacional em seu sistema de som diariamente, proferindo palavras de ordem, como também a nomeação de escolas homenageando os ditadores: Ernesto Geisel, no sítio Pereiros e Castelo Branco, no povoado de Palestina.

Mas não posso deixar transparecer que, por ser um lugar de pouca expressão (econômica, política e educacional), tudo é conformação. Da mesma Igreja que procurava adestrar, veio os indícios de afrontamento, com a organização do projeto de educação rural e a cooperação comunitária desenvolvidos na comunidade Pereiros. São sinais de uma resistência velada onde os sujeitos vivenciaram experiências de aprendizagem, de companheirismo e de fortalecimento de valores, como liberdade, autonomia e resistência coletiva que fortalecia os laços de afinidade e da identidade cultural.

Em João Pessoa, por sua vez, não há como dissimular, a resistência é aberta e o conflito inevitável, assim como em diferentes cidades do país, especialmente as de médio e grande porte. E assim, repetia-se a mesma toada autoritária de mortes, desaparecimentos, torturas, acusações e prisões, tudo dentro da arbitrariedade. Além desse aparato de força repressiva, o

---

[534] AROEIRA. [Entrevista concedida a Francisco Chaves Bezerra]. João Pessoa, 10/11/2015.

poeta Gonzaga Rodrigues nos dá conta de que com o Golpe e a instituição da Ditadura Militar o castigo pode vir sem prisão ou queimaduras físicas, mas pelo distanciamento dos vizinhos, dos amigos e pela falta de oportunidades de emprego, sendo evidente o distanciamento/isolamento daqueles que nutriam admiração pelas Ligas Camponesas, apoiavam a militância das instituições classistas como a Associação Paraibana de Imprensa (API) e a Ordem dos Advogados do Brasil (Seção Paraíba) – OAB, enfim, dos que professavam o gosto por leituras consideradas subversivas.

Nesse contexto histórico, do ponto de vista coletivo, os residentes-estudantes da Casa do Estudante da Paraíba fizeram sua travessia, apegando-se a uma estratégia mais conciliadora, do que de divergência com as forças repressoras. Percebi que, para os entrevistados, tratava-se de um assunto muito embaraçoso, pois, no presente, nem sempre as posições assumidas no passado são passíveis de admiração. Não havendo um protagonismo de resistência, é perceptível o pouco interesse em abordar o assunto. Uma espécie de constrangimento velado. Há diferentes argumentos entre eles para justificar a não adesão aos movimentos de contestação e resistência ao regime autoritário, tais como: excessiva violência imposta pela força repressora, necessidade de sobrevivência demandada na CEP e, principalmente, o objetivo prioritário era estudar.

Em síntese, trata-se de um ambiente institucional que pode ser desenhado a partir da prevalência de três segmentos: uma parcela considerável que tinha ojeriza às manifestações, atestada por Oiticica[535] como coisa de baderneiros; a maioria pode ser considerada como partícipes de ações ocasionais, geralmente quando as manifestações tratavam de questões do próprio interesse (aumento de passagens de ônibus, reivindicações de melhorias na educação etc.); e os militantes engajados que se restringia a minoria, comumente atuando em partidos de esquerda (exemplos fragmentados, pois não partiam de uma organização no interior da CEP).

Obviamente que há elementos bem mais abrangentes nesse posicionamento dos residentes do que simplesmente pontuar os que eram contra ou favor ao engajamento político de contestação. Desde a sua criação, essa instituição esteve estreitamente vinculada a uma política impositiva do Governo do Estado, que sempre esteve no comando das operações, direto ou indiretamente. Esse controle dava-se por não estabelecer, em lei, um orçamento próprio para a CEP, como também pela nomeação de interventores

---

[535] OITICICA. [Entrevista concedida a Francisco Chaves Bezerra]. João Pessoa, 24/02/2016.

para administrá-la (até 1950). Embora os estudantes não mencionem, essa situação contribuiu para a dependência dos residentes juntos aos políticos que estavam submetidos aos pedidos de verbas constantes.

Não se deve esquecer de que esse coletivo de estudantes sempre foi instrumento de interesse dos grupos que mantinham o poder, especialmente as lideranças do interior do estado. Este, por sua vez, controlado politicamente pela Aliança Renovadora Nacional (Arena) e estritamente afinado com os ditames do regime de ditatorial. A Paraíba era representada por personalidades do quilate de João Agripino Maia, Ernani Sátiro, Wilson Braga, Teotônio Neto, Soares Madruga, entre outros, proeminentes lideranças civis que endossavam as fileiras do regime, figurando como legitimadores do Golpe e apoiadores civis do regime.

Para os agentes da política partidária, os residentes da CEP formavam um grupo estratégico, pois mantendo boa relação com esse contingente estudantil, poderia representar o contato imediato com as forças locais nos municípios do interior. Atender reivindicações da CEP era promoção de benefícios tão próprio da política de compadrio, ou seja, agradando familiares dos estudantes era uma possibilidade evidente de recompensa eleitoral. Nesse bailar da política de interesse, nas décadas de 1960-1970, quem mais se beneficiara dessa relação com a Casa fora os ex-residentes, inclusive, muitos iniciaram na vida política ainda como morador da instituição. Nessas condições, os políticos governistas da Arena foram beneficiados duplamente: pela dependência da Casa, em relação ao Governo do Estado e pela estreita relação nutrida entre CEP e os ex-residentes políticos (quase todos vinculados ao partido governista). Quando pensamos em Santana dos Garrotes, essa situação é mais evidente ainda, especialmente pela influência de Teotônio Neto que, em muitos casos, exercera uma posição de provedor de emprego para esses jovens que chegavam sem condições de pagar uma irrisória mensalidade na Casa.

Ao observar o movimento desses sujeitos em suas trajetórias de estudantes e a origem de lugar que estão vinculados, está evidente que suas experiências sociais, educacionais e culturais não permitiam posicionamentos políticos subversivos à ordem vigente. Basta direcionar um olhar mais atento aos espaços por eles transitados – no interior ou na CEP – para perceber que nenhuma conquista social ou política se dá a contento das necessidades da população. Nesses termos, tudo acontecia em uma lógica de excessiva morosidade e de incompletude. E não falo isso orientado pela narrativa colonizadora que considera a sociedade sertaneja, em seus diferentes aspectos, dominada por estereótipos como simplicidade, rusticidade e lentidão de ideias. Esse entendimento vem, principalmente, pela postura assumida pelos governantes no planejamento e na execução de suas ações governamentais ou nas realizações públicas em geral.

Para confirmar essa argumentação, basta verificar como o sistema escolar em Santana dos Garrotes (o trabalho de Pinheiro está para mostrar que nas outras cidades não foi diferente) foi sendo implantado de forma gradual e tardia, sem o devido acompanhamento de uma política de inclusão e abrangência para todas as crianças do município e que envolvesse as famílias também, pois não havia um projeto de educação como instrumento de cidadania. A mesma atitude pode ser verificada na implantação dos serviços essenciais da cidade, uma vez que o município somente dispôs de estradas vicinais e energia elétrica (início da década de 1970), água encanada (em meados da década de 1970), telefonia (final da década de 1970), televisão (início da década de 1980) e esgotamento sanitário (praticamente inexistente até os dias atuais).

Enredo semelhante é o da Casa do Estudante da Paraíba, pois não se trata de um equipamento projetado e construído para moradia estudantil, mas apenas para atender uma reivindicação imediata de jovens do interior, ou seja, não fora resultado de uma política de governo que priorizava melhor as condições dos estudantes do interior que vinham estudar na capital, contudo, era uma concessão assistencialistas para agradar famílias e lideranças locais, especialmente dos municípios mais distantes de João Pessoa. Isso é perceptível, inclusive, quando pensamos na institucionalização da Casa, notadamente, no que se refere à obrigatoriedade do pagamento de mensalidade, no controle administrativo direto e na inexistência de um orçamento permanente, ou seja, uma instituição criada pelo Estado, mas que os estudantes contribuem com mensalidade. A Casa era administrativamente controlada por interventor que estava a serviço dos agentes do Estado e não dos próprios residentes; e o mais problemático, a meu ver, a falta de dotação orçamentária prevista legalmente no orçamento anual do estado, o que mantinha os estudantes em condição de subserviência permanente.

Por tudo isso até aqui apresentado, essa constatação expõe um modelo político e de gestão impetrado pelos governantes paraibanos, sendo este caracterizado pela política de compadrio baseada no servilismo e na troca de favores. Quero dizer, entretanto, que se trata de algo deliberado, consciente e que revela a própria essência do sistema político que, infelizmente, ainda impera em algumas regiões do país, muitas vezes travestida de nova roupagem.

Nessa trama, nada é feito em prol da melhoria da coletividade, todavia, prevalece apenas o interesse em angariar dividendos eleitorais. O que é conhecidamente praticado na relação de uma forma generalizada pelas instâncias de poder – Governo do Estado-chefes locais-família importantes do município – acaba sendo reproduzida na relação com CEP. Sendo esse arquétipo forjado no interior dessa cultura política e vivenciado cotidianamente nessas práticas sociais, não há como conceber, nesse grupo de estudantes, posturas revolucionárias e de enfrentamento às esferas de poder estabelecidas. Na verdade, prevaleceu, em certa medida, uma reprodução das práticas dessa macropolítica no interior da Casa, não sendo possível superar o vasto repertório apreendido em suas experiências relacionais, familiares e sociais.

O movimento desses estudantes nem sempre obedece a uma direção uniforme, o que aparentemente é pura subserviência que carrega, em seu íntimo, feições próprias, que manipulam certas situações em favor da CEP, configurada como lado mais frágil dessa relação de poder. Por essa razão, mesmo se apropriando de práticas da política de favor, os estudantes definem suas demandas a partir dos seus próprios interesses, capitalizam sociedade, Estado e Exército em benefício de suas demandas, mesmo que, para isso, fosse necessário manter-se em uma posição de não enfrentamento. Daí fortalece as práticas de conciliação, de benefício pessoal e de coerção dos menos favorecidos. Isso já está evidente no momento do acesso, aprofunda-se na inserção ao grupo e consolida-se nas relações cotidianas. Desde os primeiros momentos de convivência do sujeito na CEP, um conjunto de posturas são demandadas, exigindo que o sujeito se utilize de certos artifícios da política de compromisso para garantir acesso e permanência durante o período de estudos.

Todos esses elementos são imprescindíveis e devem ser considerados quando avaliamos a CEP como instituição que atuava na formação dos estudantes residentes. Por isso mesmo, trata-se de um modelo peculiar de formação. Formação que começava a ser efetuada nos primeiros indícios de como a Casa aparecia para cada estudante, ainda morando em suas cidades no interior, orientado por conterrâneos que já residiam naquele espaço. Apesar de todos os instrumentos de controle que envolvia a CEP (cultural e político), vale ressaltar que os residentes não são inertes, mas são capazes de operar por meio de artifícios forjados na própria Casa. Nesse sentido, é preciso entender como, a partir da década de 1950, foi sendo construído o repertório imagético que seria apropriado e disseminado para as gerações seguintes.

Com um discurso que aliava dificuldade à altivez, pobreza à obstinação, os estudantes alimentaram uma representação positiva e ganharam notoriedade social, especialmente com a chegada ao poder dessa geração nas décadas de 1960 e 1970, obviamente que, logo, essas informações chegaram a outros municípios além da capital. Esse é um dos traços essenciais, portanto, que deve ser levado em consideração para se compreender a CEP como espaço formativo. Quero dizer com isso que se trata de um elemento que se apreende e ensina-se na Casa, ou é a partir dela que ganha maior importância com a crise iniciada na década de 1960 e aprofunda-se na década de 1970. Na crise, apega-se aos tempos áureos.

Certamente, somam-se a esse elemento as relações que se estabeleciam no interior da Casa, pois estas demandavam certas atitudes aprendidas e essenciais para o acesso a CEP, para a garantia da permanência durante o período de estudos para conclusão do secundário e o fortalecimento das relações de convivência que garantia benefícios naquele espaço. Nessas condições, evidencia uma prática política pautada na construção de uma postura fundamentada na negociação, no compromisso, na troca de favores, na astúcia e no equilíbrio, ou seja, nesse aspecto, não se diferencia da macro política que se pratica estado a fora, embora suas feições sejam moldadas pelos próprios residentes e não uma imposição deliberada pelas forças exteriores ao recinto.

Todo esse aparato formacional consolida-se com o uso da residência não somente como moradia, mas também como espaço de aprendizagem no sentido abrangente, que vai além dos muros escolares, configurando-se como formulador de experiências que levam a aprender e a ensinar, portanto, educacionais no seu sentido mais amplo.

O estudo dentro da Casa não pode ser desvinculado do que acontecia no interior das salas de aulas dos colégios onde os residentes cursavam o secundário, muito pelo contrário, o tempo todo, as orientações dos professores e o que é ensinado na escola verbera com muita intensidade na Casa, entretanto, o que é absorvido na educação escolar é deglutido, resinificado e ampliado pelos mecanismos de estudos usados na CEP. Assim sendo, um aparato diferente de aprendizagem transforma em momentos de formação: rodas de conversas, estudo individual, formação de grupos, leitura na biblioteca, realização de palestras, aulas com os mais habilitados em determinados assuntos etc. Todavia, a formação não se dá apenas com as aulas na escola e os estudos na CEP, mas ganha novos contornos no contato e no consumo do centro da cidade que permite o acesso a novas relações, novas vivências e novas situações. Uma experimentação sensitiva que perpassa todo campo da aprendizagem. É dentro dessa informalidade que acontece uma diferente formação dos que passam pela Casa do Estudante da Paraíba.

Penso ser fundamental perceber o movimento desses estudantes em uma concepção certeauniana que não se contenta com o lugar determinado pelo passado ou pelas narrativas social e institucional já consolidadas. Os sujeitos aparentemente consumidores passivos dos produtos acabados manifestam-se astuciosamente dando vazão à criação anônima, emergente da prática do desvio no uso desses produtos, simultaneamente materiais e simbólicos. Nas frestas entre o dizer e o fazer, construiu-se essa interpretação lapidada em um ambiente marcado pela confusão das palavras. O que interessa, portanto, são os meios de apropriação dos produtos pelos sujeitos em vias de construção, ou seja, as operações do fazer próprio da cultura comum alinhavadas pelas experiências cotidianas. Com suas experiências escolares de um modelo tradicional de pedagogia, esses estudantes têm, nas práticas não escolares, um referencial significativo de formação que vai influenciá-los em diferentes aspectos e momentos de suas vidas futuras.

REFERÊNCIAS

Orais:

AROEIRA. [Entrevista concedida a Francisco Chaves Bezerra]. João Pessoa, 10/11/2015.

BARAÚNA. [Entrevista concedida a Francisco Chaves Bezerra]. João Pessoa, 09/10/2015.

CARNAÚBA. [Entrevista concedida a Francisco Chaves Bezerra]. Santana dos Garrotes, 22/12/2015.

CEDRO. [Entrevista concedida a Francisco Chaves Bezerra]. Santana dos Garrotes, 22/12/2015.

MANGUEIRA. [Entrevista concedida a Francisco Chaves Bezerra]. Santana dos Garrotes, 19/12/2015.

MORORÓ. [Entrevista concedida a Francisco Chaves Bezerra]. Santana dos Garrotes, 21/12/2015.

OITICICA. [Entrevista concedida a Francisco Chaves Bezerra]. João Pessoa, 24/02/2016.

Sonoras:

CONHEÇO O MEU LUGAR. [Belchior e Belchior]: Belchior. Rio de Janeiro: WEA, 1979. 1 LP (36:40 min).

MEU BÊ-A-BÁ. [Luiz Fidelis e Santana, O Cantador]. Luiz Fidelis. São Paulo: Atração fonográfica, 2002. 1 DVD (1:41:25 min.)

Filmes:

NARRADORES DE JAVÉ. Produção de Vania Catani/Direção de Eliane Caffé. Rio de Janeiro: Bananeira filmes, 2003. https://www.youtube.com/narradoresdejave

Impressos:

Jornal *A União*

2.º Congresso de Estudantes. **Jornal A União**, João Pessoa, 08/01/1939.

Amanhã, o lançamento da pedra fundamental da "Casa do Estudante". **Jornal A União**, João Pessoa, 10/10/1954.

Campanha pró-construção da Casa do Estudante. **Jornal A União**, João Pessoa, 27/04/1952.

Casa do Estudante da Parahyba. **Jornal A União**, João Pessoa, 08/01/1937.

Casa do Estudante da Parahyba. **Jornal A União**, João Pessoa, 17/03/1937.

Casa do Estudante. **Jornal A União**, João Pessoa, 17/10/1950.

Casa do Estudante: Wilson Braga vai solucionar crise. **Jornal A União**, João Pessoa, 12/02/1961.

Construção da nova Casa do Estudante Pobre da Paraíba. **Jornal A União**, João Pessoa, 28/08/1952.

Júbilo estudantil: Janio salvou casa do estudante. **Jornal A União**, João Pessoa, 28/05/1961.

Lançada a pedra fundamental da "Nova Casa do Estudante". **Jornal A União**, João Pessoa, 12/10/1954

No Centro Estudantal do Estado da Parahyba. **Jornal A União,** João Pessoa, 02/10/1937.

Jornal *Correia da Paraíba*

Casa do Estudante abandonada. **Jornal Correio da Paraíba**, João Pessoa, 15/03/1977.

Casa do Estudante está desorganizada. **Jornal Correio da Paraíba**, João Pessoa, 31/08/1978.

Problema sem solução na Casa do Estudante. **Jornal Correio da Paraíba**, João Pessoa, 03/10/1978.

Só estudantes pobres agora têm vez na C.E. **Jornal Correio da Paraíba.** João Pessoa, 26/05/1965.

Jornal *O Norte*

Associado da Casa do Estudante agrediu secundarista a sôcos. **Jornal O Norte**, João Pessoa, 01/11/1967.

Casa do Estudante continua a sofrer falta de dinheiro. **Jornal O Norte**, João Pessoa, 07/11/1975.

Casa do Estudante fechou por descaso. **Jornal O** Norte, João Pessoa, 15/09/1967.

Casa do Estudante tem ditadurazinha. **Jornal O Norte**, João Pessoa, 10/05/1967

"Casa do Estudante tem ditadurazinha" – Esclarecimento. **Jornal O Norte**, João Pessoa, 12/05/1967.

Encerrada campanha pró Casa do estudante da PB. **Jornal O Norte**, João Pessoa, 21/12/1966.

Presidente da Casa do Estudante diz que a Fundação acabará com problemas. **Jornal O Norte**, João Pessoa, 08/04/1976.

Referências Bibliográficas:

ALBERTI, Verena. Possibilidades das fontes orais: um exemplo de pesquisa. **Revista Anos 90**, Porto Alegre, v. 15, n. 28, p. 78-98, dez. 2008.

ALBUQUERQUE JÚNIOR, Durval Muniz de. **A invenção do Nordeste e outras artes**. 5. ed. São Paulo: Cortez, 2011.

ALBUQUERQUE JÚNIOR, Durval Muniz de. **Preconceito contra a origem geográfica e do lugar:** as fronteiras da discórdia. 2. ed. São Paulo: Cortez, 2012.

ALBUQUERQUE JÚNIOR, Durval Muniz de. **Nordeste:** invenção do "falo" – uma história do gênero masculino (1920-1940). 2. ed. São Paulo: Intermeios, 2013.

ALMEIDA, Agnaldo. Aula de história: os 90 dias anteriores ao 31 de março. *In:* GUEDES, Nonato *et al.* **O jogo da verdade:** revolução de 64 30 anos depois. João Pessoa: A União Editora, 1994. p. 205-213.

ALMEIDA, Horácio de. **História da Paraíba.** João Pessoa: Editora Universitária/ UFPB, 1978. v. I.

ALMEIDA, José Américo. **A Paraíba e seus problemas.** 4. ed. Brasília: Senado Federal, 1994.

ALVES, Eva Maria Siqueira. O estado da arte da pesquisa em história da educação nas regiões Norte e Nordeste (2011-2013). *In:* GOMES, Alfredo; LEAL, Telma Ferraz (org.). Encontro de Pesquisa Educacional do Norte e Nordeste - EPENN, 21., 2013, Recife. **Anais [...].** Recife: Centro de Educação/Universidade Federal de Pernambuco, 2013. Disponível em: http://www.epenn2013.com.br/Encomendados/GT02_TE_Eva_Alves_ESTADO_DA_ARTE_DA_PESQUISA_EM_HISTÓRIA_DA_EDUCAÇÃO_NAS_REGIÕES.pdf. Acesso em: 22 maio 2015.

ALVES, Luiz Nunes. A Casa do Estudante. *In:* AGUIAR, Wellington; MELO, José Octávio de Arruda. **Uma cidade de quatro séculos:** evolução e roteiro. 2. ed. João Pessoa: A União Editora, 1989. p. 268-271.

ALVES, Maxsuel Lourenço. **Entre vacinas e canetas:** as proposições dos saberes médicos nas publicações no Movimento Brasileiro de Alfabetização – MOBRAL (1970-1985). 2015. Dissertação (Mestrado em História) – Universidade Federal de Campina Grande, Campina Grande, 2015.

ANDRADE, Vivian Galdino. **Um levantamento das pesquisas sobre instituições escolares na produção discente do PPGE/UFPB (2004-2014).** 2017. Dissertação (Mestrado em História) – Universidade Federal de Campina Grande, Campina Grande, 2017.

ARAÚJO, Fátima. **Paraíba:** imprensa e vida – jornalismo impresso (1826-1996). 2. ed. João Pessoa: GRAFSET, 1986.

ARAÚJO, Marta Maria de. A produção em história da educação nas regiões Nordeste e Norte: o estado do conhecimento. *In:* GONDRA, José Gonçalves (org.). **Pesquisa em história da educação no Brasil.** Rio de Janeiro: DP&A Editora, 2005.

ARAÚJO, Paulo César de. **O réu e o rei:** minha história com Roberto Carlos, em detalhes. São Paulo: Companhia das Letras, 2014.

ARRUDA, Emmanuel Conserva de. A distância que aproxima: a obra de Horácio de Almeida e a Paraíba imperial. *In:* SÁ, Ariane Norma de Menezes; MARIANO, Serioja (org.). **Histórias da Paraíba:** autores e análises sobre o século XIX. João pessoa: Editora Universitária/UFPB, 2003. p. 192-202.

ASSMANN, Aleida. **Espaços de recordação:** formas e transformações da memória cultural. Tradução de Paulo Soethe. Campinas: Editora da Unicamp, 2011.

ASSOCIAÇÃO dos Fiscais de Rendas e Agentes Fiscais do Estado da Paraíba – AFRAFEP. Projeto Canaã inicia a redenção no interior. **Revista fisco**, João Pessoa, v. 17, n. 137, p. 14-15, maio 1986.

ATLAS GEOGRÁFICO DO ESTADO DA PARAÍBA. João Pessoa: Grafset, 1985.

AUGÉ, Marc. **Não lugares:** introdução a uma antropologia da supermodernidade. Tradução de Maria Lúcia Pereira. 9. ed. Campinas: Papirus, 2012.

AZEVEDO, Fernando *et al.* **Manifesto dos pioneiros da educação nova (1932) e dos educadores (1959).** Recife: Fundação Joaquim Nabuco/Editora Massangana, 2010.

BAUMAN, Zygmunt. **Identidade:** entrevista a Benedetto Vecchi. Tradução de Carlos Alberto Medeiros. Rio de Janeiro: Zahar, 2005.

BECKER, Jean-Jacques. O handicap do aposteriori. *In:* AMADO, Janaina; FERREIRA, Marieta (org.). **Usos e abusos da história oral.** 8. ed. Rio de Janeiro: Editora FGV, 2006. p. 28-31.

BEZERRA, Francisco Chaves. **O ensino superior de história na Paraíba (1952-1974):** aspectos acadêmicos e institucionais. 2007. Dissertação (Mestrado em História) – Universidade Federal da Paraíba, João Pessoa, 2007. Digitalizada.

BLOCH, Marc. **A apologia da história, ou, o ofício do historiador.** Tradução de André Telles. Rio de Janeiro: Zahar, 2001.

BOURDIEU, Pierre. **Esboço de auto-análise.** Tradução de Sergio Miceli. São Paulo: Companhia das Letras, 2005.

BOURDIEU, Pierre. A ilusão biográfica. *In:* AMADO, Janaina; FERREIRA, Marieta (org.). **Usos e abusos da história oral**. 8. ed. Rio de Janeiro: Editora FGV, 2006. p. 183-193.

BRASILINO FILHO, Clodoaldo. **Piancó – 250 anos de história:** datas, fatos e curiosidades da história de Piancó/Paraíba. João Pessoa: Imprell Editora, 2003.

BURKE, Peter. **O que é história cultural?** Tradução de Sérgio Goes de Paula. Rio de Janeiro: Jorge Zahar, 2005.

CALVINO, Ítalo. A palavra escrita e a não-escrita. *In:* AMADO, Janaina; FERREIRA, Marieta (org.). **Usos e abusos da história oral.** 8. ed. Rio de Janeiro: Editora FGV, 2006. p. 139-147.

CANÁRIO, Rui. **A escola tem futuro?** Das promessas às incertezas. Porto Alegre: Artmed, 2006.

CANDAU, Joël. **Memória e identidade.** Tradução de Maria Letícia Ferreira. São Paulo: Contexto, 2012.

CASA DO ESTUDANTE DA PARAÍBA. **Livro de lançamentos da relação de matrículas dos associados.** João Pessoa: manuscrito, [1952-].

CASTELO BRANCO, Uyguaciara Velôso. **A construção do mito do "Meu filho doutor"**: fundamentos históricos do acesso ao ensino superior no Brasil-Paraíba. João Pessoa: Editora Universitária - UFPB, 2005.

CAVALCANTE, Solon Bastos. **Transpirando reminiscências.** 2. ed. João Pessoa: Graff Collor, 2016.

CERTEAU, Michel de. **A escrita da história.** Tradução de Maria de Lourdes Menezes. 2. ed. Rio de Janeiro: Forense Universitária, 2002.

CERTEAU, Michel de. **A invenção do cotidiano:** 1. Artes de fazer. Tradução de Ephraim Ferreira Alves. 22. ed. Petrópolis: Vozes, 2014.

CHAGAS, José Francisco das. **Tabuada de memória.** São Luís: Sotaque do Norte Editora, 1994.

CHARTIER, Roger. **História cultural**: entre práticas e representações. Tradução de Maria Manuela Galhardo. Lisboa: DIFEL, 1990.

CHARTIER, Roger. **A história ou leitura do tempo.** Tradução de Cristina Antunes. 2. ed. São Paulo: Autêntica, 2016.

CITTADINO, Monique. **Poder local e ditadura militar:** o governo João Agripino – Paraíba (1965-1971). Bauru: EDUSC, 2006.

CITTADINO, Monique. **Populismo e golpe de Estado na Paraíba (1945-1964).** João Pessoa: Editora Universitária/Ideia, 1998.

CITTADINO, Monique. **A UFPB e o Golpe de 64.** João Pessoa: ADUFPB/SSIND, 1993.

COLÉGIO Teotônio Neto. **Plano de trabalho e informativo**: administração, professores, pais e alunos. Santana dos Garrotes: digitado, 2016.

COSTA, José Nunes da. Rubens Pinto Lyra – o movimento estudantil e a invasão da faculdade. *In:* GUEDES, Nonato *et. al.* **O jogo da verdade:** revolução de 64 30 anos depois. João Pessoa: A União Editora, 1994. p. 267-272.

CUNHA, Luiz Antônio. A Casa do Estudante do Brasil. **FGV**, Rio de Janeiro, 2009. Disponível em: http://www.fgv.br/cpdoc/acervo/dicionarios/verbete-tematico/casa-do-estudante-do-brasil. Acessado em: 13 out. 2016.

DANTAS, Francisco Alves; AGUIAR, José Ariosvaldo dos Anjos; SARMENTO, Maria Marta Almeida. **Pereiros:** uma história de cooperação. João Pessoa: GAPLAN/IDEME, 1989.

DICIONÁRIO informal. www.dicionarioinformal.com.br. Acesso em: 1 out. 2017.

DOSSE, François. **A história em migalhas:** dos Annales à nova história. Tradução de Dulce Oliveira Amarante dos Santos. Bauru: EDUSC, 2003.

DUBY, Georges. O prazer do historiador. *In:* NORA, Pierre (org.). **Ensaios de ego-história.** Tradução de Ana Cristina Cunha. Lisboa: Edições 70, 1989. p.109-138.

FARIA FILHO, Luciano Mendes de; VIDAL, Diana Gonçalves. **As lentes da história:** um estudo de história e historiografia de história da educação no Brasil. Campinas: Autores Associados, 2005.

FERNANDES, Ocione Nascimento. Entre a geografia e a história: um olhar sobre a obra de Irenêo Joffily. *In:* SÁ, Ariane Norma de Menezes; MARIANO, Serioja (org.). **Histórias da Paraíba:** autores e análises sobre o século XIX. João pessoa: Editora Universitária/UFPB, 2003. p. 139-147.

FERREIRA, Marieta de Moraes. História oral e tempo presente. *In:* MEIHY, José Carlos Sebe Bom (org.). **(Re)Introduzindo a história oral.** São Paulo: Xamã, 1996. p. 11-20.

FICO, Carlos. **História do Brasil contemporâneo:** da morte Vargas aos dias atuais. São Paulo: Contexto, 2016.

FICO, Carlos. **Golpe de 1964:** momentos decisivos. Rio de Janeiro: Editora FGV, 2014.

FIRMO, Francisco das Chagas. **Breves notícias sobre a vila de Garrotes (Piancó – Paraíba).** Pedreiras, MA: mimeografa, 1960.

FREIRE, João Lelis de Luna. **A campanha de Princesa.** João Pessoa: Empório dos Livros, 2000.

GASPARI, Elio. **A ditadura envergonhada.** São Paulo: Companhia das Letras, 2002.

GOMES, Ângela de Castro (org.). **A escrita de si, a escrita da história.** Rio de Janeiro: FGV Editora, 2004.

GOHN, Maria da Glória. **Educação não formal e cultura política**: impactos sobre o associatismo do terceiro setor. 5. ed. São Paulo: Cortez, 2011.

GUEDES, Nonato *et al.* **O jogo da verdade:** revolução de 64 30 anos depois. João Pessoa: A União Editora, 1994.

GUEDES, Nonato *et al.* **A fala do poder:** perfis e discursos comentados de governadores da Paraíba. João Pessoa: Forma Editorial, 2012.

GURJÃO, Eliete de Queiróz. **Morte e vida das oligarquias:** Paraíba (1889-1945). João Pessoa: Editora UFPB, 1994.

HALBWACHS, Maurice. **Memória coletiva.** Tradução de Beatriz Sidou. São Paulo: Centauro, 2003.

HOBSBAWM, Eric; RANGER, Terence (org.). **A invenção das tradições.** Tradução de Celina Cardim Cavalcante. 10. ed. Rio de Janeiro: Paz e Terra, 2015.

HORÁCIO, José Euflávio. Augusto Arroxelas: o movimento estudantil na visão de um vereador da época. *In:* GUEDES, Nonato *et. al.* **O jogo da verdade:** revolução de 64 30 anos depois. João Pessoa: A União Editora, 1994. p. 277-284.

HUNT, Lynn. **A nova história cultural.** Tradução de Jefferson Luiz Camargo. 2. ed. São Paulo: Martins Fontes, 2001.

BRASIL. **Geografia do Brasil** – Região Nordeste. Rio de Janeiro: IBGE, 1997. p. 142-143.

ILLICH, Ivan. **Sociedade sem escolas**. Tradução de Lúcia Mathilde Endlich Orth. 7. ed. Petrópolis: Vozes, 1985.

JOFFILY, Irenêo. **Notas sobre a Parahyba**. Brasília: Editora Thesaurus, 1976.

LEAL, Maria Celene Almeida. **A comunidade doce mãe de deus e sua contribuição para a educação formal e a educação não-formal.** 2007. Dissertação (Mestrado em Educação) – Universidade Federal da Paraíba, João Pessoa, 2007. Digitalizada.

LEAL, Victor Nunes. **Coronelismo, enxada e voto:** o município e o regime representativo no Brasil. 7. ed. São Paulo: Companhia das Letras, 2012.

LE GOFF, Jacques. **História e memória.** Tradução de Bernardo Leitão. 4. ed. Campinas: Editora Unicamp, 1996.

LEVI, Giovanni. Sobre micro-história. *In:* BURKE, Peter (org.). **A escrita da história:** novas perspectivas. Tradução de Magda Lopes. São Paulo: Editora Unesp, 1992.

LOUREIRO, Paulo Soares. **Nos tempos do Pedro Américo**. João Pessoa: Grafset, 1989.

LOZANO, Jorge Eduardo Aceves. Prática e estilos de pesquisa na história oral contemporânea. *In:* AMADO, Janaina; FERREIRA, Marieta (org.). **Usos e abusos da história oral.** 8. ed. Rio de Janeiro: Editora FGV, 2006. p. 16-25.

LUCA, Tania Regina de. História dos, nos e por meio dos periódicos. *In:* PINSKY, Carla Bassanesi (org.). **Fontes históricas.** 3. ed. São Paulo: Contexto, 2011. p. 111-153.

MAGALHÃES, Justino Pereira de. **Tecendo nexos:** história das instituições educativas. Bragança Paulista: Editora Universitária São Francisco, 2004.

MARIZ, Celso. **Através do Sertão.** Mossoró: Fundação Ving-um Rosado/Governo do Estado do Rio Grande do Norte/Governo do Estado da Paraíba, 1999.

MEIHY, José Carlos Sebe Bom; HOLANDA, Fabíola. **História oral:** como fazer, como pensar. São Paulo: Contexto, 2007.

MELO, José Octávio de Arruda. **História da Paraíba:** lutas e resistências. 4. ed. João Pessoa: Editora UFPB, 2014.

MORENO, Napoleão. **A Casa do Estudante:** memória. 3. ed. João Pessoa: [*s. n.*], 2011.

NASCIMENTO FILHO, Carmelo do. O historiador burocrata: uma analise historiográfica da obra de Celso Mariz. *In:* SÁ, Ariane Norma de Menezes; MARIANO, Serioja (org.). **Histórias da Paraíba:** autores e análises sobre o século XIX. João pessoa: Editora Universitária/UFPB, 2003. p. 148-170.

NÓBREGA, Evandro. Algo do que a imprensa viu (e não viu!) entre o pré-golpe de 64 e o ano de 68. *In:* GUEDES, Nonato *et. al*. **O jogo da verdade:** revolução de 64 30 anos depois. João Pessoa: A União Editora, 1994. p. 127-203.

NORA, Pierre (org.). **Ensaios de ego-história.** Tradução de Ana Cristina Cunha. Lisboa: Edições 70, 1989.

NUNES, Carla Cristiane. **Campo, cidade, urbano e rural:** categorias e representações. [2010-?]. Disponível em: https://docplayer.com.br/3198238-Campo-cidade-urbano-e-rural-categorias-e-representacoes.html. Acesso em: 1 out. 2017. p. 06.

NUNES, Paulo Giovani A. **O Partido dos Trabalhadores e a política na Paraíba:** construção e trajetória do partido no estado. João Pessoa: Sal da Terra, 2004.

NORA, Pierre. Entre memória e história. Tradução de Yara Aun Khoury. **Revista Projeto História**, São Paulo, n.º 10, dez. 1993. p. 07-28.

PARÓQUIA de Santana dos Garrotes. 100 anos de paróquia. **Revista comemorativa**, v. único, n.º 1, Santana dos Garrotes 2013. p. 01-28.

PAZ, Fabrício. Da Casa do Estudante do Brasil às ruas. **UNE**, 2013. Disponível em: http://www.une.org.br/2013/08/da-casa-do-estudante-do-brasil-as-ruas--fabricio-paz. Acesso em: 13 out. 2016.

PINHEIRO, Antônio Carlos Ferreira. **Da era das cadeiras isoladas à era dos grupos escolares na Paraíba.** Campinas: Autores Associados; São Paulo: Universidade São Francisco, 2002.

PINHEIRO, Antônio Carlos Ferreira. As abordagens no campo da história da educação brasileira. *In:* XAVIER, Libânia; TAMBARA, Elomar; PINHEIRO, Antônio Carlos Ferreira (org.). **História da educação no Brasil:** matrizes interpretativas, abordagens e fontes predominantes na primeira década do século XXI. Vitória: EDUFES, 2011.

PINHEIRO, Antônio Carlos Ferreira. O Ensino público na Paraíba: das origens até 1989. *In:* SÁ, Ariane Norma Menezes; MARIANO, Serioja (org.). **Histórias da Paraíba:** autores e análises sobre o século XIX. João Pessoa: Editora Universitária/UFPB, 2003.

POLLACK, Michael. Memória, esquecimento, silêncio. **Revista Estudos Históricos,** Rio de Janeiro, v. 2, n. 3, p. 03-15, 1989.

PREFEITURA Municipal. **Santana dos Garrotes:** sua história e sua gente. Santana dos Garrotes: mimeografado, 1975.

REIS, Daniel Aarão. **Ditadura e democracia no Brasil:** do golpe de 1964 à constituição de 1988. Rio de Janeiro: Zahar, 2014.

REIS, Daniel; RIDENTI, Marcelo; MOTTA, Rodrigo Patto Sá (org.). **O golpe e a ditadura militar:** quarenta anos depois (1964-2004). Bauru: EDUSC, 2004.

RÉMOND, René (org.). **Por uma história política.** Tradução de Dora Rocha. Rio de Janeiro: Editora UFRJ, 1996.

RÉMOND, René (org.). O contemporâneo do contemporâneo. *In:* NORA, Pierre (org.). **Ensaios de ego-história.** Tradução de Ana Cristina Cunha. Lisboa: Edições 70, 1989. p. 287-341.

RICOEUR, Paul. **A memória, a história, o esquecimento.** Tradução de Alain François. Campinas: Editora Unicamp, 2007.

RIOUX, Jean-Pierre. Pode fazer uma história do presente? *In:* CHAUVEAU, Agnes; TÉTARD, Philippe (org.). **Questões para a história do presente.** Tradução de Ilka Stern Cohen. Bauru: EDUSC, 1999. p. 39-50.

RODRIGUES, Cláudio José Lopes. **Alienados e subversivos:** a aventura estudantil (1950-1999). João Pessoa: Ideia, 2000.

RODRIGUES, Inês Lopes Caminha. **A revolta de Princesa:** uma contribuição ao estudo do mandonismo local (Paraíba, 1930). João Pessoa: A União Editora, 1978.

RODRIGUES, Luiz Gonzaga. **Filipéia e outras saudades.** João Pessoa: A União, 1997.

ROSA, João Guimarães. **Grande sertão:** veredas. 21. ed. Rio de Janeiro: Nova Fronteira, 2015.

SÁ, Ariane Norma de Menezes; MARIANO, Serioja (org.). **Histórias da Paraíba:** autores e análises sobre o século XIX. João pessoa: Editora Universitária/UFPB, 2003.

SAID, W. Edward. **Orientalismo:** o Oriente como invenção do Ocidente. Tradução de Rosaura Eichenberg. São Paulo: Companhia de Bolso, 2007.

SANFELICE, José Luís. **Movimento estudantil:** a UNE na resistência do Golpe de 64. São Paulo: Alínea, 1986.

SANTANA, Martha Maria Falcão de Carvalho e Morais. **Poder e intervenção estatal – Paraíba:** 1930-1940. João Pessoa: Editora UFPB, 2000.

SANTOS, Patrícia Fernanda da Costa. **Programa Brasil Alfabetizado:** impactos para as políticas públicas de educação de jovens e adultos em municípios do sertão paraibano. 2012. Dissertação (Mestrado em Educação) – Universidade Federal da Paraíba, João Pessoa, 2012. Digitalizada.

SCHWARCZ, Lilia Moritz. **O espetáculo das raças:** cientistas, instituições, e questão racial no Brasil – 1870-1930. São Paulo: Companhia das Letras, 1993.

SCHWARCZ, Lilia Moritz; STARLING, Heloisa Murgel. **Brasil:** uma biografia. São Paulo: Companhia das Letras, 2015.

SCOCUGLIA, Afonso Celso. **Populismo, ditadura e educação:** Brasil/Paraíba, anos de 1960. João Pessoa: Editora Universitária-UFPB, 2009.

SILVEIRA, Rosa Maria Godoy. A formação do Profissional de História para o século XXI. *In:* ENCONTRO ESTADUAL DOS PROFESSORES DE HISTÓRIA, 11., 2004, Campina Grande. **Anais** [...]. Campina Grande: Associação Nacional de História, Núcleo Paraíba, 2004.

SOUSA, Francisco Teotônio de. **Piancó, o pequeno grande rio.** João Pessoa: Editora Universitária/UFPB, 2008.

SOUZA, Laura de Mello e. **O diabo e a terra de santa cruz:** feitiçaria e religiosidade popular no Brasil colônia. São Paulo: Companhia das Letras, 1986.

THOMPSON, Paul. **A voz do passado:** história oral. Tradução de Lólio Lourenço de Oliveira. 3. ed. Rio de Janeiro: Paz e Terra, 1992.

VIDAL, Diana Gonçalves. Cultura e prática escolares: uma reflexão sobre documentos e arquivos escolares. *In:* SOUZA, Rosa de Fátima de; VALDEMARIM, Vera Teresa (org.). **A cultura escolar em debate:** questões conceituais, metodológicas e desafios para a pesquisa. Campinas: Autores Associados, 2005.

WILLIAMS, Raymond. **O campo e a cidade:** na história e na literatura. Tradução de Paulo Henriques Britto. São Paulo: Companhia das Letras, 1989.